FREDERIC THE GREAT

腓特烈大帝
与约瑟夫二世

18世纪的战争与外交

AN EPISODE OF WAR & DIPLOMACY IN THE EIGHTEENTH CENTURY

［英］哈罗德·坦珀利 —— 著
李芳泽 —— 译

& KAISER JOSEPH

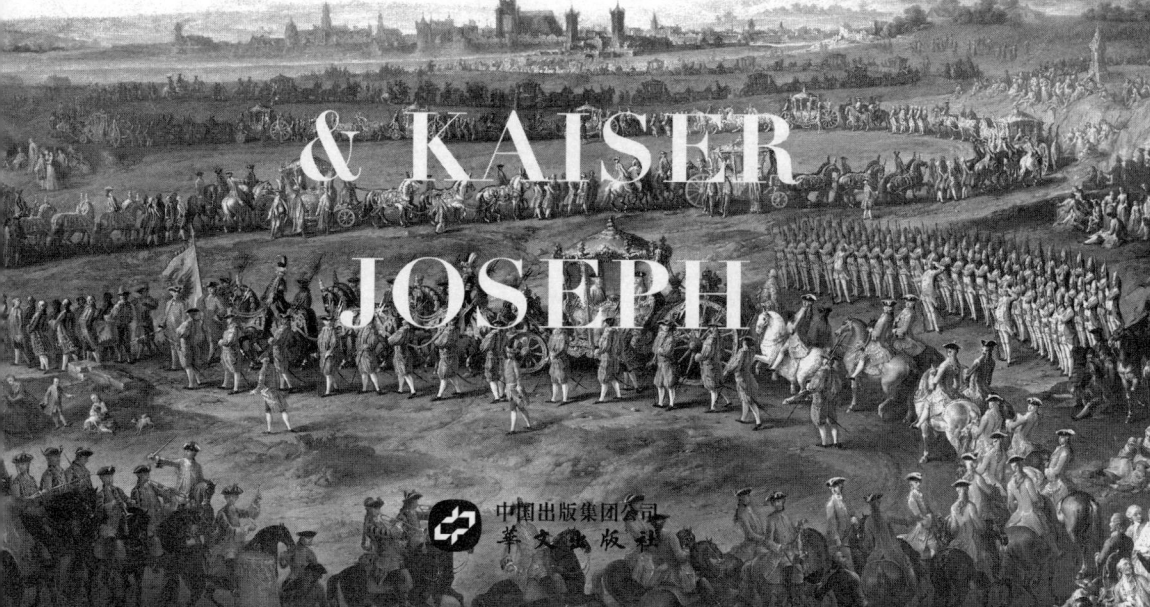

图书在版编目（CIP）数据

腓特烈大帝与约瑟夫二世：18世纪的战争与外交／(英)哈罗德·坦珀利著；李芳泽译. -- 北京：华文出版社，2020.1

（华文全球史）

ISBN 978-7-5075-5197-6

Ⅰ.①腓… Ⅱ.①哈…②李… Ⅲ.①弗里德里希二世(Friedrich Ⅱ 1712–1786)—人物研究②约瑟夫第二(1741–1790)—人物研究 Ⅳ.①K835.167=41 ②K835.217=41

中国版本图书馆CIP数据核字(2019)第234435号

腓特烈大帝与约瑟夫二世：18世纪的战争与外交

作　　者：	[英]哈罗德·坦珀利
译　　者：	李芳泽
选题策划：	华盛世
插图供应：	029—85504182
责任编辑：	林凤瑶
出版发行：	华文出版社
社　　址：	北京市西城区广外大街305号8区2号楼
邮政编码：	100055
网　　址：	http://www.hwcbs.com.cn
电　　话：	总编室010—58336239
	发行部010—58336212
经　　销：	新华书店
印　　刷：	三河市国英印务有限公司
开　　本：	710×1000　1/16
印　　张：	20.75
字　　数：	300千字
版　　次：	2020年1月第1版
印　　次：	2020年1月第1次印刷
标准书号：	ISBN 978-7-5075-5197-6
定　　价：	80.00元

版权所有　侵权必究

出版前言

随着中国开放的大门越开越大,关注世界各国尤其是西方国家文明的源流、发展和未来已经成为当下世界史研究的一个热点。为了成系统地推出一套强调"史源性"且在现有世界史出版物中具有拾遗补阙价值的作品,我们经过认真论证,推出了"华文全球史"系列,首次出版约为一百个品种。

"华文全球史"系列从书目选择到译者的确定,从书稿中图片的采用到人名地名的规范,都有比较严格的遴选规定、编审要求和成稿检查,目的就是要奉献给读者一套具有学术性、权威性和高质量的世界史系列图书。

书目的选择。本系列图书重视世界史学科建设,视角宽阔,层级明晰,数量均衡,有所突出。计划出版的华文全球史中,既有通史,也有专题史,还有回忆录,基本上是世界历史著作中的上乘之作,同时也是填补国内同类作品出版的空白。

人名地名规范。本系列图书中人名地名,翻译规范,重视专业性。同时,在人名翻译方面,我们坚持"姓名皆全"的原则,加大考据力度,从而实现了有姓必有名,有名必有姓,方便了读者的使用。另外,在注释方面,书中既有原书注,即完整地保留了原著中的注释;也有译者注,又体现了译者的研究性成果。

书中的插图。本系列图书的一个重要特征是书中都有功能性插图，这些插图全方位、多层次、宽视角反映当时重大历史事件，或与事件的场景密切相关，涉及政治、军事、经济、社会、外交、人物、地理、民俗、生活等方面的绘画作品与摄影作品。功能性插图与文字结合，赋予文字视觉的艺术，增加了文字的内涵。

译者的确定。本系列图书的翻译主要凭借的是一个以大学教师为主的翻译团队，团队中不乏知名教授和相关领域的资深人士。他们治学严谨，译笔优美，为确保质量奉献良多。

"华文全球史"系列作为一套具有较高学术价值的优秀的世界历史丛书，对增加读者的知识，开阔读者的视野，具有积极的意义。同时要看到，一方面很多西方历史学家的观点符合事实，另一方面不少西方历史学家的观点是错误的，对于这些，我们希望读者不要不加分析地全盘接受或全盘否定，而是要批判地吸收外国文化中有益的东西。

华文出版社
2019 年 8 月

1736年的腓特烈大帝

1740年的腓特烈大帝

1777年的腓特烈大帝

1781年的腓特烈大帝

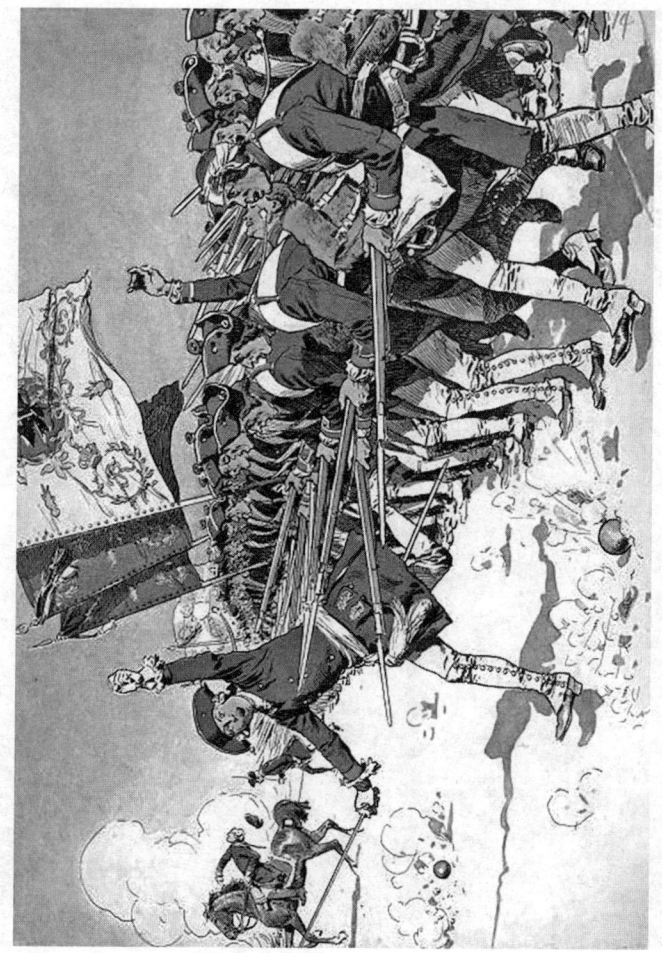

第一次西里西亚战争，普鲁士军队在莫尔维茨战役战场发起冲锋

洛伊滕战役，普鲁士士兵从轰塌的缺口冲进教堂要塞基地

洛伊滕战场上的腓特烈大帝

罗斯巴赫战役,普鲁士骑兵发起冲锋

在李子和马铃薯战争中受伤的腓特烈大帝

腓特烈大帝在无忧宫举办长笛音乐会

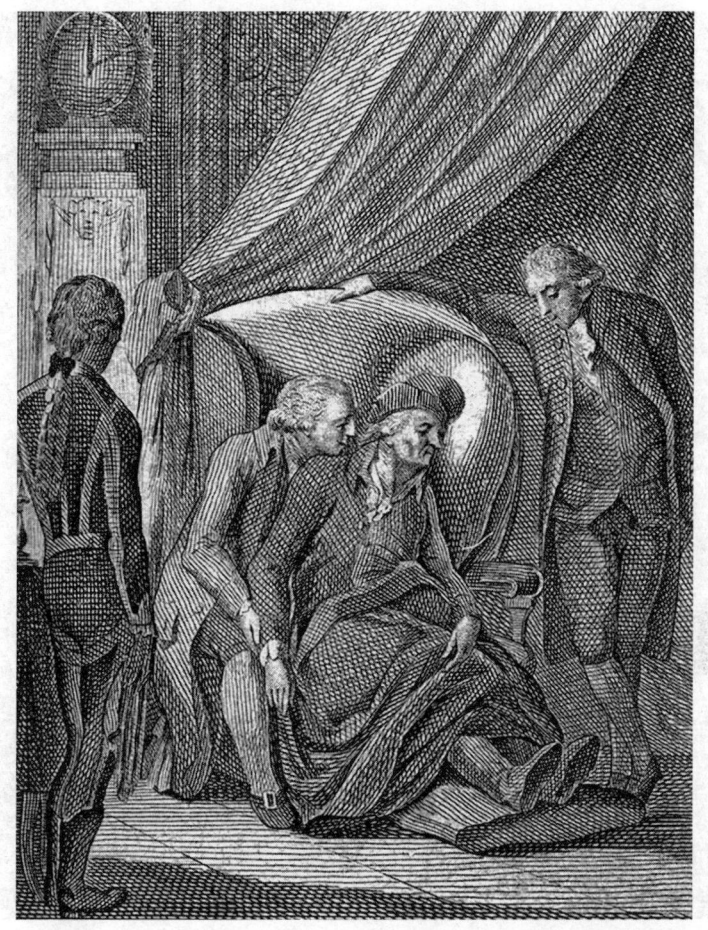

1786年腓特烈大帝驾崩

1749年的约瑟夫二世

约瑟夫二世大婚

1771年的约瑟夫二世

1775年的约瑟夫二世

约瑟夫二世

序 言

以下研究差不多可以追溯到五年前的伦敦档案局①。顺便值得一提的是，我曾经碰巧有机会参考了一些1776年到1779年大不列颠王国外交家的书信。这些书信来自柏林和维也纳，并且尚未出版。在阅读这些书信的过程中，我注意到了两点。第一，大不列颠王国的政治家们对于神圣罗马帝国的看法是非常客观公正的。第二，巴伐利亚公国王位继承事件②几乎包含了18世纪外交手腕的所有典型要素：统治者强大的个人影响力；迂腐的家谱学面纱下赤裸裸的侵略行为；各方势力为"权力平衡"所做的斗争；"国家理性"为所有罪行做出的强行辩白；针锋相对的力量间机敏的竞赛；强势一方以军事侵略的方式无情粉碎弱势一方或中立一方。总而言之，在我看来，研究这段时期的军事和外交活动意义重大。卡尔·冯·克劳塞维茨③认为，就战争而言，如果想从中总结出有价值的东西，那么最好的办法就是选择一些军事行动进行仔细研究，而非对各种事件都只了解大概却不求甚解甚至不知其所以然。我相信卡尔·冯·克劳塞维茨的这个观点同样

---

① 伦敦档案局（Record Office），位于伦敦，其中存有1838年到2003年的英国国家档案。——译者注（本书中除原注外，均为译者注，不再另行说明）
② 巴伐利亚公国王位继承事件（Bavarian Succession），指巴伐利亚公国王位继承战争（War of the Bavarian Succession），参战双方为萨克森选帝侯国-普鲁士王国联盟和奥地利大公国，目的是阻止哈布斯堡家族得到巴伐利亚选帝侯国的领土。
③ 卡尔·冯·克劳塞维茨（Carl von Clausewitz，1780—1831），普鲁士王国将领，军事理论家。

托马斯·卡莱尔

适用于外交领域。然而,令人遗憾的是,托马斯·卡莱尔①对腓特烈大帝②的研究虽然具有重大意义,但几乎全部集中在1763年以前。再往后,他就在该课题上搁笔了。

　　总体来说,对于1776年到1779年发生的重大事件,大不列颠王国外交家们的看法都是非常客观公正的。因为在这段时期,秉持中立态度才能使大不列颠王国获益。1776年之前,大不列颠王国一直对腓特烈大帝怀有敌意。但在1776年到1779年,大不列颠王国对腓特烈大帝的态度变缓和了。因此,正如利奥波德·冯·兰克③所说:"在这段时间,大不列颠王国外交信函中不乏一些有价值

---

① 托马斯·卡莱尔(Thomas Carlyle, 1795—1881),苏格兰哲学家、作家、历史学家、翻译家和数学家。
② 腓特烈大帝(Frederick the Great, 1712—1786),普鲁士王国国王,1740年到1786年在位。他在位期间成功整编了普鲁士王国军队。他资助普鲁士王国的文艺事业并支持启蒙运动,他还在七年战争中克服困境并最终胜出。普鲁士王国在他的领导下大大扩张了领土面积,成为领先欧洲的军事强国。
③ 利奥波德·冯·兰克(Leopold von Ranke, 1795—1886),德国历史学家。

的东西。这些信函的内容反映了外交趋势的基本走向，并为我们展示出整个欧洲历史的前进方向。"时至今日，历史学家们对许多国家的资料进行了调查和研究。这些国家有法兰西王国、神圣罗马帝国、俄罗斯帝国、奥地利大公国、萨克森选帝侯国及巴伐利亚公国。然而，这些历史学家还没有听过大不列颠王国方面的声音。在我看来，大不列颠王国外交家们的这些书信既补全了这一时期的历史图画，也明确了各种历史片段间的相互关系。

罗伯特·默里·基斯①和詹姆斯·哈里斯②及休·艾利奥特③三人的书信既富有生动的肖像感，又对人物有着入木三分的刻画。凭借极高的智慧和深刻的洞见，他们三人写了一段又一段精彩的文字。这些文字照亮了外交学中最沉闷和最冷僻的领域。他们三人不仅仔细地端详过身边的统治者，而且绞尽脑汁去揣摩这些统治者的心思和性情。因此，当读到詹姆斯·哈里斯对腓特烈大帝和叶卡捷琳娜大帝④的速写及休·艾利奥特对巴伐利亚公国外交政策的控诉时，我们就会感到各种人物的形象跃然纸上，而与这些人物有关的重大事件仿佛就在眼前上演。与休·艾利奥特和詹姆斯·哈里斯相比，罗伯特·默里·基斯是一个更加持重但也不乏幽默感和讽刺天赋的作者。他有一篇文章讲述约瑟夫二世⑤对叶卡捷琳娜大帝的印象。在这篇文章中，他展现出深厚的文学素养。通过不断地搜索各种有趣的细节，再将这些细节累积起来，罗伯特·默里·基斯一步一步地为我们描绘出一幅奥地利大公国最不幸又最迷人的统治者——约瑟夫二世的全身像。

本书面市的时间和讨论的主题很容易让人形成一种印象，即本书是应时而生的产物。读者可能很容易发现，在书中十几处地方，我都将腓特烈大帝的军国主义思想与他的模仿者及继承者的军国主义思想做了类比。因此我不妨先发制

---

① 罗伯特·默里·基斯（Robert Murray Keith，？—1774），大不列颠王国外交官。
② 詹姆斯·哈里斯（James Harris，1746—1820），大不列颠王国外交官。
③ 休·艾利奥特（Hugh Elliot，1752—1830），大不列颠王国外交官。
④ 叶卡捷琳娜大帝（Catherine the Great，1729—1796），俄罗斯帝国女皇，1762年到1796年在位。在她的统治下，俄罗斯帝国得到振兴并成为当时的欧洲列强之一。
⑤ 约瑟夫二世（Joseph II，1741—1790），神圣罗马帝国皇帝，1765年到1790年在位，以开明专制著称，但最终在改革行动上遭遇失败。他与叶卡捷琳娜大帝和腓特烈大帝并列，被视为三位伟大的开明君主。他驾崩时无嗣，弟弟利奥波德二世继承了他的王位。

人，对有可能出现的批判先做一个回应。我写作本书已经有一段时间。而本书之所以延迟到现在才面世，首先是因为我在大量的专题文献中进行的细节方面的考证花费了很多时间。其次，在本书的非正文部分，我想多投入些精力将注释做好并整理出完整的附录和索引。然而，这些主要是技术层面的工作。我做的修正也集中体现在一些细节方面。事实上，除了最后一章，书中其他章节都是我三年前在柏林的皇家图书馆①完成的。当时，我享用着德国政府为历史专业的学生提供的研究设备，深深意识到我对德国学术研究事业所负有的责任。在这种情况下，我发表的看法是不太可能被1914年的任何流行观点所影响的。

再多说一句，对于历史学家这一角色，我从不认为无关道德。我也不认为他们的工作就应该枯燥乏味。对于我得出的结论，我都尝试给出理由。与此同时，我还不忘在书中提到各种和我的看法相反的观点。我会采用一些生活在18世纪并且和事件本身联系相对不那么紧密的人给出的观点，以及一些现代历史学家已经取得的研究成果，从而将我研究的历史事件真实地呈现给读者。

我最感谢的是亨利·佩蒂·菲茨莫里斯②。他曾准许我发表约翰·伯戈因③对普鲁士王国和奥地利大公国军事系统的珍贵报道。报道的两份拷贝文件存于兰斯顿府④。附录四是一篇捷克语诗歌，如今保存在卡斯拉的捷克国家博物馆。我从馆长菲利克斯·卡姆博士手中借到此诗的原稿，然后进行翻译。我还得感谢我的老朋友亨瑞克·马克扎里教授，他给了我一部弗朗西斯·凯特雷写于1780年的珍贵的原始手稿。弗朗西斯·凯特雷是约瑟夫二世的告解神父。他的这部手稿极大地增进了我对约瑟夫二世性格的了解。

我要感谢的朋友实在太多了。我首先要感谢曾经就读学院的院长A.W.沃德爵士。他耐心且谨慎地阅读了本书的校样并给出了宝贵的指正意见。我还要感谢跨国给予我援助的人，最主要的是布达佩斯大学的亨瑞克·马克扎里教授和彼得格勒大学的保罗教授与柏林大学的德尔布吕克教授，以及哈佛大学的

---

① 皇家图书馆（Royal Library），现为柏林国家图书馆，是欧洲最大的图书馆之一。
② 亨利·佩蒂·菲茨莫里斯（Henry Petty-Fitzmaurice, 1872—1936），英国军人、政治家。
③ 约翰·伯戈因（John Burgoyne, 1722—1792），大不列颠王国军官、剧作家和政治家。
④ 兰斯顿府（Lansdowne House），位于英格兰的威斯敏斯特市，曾作为多位英国首相的住所。

约翰·伯戈因

R.H.洛德教授。我还要感谢以下人员给予我的鼓励和建议：J.B.布里教授、G.P.古奇先生、三一学院①研究员D.A.温斯坦利先生、我的学生同时也是三一学堂的研究员J.E.S.格林先生和不久前还在格顿学院②任教的凯特·霍特布莱克小姐。我要感谢剑桥大学的学监和《腓特烈大帝》的作者威廉·菲迪恩·雷德韦③先生。我还要感谢普鲁士国王腓特烈大帝。当我经过他曾经作战的那片西里西亚战场④时，我的写作兴趣和写作动力受到激发，于是才有了这本书。

---

① 三一学院，剑桥大学的三十一个学院之一，也是剑桥大学本科生就读数量最大的学院。
② 格顿学院（Girton College），剑桥大学的三十一个学院之一，是剑桥大学第一个女子学院。
③ 威廉·菲迪恩·雷德韦（William Fiddian Reddaway, 1872—1949），英国学者、作家。
④ 西里西亚战场（Silesian battlefileds），七年战争中腓特烈大帝带兵作战的各个地点，较著名的有查图西茨、罗斯巴赫和洛伊藤等。

对于研究中涉及的纯军事部分，我要感谢我的家人A.C.坦珀利。他现在是新西兰远征军[①]的副旅长。对普鲁士王国军事系统的研究和对腓特烈式策略的记述，以及对1778年的历史事件的叙述和评论，他都提出了一些至今仍然受到广泛关注的问题。此外，我们必须有实际军事经验的人的帮助才能妥善处理这些问题。在这方面，我的家人向我提供了大量帮助。我还需要强调一下，"借助实际军事经验来妥善处理这些问题"并无影射当下时事之意。早在三年前，我就将这个想法写进了备忘录。

在向所有曾经帮助过我的人表示感谢的同时，我还要声明，对于本书中所发表的言论，我在此感谢的所有人不负有任何责任。

哈罗德·坦珀利

[①] 新西兰远征军（New Zealand Expeditionary Force），第一次世界大战和第二次世界大战期间与英国军队一同作战的新西兰军队。

目录

001　**第 1 章**
18 世纪外交政策的介绍

021　**第 2 章**
奥地利大公国与普鲁士王国的战争与和平

073　**第 3 章**
大战来临前的巴伐利亚公国

113　**第 4 章**
战争爆发

147　**第 5 章**
李子和马铃薯战争

189　**第 6 章**
18 世纪战争中的中立：战时和战后的巴伐利亚公国

213　**第 7 章**
《泰申和约》签订及俄罗斯帝国干涉神圣罗马帝国内政

247	附录 1
259	附录 2
263	附录 3
267	附录 4
269	附录 5
271	备注 1 18 世纪大不列颠王国外交家名单
275	备注 2 18 世纪大不列颠王国外交家的出版物
277	备注 3 关于大不列颠王国外交家书信的批判性评论
295	专有名词英汉对照

第 1 章
18 世纪外交政策的介绍

有这么一位极富预见性的天才，生就一副善于讽刺的喉舌。他用文字向我们呈现出一幅图景，展示了18世纪各国的外交目的和战争动机："有时，两个统治者会为了领土发生争执，争论到底谁应该放弃其领地的三分之一，即便二人实际上都没有管辖这些领土的权力……战争爆发的原因有时是对方太过强大，有时则是对方太过弱小。有时，我们的邻国想要我们的东西；有时，我们的邻国有我们想要的东西。我们彼此交战，直到对方夺走我们的东西，或我们得到对方的东西。侵略者打着拯救人民、摆脱饥荒和内讧的旗号对别国发动侵略战争。当一个市镇处在我们触手可及的位置时，或在某一地区的领土刚好能将我们的版图补全的情况下，我们对别人发动战争都是情有可原的，哪怕对方是我们最亲近的盟友……贫穷的国家虎视眈眈，富有的国家得意洋洋。然而，得意和失意处在永久的变动中。这样看来，士兵或许是最光荣的职业了。"事实上，这段话之所以听起来尖刻，是因为作者曾在自己的政治生涯中经受了常人难以想象的坎坷，这才洞悉了这个少有人通晓的道理。而他只是将这个事实不加掩饰地揭露了出来。

乔纳森·斯威夫特的这段话并非天马行空的想象。相反，它高度概括了18世纪各国的外交动机和军事目的。看看受到不公正对待的贫弱国家——西班牙王国、奥地利大公国、波兰-立陶宛王国和奥斯曼帝国，还有那些骄纵暴虐的强

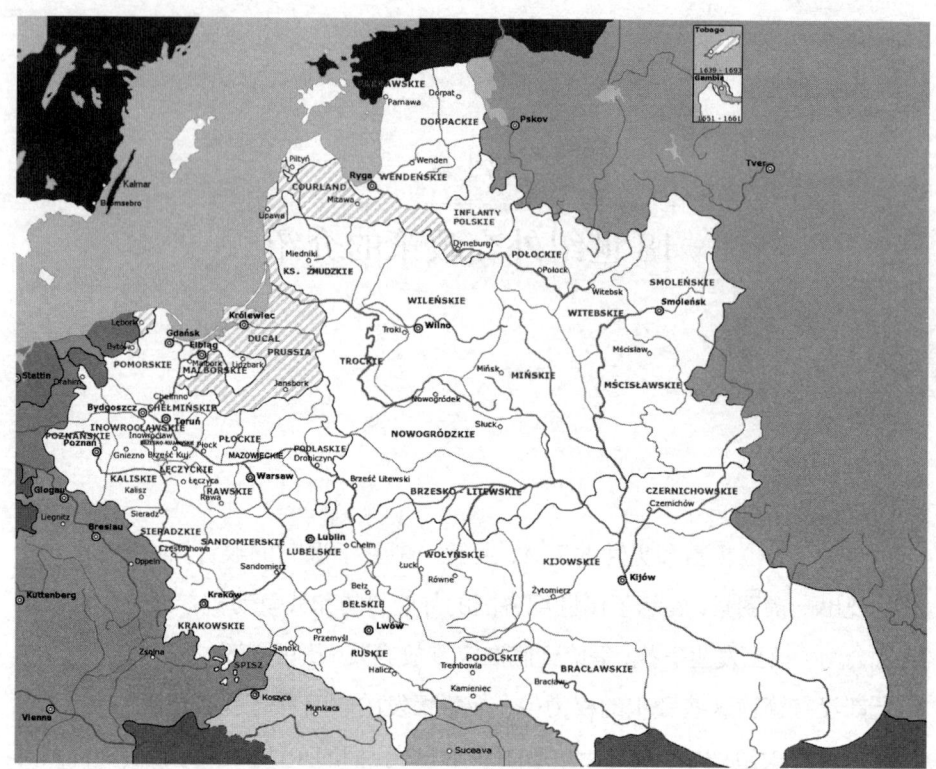

17世纪中期的波兰-立陶宛王国

国——法兰西王国、普鲁士王国、俄罗斯帝国和大不列颠王国,我们就会意识到乔纳森·斯威夫特所描述的这些严酷的情况都曾切切实实地存在过。对西里西亚的占领①、对波兰-立陶宛王国的瓜分②和对奥斯曼帝国未遂的瓜分③不过是发生在这个表里不一与利己主义横行的时代里三个最污秽卑鄙的事件罢了。大量政府文献揭示出18世纪的种种败象,包括人们前所未有的贪得无厌、腐败成性和唯利是图。这些败象几乎堪比伏尔泰或乔纳森·斯威夫特为我们描绘的任何

---

① 在1742年发生的奥地利王位继承战争(War of the Austrian Succession)中,普鲁士王国占领了西里西亚的大部分地区。
② 18世纪末,奥地利大公国、普鲁士王国和俄罗斯帝国曾经三次瓜分波兰-立陶宛王国。
③ 18世纪,为了争夺领土,俄罗斯帝国与奥斯曼帝国曾经多次发生战争。截至18世纪末,俄罗斯帝国国界已经向奥斯曼帝国大大推进,但此时的奥斯曼帝国并未完全沦陷,仍在与俄罗斯帝国进行斗争。两国之间的间断性战争一直持续到1922年奥斯曼帝国覆灭。

图景。只要历史学家对18世纪统治者的种种作为考察一番,讽刺作家们的言论很容易就能得到应有的评价。

虽然18世纪政治策略的肆无忌惮已经毋庸赘述,但我认为,对当时的局面做一番解释并在某种程度上对该局面进行"开脱"或许也是可取的。不同时代的人类历史有着某种潜在的一致性。虽图案不同,但质地一样。也正因为这个一致性,我们完全可以将18世纪和19世纪作个对比。读者也许会说,18世纪是君主当道和南征北伐的时代,19世纪是各民族人民进行民族战争的时代,两者是

乔纳森·斯威夫特

有区别的。这种看法确实没错。不过,不知道读者是否还注意到了另一个现象,即在19世纪君主已经不再总是想着要打仗了。古往今来,平民百姓似乎一直都准备着要弃公正于不顾或为一己之利和别的国家大打出手。撇开其他不谈,我们也正是从这个现象里发掘出一种历史的一致性。在19世纪和20世纪,国家机关已经渐渐不再依靠武力来镇压民众、维护统治,而是开始在意识形态上下功夫,想办法在精神上赢得民众的拥护。即使是一个奉行专制思想的君主,也会适时地采取权宜之计,试着去迎合普遍的民意与社会理想。然而,在18世纪,只要拥有一支强大的雇佣军和一群顺从且不善言辞的民众,君主就不害怕采取有悖于或超前于民众意愿的行动。权力大概从未像18世纪这样集中于数量如此之少的人手中,而集中的权力也造成了空前严重的后果。在意识形态方面,一些思想家的理念约束着18世纪的欧洲。这些思想家深受伏尔泰的影响,信念坚定、

伏尔泰

青年时代的腓特烈大帝

逻辑严密。在行为活动方面，欧洲各国都处在各自统治者的严密掌控之下。统治者态度明确、无所畏惧，而走在这些统治者最前面的领路人正是伏尔泰的朋友、敌人和偶像——腓特烈大帝。有了清晰的思路，行动落实起来自然也不会拖泥带水。权力集中本应是件好事，但就怕权力落在不负责任的统治者手中。这种情况一旦发生，国家的命运就只好任由情绪和偏见左右了——不幸的是，18世纪确实有这么一些统治者，他们怀着前所未有的巨大偏见，高度情绪化地治理着各自的国家。

虽然中欧的命运掌握在少数人的手中，但如果我们认为当时的政策总是受到君主个人意愿的影响或总是引发不可预测的后果，那就大错特错了。在法兰

巴伐利亚公国国徽

西大革命①中登台的演说家们乐于去批评国王们的暴虐成性，指责国王们把人民当牺牲品，为了情妇的一个微笑而挑起一场战争及指使大臣们采用贿赂的手段和其他国家媾和。这幅图景确实有其真实的一面。18世纪的欧洲以疆土为体系，不以国家为体系。作为小地主的大公管理着各自的公国，而国王扮演的角色则更像暴虐的大地主。一个统治者会用巴伐利亚公国②换取南尼德兰③，或用洛林换取托斯卡纳。统治者完全不考虑这些地区的人民的意愿，随意将他们交给

---

① 法兰西大革命，1789年到1799年法兰西爆发的革命运动。法兰西大革命彻底推翻了法兰西一千多年的封建专制制度，建立了君主立宪制，传播了"自由、民主、平等"的进步思想，并在全球范围内推动共和政体的建立，大大加快了人类历史的进程。
② 巴伐利亚公国，历史上神圣罗马帝国南部的重要邦国之一。1777年，巴伐利亚支系家族绝嗣，巴伐利亚公国由巴拉丁家族接管。1806年，巴伐利亚公国成为巴伐利亚王国。
③ 南尼德兰，历史地名，包括今比利时王国的绝大部分，曾先后由西班牙王国、奥地利大公国和法兰西王国统治。

一位异邦统治者，或将他们雇给一位外国将军。这些行为背后的逻辑确实和我们如今的情感认知和价值取向不可同日而语。一位大公可以将他的军队借给一位外国统治者，或为了一个没人在意的争端派遣成千上万的雇佣兵到异国他乡去流血牺牲。这些从外国雇来的士兵身上并不存在爱国主义情怀，他们只为从雇主那里获得薪水而战斗。即使是在18世纪最开明的君主身上，统治者自身的意愿也经常比臣民的需求和国家的利益更加重要。"最开明的统治者"叶卡捷琳娜大帝习惯从情夫中挑选将军。"国家的第一个仆人"腓特烈大帝囚禁了从威尼斯来的大使，甚至以此强迫威尼斯总督为他在柏林的新歌剧院送来一个舞女！

叶卡捷琳娜大帝

叶卡捷琳娜大帝和腓特烈大帝这些让人不可思议的行为或许可以解释演说家们针对统治者的激昂言辞，以及人们在法兰西大革命时期所表现出的对国王的憎恶——这种憎恶几乎带有残忍的意味。不过，也有很多时候，个人的异想天开服从了国家的整体利益。除去偶然的失误，大多数18世纪中叶的统治者还是在为他们的国家谋求福祉。统治者个人的好恶确实能够左右很多事情。但从我下面要举的例子来看，这些统治者还没有昏庸到允许血缘关系来决定国家立场的地步。譬如，西班牙王国的利益并未因腓力五世①是路易十五②的亲戚而服

腓力五世

---

① 腓力五世（Philip V, 1683—1746），西班牙王国国王。
② 路易十五（Louis XV, 1710—1774），法兰西王国国王。

乔治二世

从于法兰西王国的利益。普鲁士王国也没有因腓特烈大帝是乔治二世①的侄子而成为大不列颠王国的同盟国。在18世纪，导致国家政策发生转变的力量大多来自君主个人，而不是改朝换代所引发的家国关系上的变动。乔纳森·斯威夫特曾经说过："由血统缔结的联盟或婚姻常常是造成两个统治者之间发动战争的原因。双方的血缘关系越亲近，发生争斗的可能性就越大。"有些历史学家则将波

---

① 乔治二世（George II, 1683—1760），大不列颠王国国王。

波旁家族的标志——大盾徽

旁家族①的联姻归结为纯粹的血统的结合，并且乐于将18世纪的政策和19世纪的政策作对比：前者一个朝代一个样子，后者则更加稳定和持久。只要一个主权国家的政体保持稳固，它实行的政策就很少会随着朝代的更迭而发生巨大的变化。事实上，除去18世纪统治者强大的个人影响力，两个时代在本质上并没有太大的不同。18世纪的外交语言具有强烈的时代特色。领主们针对领土主权所提出的各种主张简直让人眼花缭乱。有人认为，关于领土主权的问题正是一切战争的源头。人们为了争夺王位和遗产大开杀戒，由此谱写出了漫长而血腥的战争史。不过，所有站不住脚的主张都掩盖不了事实，也蒙蔽不了历史学家。18世纪

---

① 波旁家族是卡佩王朝的一个分支家族，曾经在欧洲历史上断续统治过纳瓦拉王国、法兰西王国、西班牙王国、那不勒斯王国、西西里王国和帕尔马王国。

的君主以王朝利益为托词，依靠一个配偶、一个侄女或一个远亲所掌握的私权为他们的国家谋取大量的利益。这正如现代的政治家打着民族权利①、人道主义和公共权利的旗号来为他们的国家谋取利益一样。虽然船头新换了艏饰象②，桅顶也漆上了新颜色，但这艘海盗船依然在沿着同一个线路航行。虽托词各不相同，但本质目的一样。为了占有西里西亚的土地及粉饰瓜分波兰-立陶宛王国的行为，无论是多么不靠谱的证据和说法，腓特烈大帝和约瑟夫二世都敢往台面上拿。但话又说回来，这两个人的论据并不是英国纹章院③提供的。现实环境

英国纹章院的标志——盾形纹章

---

① 这里指右翼思想。该意识形态认为不平等现象及等级制度的存在是正常且不可避免的，甚至是有益于社会向前发展的。
② 艏饰象，旧时一种安装在船头的装饰性木质雕像。
③ 英国纹章院，英国王室机构，工作人员为英国军官，主要负责处理与纹章相关的事务，同时也进行家谱学研究工作。英国纹章院同时对英格兰、威尔士、北爱尔兰及部分英联邦国家拥有管辖权。

无忧宫

自然就为这些论据提供了支撑。作为统治者，18世纪的君主们必须想办法扩张领土，尽力维持权力平衡，并在必要时使用武力。这些古老而荒诞的论据是时代的产物，是一块为了上演侵略、不公和无奈之举而铺设的荧幕。至少在面对我们——19世纪以种种历史原因为借口为18世纪那么多罪行做辩护的这代人时，那位无忧宫①里愤世嫉俗的哲学家——普鲁士王国的腓特烈大帝应该是最高兴的了。在发兵夺取西里西亚时，他曾经写道"正义与否，是牧师们才会讨论的问题"，之后又写道"君主之间的较量，谁更强大，谁就是正义的一方"。②

---

① 无忧宫，腓特烈大帝修建的王宫和园林，模仿法兰西凡尔赛宫建造而成，其名字源于法语，意为"无忧无虑"。腓特烈大帝希望他的无忧宫能成为繁杂政事之外的一个可以完全放松身心的住所。

② 对比18世纪历史学家爱德华·吉本（Edward Gibbon）在《罗马帝国衰亡史》中的话：凭借武力来征服其他国家的人总能找到各种理由来为他挑起战争的行为进行辩护，譬如为了自身的安危、为了复仇、为了荣誉和热忱、为了正当的权利或为了维护自身的利益。（《罗马帝国衰亡史》，第65章）——原注

当时，理性主义在欧洲占据主导地位，启发了像普鲁士王国的腓特烈大帝和奥地利大公国的约瑟夫二世这样的君主。神秘主义①和带有感性色彩的宗教上的顾忌，以及碍眼的道德准则是属于女人和神父的，与这些君主无关。以往的成见和沿袭下来的传统，以及用来用去的老办法统统不再算数。已建成的秩序

约瑟夫二世

---

① 神秘主义，一种教义和宗教仪式，旨在使人获得更高的精神或心灵力量。神秘主义包括诸多主观验证方法，例如玄想、瑜伽、巫术、星占学和炼金术等。

结构在理性的压迫下崩塌破碎。腓特烈大帝曾问道:"当一个人处于优势地位并且恰好有便宜可占时,这个便宜他是占还是不占?"在理性主义这个矛盾重重的思想领域中,腓特烈大帝这个问题的答案无处可寻。在持机械唯物主义思想的哲学家出现之前,国际法律规范、国家主权的不可侵犯性、条约的神圣性、普遍道德①与独立国家存在的正当性这些概念在人们的头脑中几乎全无立足之地。理智所鼓励人们去做的不是要维护"国际利益"这个模糊的概念,而是用清晰的头脑去计算怎样才能为自己谋取更多的利益。理智所谴责的不是违背条约的行为,而是不能给自己带来好处的行为。成功是最有力的论辩,也是唯一的正义准绳。这个逻辑可以解释发生在18世纪的很多行为。这些行为放在如今都是要受到质问的,譬如腓特烈大帝夺取西里西亚、约瑟夫二世对奥斯曼帝国无端发动进攻和叶卡捷琳娜大帝数次背叛波兰–立陶宛王国。

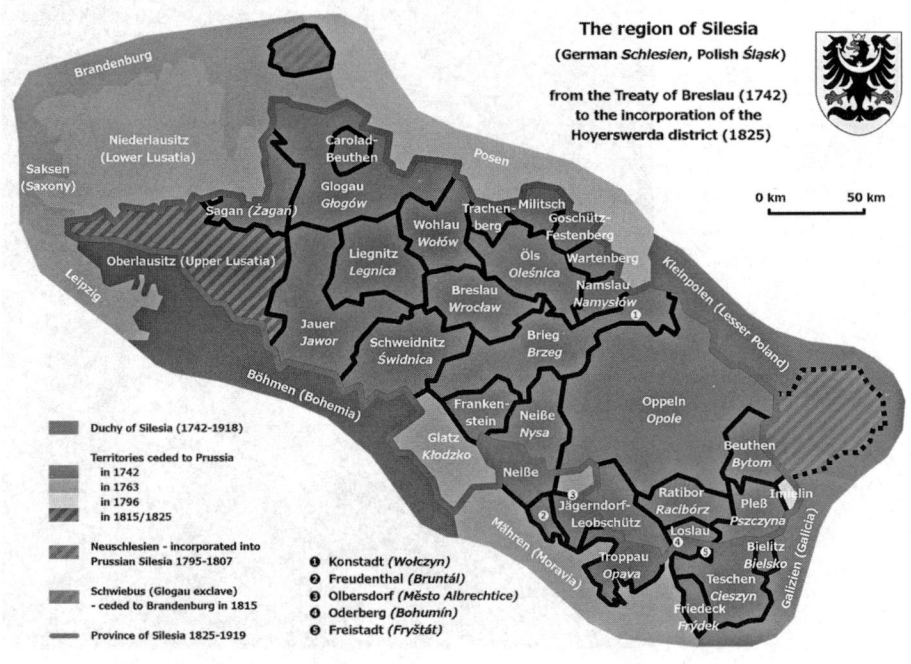

1740年到1825年的西里西亚

---

① 普遍道德,一种元伦理学(Meta-ethical)立场。该立场强调,无论人种、性别、国籍和文化背景等有何差异,某些伦理道德规范在任何情况下都是适用的,不存在任何例外。

路易十六

然而，除怀疑主义思想外，仍然有一些其他原因削弱了统治者在道德方面的顾虑并促使他们走向侵略与背叛。经济、客观物质和政治的力量是统治者难以掌控的。统治者对外界纷杂的因素只有模糊的认识。面对来自外界的巨大压力，统治者难以抵抗——他们确实经常进行抵抗，但这些抵抗都是非常无力的。路易十六①和利奥波德一世②是最后一批发动抵抗的统治者。这一批统治者

---

① 路易十六（Louis XIV, 1638—1715），法兰西王国国王，1643年到1715年在位，史称"路易大帝"或"太阳王"。在欧洲所有君主国家的统治者中，他在位的时间最长。
② 利奥波德一世（Leopold I, 1640—1705），神圣罗马帝国皇帝，1658年到1705年在位，他是哈布斯堡家族在位时间最长的皇帝。

利奥波德一世

的思想往往富有强烈的宗教色彩。他们制定的政策也都是以宗教理念为指导的。然而，18世纪中叶的社会风气是相当商业化或者说是政治化的。促使统治者挑起战争的不是像"面饼究竟是不是圣体，葡萄汁到底是不是圣血"[1]这种问题，而是要不要提高红酒关税，以及是否该降低鲱鱼关税这种问题。在18世纪中叶，国家之间的关税问题和公司之间的纠纷事件只能通过武力解决。18世纪中叶的重商主义[2]信条宣告了国内外贸易是有如一个国家的血液和肌腱一般

---

[1] 据《圣经·新约》记载，最后一顿晚餐时，耶稣拿起饼和葡萄酒祝祷后分给门徒并告诉他们这是他的身体和血。基督教认为圣体和圣血是耶稣身体的一部分。对这一问题的怀疑实际上印证了人们对宗教的怀疑。

[2] 重商主义，16世纪到18世纪流行于欧洲的经济政策，目的是扩大国家贸易出口。该政策主张通过贸易顺差来获取利润，从而积累更多的财富，实现国家富强。

的存在。贸易活动就是国家财富和力量的源泉。一时间,重商主义信条受到人们的强烈拥护,并几乎取代宗教成为正统的信仰。在这种情况下,损害一个国家的商业贸易就是抽取一个国家的血液。任何蓄意下此毒手的人都是吸血鬼,需要立即被斩草除根。贸易动机促使欧洲各国尤其是像荷兰共和国、法兰西王国和大不列颠王国这种沿海国家走向战争。这三个国家在欧洲开战往往是为了争夺东、西印度群岛①。而像奥地利大公国、普鲁士王国和俄罗斯帝国这样的大陆国家发动战争的导火索则多是对领土的需求和渴望。

普鲁士王国徽章

① 东印度群岛位于南亚和东南亚,狭义上特指印度尼西亚群岛和菲律宾群岛。西印度群岛泛指南北美洲之间海域的一连串岛群,包括巴哈马群岛和安的列斯群岛。

第一眼望去，为贸易平衡而战和为权力平衡而战两者之间似乎没有什么联系。然而，读者要明白，在欧洲内陆，版图的扩张就意味着财富的增长。在沿海地区，美洲和印度群岛的贸易能够为沿海国家带来巨大的财富。当时的领土兼并甚至超过了繁荣的贸易行业，成为推动殖民活动发展的一大要素。勒内–罗贝尔·卡弗利耶在密西西比河河岸的树干上钉上了鸢尾花纹章①。约瑟夫二世将

勒内 – 罗贝尔·卡弗利耶在密西西比河河岸的树干上钉上了鸢尾花纹章

① 鸢尾花的起源尚不清楚，但它在历史长河中与法兰西贵族有着紧密的联系。法兰西许多城市的盾形纹章中都使用了这种花。有人认为鸢尾花的三片花瓣代表了中世纪社会的三个阶层，即平民、贵族和神职人员。

顶端饰有奥地利大公国老鹰的界桩延伸到了泽普斯①。在完成领土兼并活动之后，多数殖民者跟随约瑟夫二世来到了波兰-立陶宛王国，而少数人则同大不列颠王国的人去了加拿大。18世纪的大多数时间，与北美相比，殖民活动在北欧和东欧更活跃也更成功。在欧洲，人们认为，扩张领土就是增强国力。因为扩张领土意味着增加人口与财富。在夺来一个又一个省后，统治者感到他们的财富大大增加了。这与地主一块又一块地购置土地的道理是一样的。小至王公贵族，大到皇帝国王，扩张领土的渴求曾经支配着中欧的每一个统治者。虽然有贪婪的成分在里面，但扩张领土其实是不得不采取的举动。普鲁士王国那可悲的国家地位、破碎的领土和零散的行政区都要求统治者必须时刻保持警惕。腓特烈大帝虽然养了一支庞大的军队，但不敢有丝毫马虎。他甚至还有过被迫吞并邻国土地的经历——如果一个国家的君主在这种情况下还用得着别人强迫的话。奥地利大公国的属地沿多瑙河与莱茵河杂乱地分布，从波罗的海和北海②一直延伸到亚得里亚海③。这可以说是一个更明显的例子。这个例子证明，地理环境这一客观因素使人们在保卫国家的过程中不得不将良知抛诸脑后。中欧和西欧所发生的任何一个哪怕是最小的变动曾经都可能对哈布斯堡④那些零星的属地造成影响，甚至威胁到这些属地的安全。扩张领土是18世纪统治者为求生存而采取的安全措施。腓特烈大帝就为普鲁士王国赢取了这一安全保障。1740年，腓特烈大帝从奥地利大公国为他的国家夺得富饶的西里西亚。⑤这样一来，与以前相比，腓特烈大帝的王国版图更加分散了。但这并不要紧。新增加

---

① 泽普斯，斯洛伐克东北部的一个地区。外加波兰东南部由十四个村庄组成的一小片区域。11世纪末到1918年归匈牙利王国统治。
② 北海，北大西洋的一部分，位于大不列颠岛以东，斯堪的纳维亚半岛西南和欧洲大陆以北。周边国家有英国、挪威、瑞典、丹麦、德国、荷兰、比利时和法国。
③ 亚得里亚海，地中海的一部分水域，分隔了意大利半岛和巴尔干半岛，通过南部的奥特朗托海峡与爱奥尼亚海相连。海中有近一千二百个岛屿，其中只有六十九个有人居住。
④ 哈布斯堡，即哈布斯堡家族（House of Habsburg），也被称为"奥地利皇室"，是欧洲最有影响力和最杰出的王室之一。该家族成员在1438年到1740年一直占据神圣罗马帝国的皇座。英格兰、匈牙利王国、爱尔兰王国、西班牙王国和葡萄牙王国等也曾经归哈布斯堡家族王室统治。查理五世之后，哈布斯堡家族分裂为奥地利和西班牙两个分支。他们虽然统治着不同的领土，但仍然保持着密切的关系，并时常通婚。
⑤ 第一次西里西亚战争结束后，战败的奥地利大公国将大部分西里西亚割让给了普鲁士王国。

的一万六千平方英里的土地和人数超过一百万的子民足以掩盖这点小小的不利。与此同时，奥地利大公国的处境变得不再安全。神圣罗马帝国的权力平衡也开始面临危机。1772年，奥地利大公国从垂死的波兰-立陶宛王国手中分得一块很大的区域，但这并没有给奥地利大公国带来什么优势，因为普鲁士王国也从战利品中分得了一杯羹。无论是在自己还是在外人看来，此时的哈布斯堡家族都已经身处险境。如果想要脱离险境，那奥地利大公国就必须再找来一块和西里西亚一模一样的土地。

接下来，那位奥地利大公国的政治家将他渴望的目光投向了巴伐利亚公国。这个伟大的天主教国家位于德意志南部，与奥地利大公国的西南部接壤，是唯一一块能够和西里西亚媲美的土地。这位政治家下定决心准备瓜分巴伐利亚公国的土地。只要将巴伐利亚公国的土地划分给奥地利大公国，奥地利大公国就可以增强自身实力，从而和普鲁士王国势均力敌。这位一心要保卫国家安全的政治家不是别人，正是朝气蓬勃并热血满腔的约瑟夫二世。

第2章
奥地利大公国与普鲁士王国的战争与和平

古老的神圣罗马帝国,该如何延续下去?

——歌德

1777年冬天,一名巴伐利亚公国医生的医术成为决定一场战争爆发与否的关键。如果马克西米利安三世·约瑟夫①死在这名医生手上,那么这个失误将成

马克西米利安三世·约瑟夫

---

① 马克西米利安三世·约瑟夫(Maximilian III Joseph, 1727—1777),神圣罗马帝国选帝侯,巴伐利亚公国公爵,1745年到1777年在位。

为一个信号。这个信号标志着人们即将围绕巴伐利亚的王位继承权展开争议。而争议的结果便是发生在欧洲的一场战争。只要信号一出现，约瑟夫二世就会指挥他的奥地利大公国军队前往巴伐利亚公国南部。腓特烈大帝则将开始在波茨坦①的阅兵场操练他的掷弹兵②。这次王位继承事件③本不该存在争议。并且，按理来说，巴伐利亚公国的继承权本就应该落在查理·西奥多尔④身上。然而，在18世纪，没有争议的王位继承事件并不多见。合法的权力不如赤裸裸的武力管用。无论统治者发起侵略的借口有多么牵强，只要他拥有一支强大的军

18世纪70年代的波茨坦

---

① 波茨坦，德国兰登堡州的州府，北部与柏林相邻。
② 掷弹兵，17世纪中后期在欧洲战场上出现的一种特种兵，身体素质极强，擅长投掷手榴弹和进行军事突袭。
③ 维特尔斯巴赫家族的马克西米利安三世·约瑟夫死后绝嗣，同为维特尔斯巴赫家族的查理·西奥多尔对巴伐利亚王位拥有继承权。但查理·西奥多尔同样无嗣，因此他的侄子马克西米利安一世·约瑟夫对巴伐利亚王位拥有顺位继承权。巴伐利亚公国王位继承事件由此引发。
④ 查理·西奥多尔（Charles Theodore，1724—1799），巴伐利亚公国选帝侯，巴拉丁伯爵。

普鲁士掷弹兵

队,别人就不敢对他的行为提出任何异议。18世纪就是一个争夺王位继承权的时代。西班牙王位继承战争[1]1702年爆发,1713年结束。大不列颠王国也曾经卷入其中。波兰王位继承战争[2]1733年爆发,1735年结束。奥地利王位继承战争[3]1740年爆发,1748年结束。在这几场战争中,强大一方自带的"正义性"与真

---

[1] 1700年,西班牙王室绝嗣,来自奥地利哈布斯堡家族的王位继承人和法兰西王国波旁家族的王位继承人为了争夺王位,引发了西班牙王位继承战争。
[2] 波兰-立陶宛王国国王奥古斯特二世驾崩后,欧洲各大强国相继介入波兰-立陶宛王国王位继承事宜,目的是对别国进行制衡并为自己谋取利益。波兰-立陶宛王国王位继承战争由此爆发。
[3] 查理六世驾崩后并无男性子嗣。根据查理六世于1713年颁布的《国事遗诏》,其长女玛丽娅·特雷莎有权承继承奥地利大公国王位。以法兰西王国、普鲁士王国和巴伐利亚王国为首的一些国家对此提出异议。为了争夺奥地利大公国王位,欧洲多国之间爆发了长达八年的奥地利王位继承战争。

查理·西奥多尔

正意义上的正义正面交锋,杀得难分难解。1777年,战火终于烧到巴伐利亚公国。奥地利大公国索要王位继承权的举动并不令人惊奇,原因在于虽然那个神圣罗马帝国的"恺撒"①约瑟夫二世拥有一支庞大的军团,但巴拉丁选帝侯②查理·西奥多尔手下的军队兵微将寡。很明显,奥地利大公国已经准备开战。唯一的问题是查理·西奥多尔是否已经做好抵抗的准备。鉴于自身资源少得可怜,查理·西奥多尔只剩下一线希望,那就是向欧洲寻求正义,或者更确切地说,向利

---

① 恺撒,源自罗马政治家、军事将领恺撒大帝(Gaius Julius Caesar)的名字。恺撒大帝驾崩之后,历代罗马皇帝开始沿用他的名字作为罗马皇帝的头衔。
② 选帝侯拥有选举神圣罗马帝国皇帝的权力。巴拉丁选帝侯作为七位选帝侯之一,统治神圣罗马帝国境内的莱茵-普法尔茨地区。

益相关的国家寻求正义。无比碰巧的是,当时的欧洲只有两个国家有可能干预这场战争。大不列颠王国正在和殖民地上的叛乱分子进行殊死战斗。法兰西王国也已经确定要卷入这场战斗。奥斯曼帝国太弱小,所处的位置太远,施加不了什么影响。波兰-立陶宛王国则陷在无政府的混乱中爱莫能助。其他一些小邦国不会有什么反对声音,即使有,也不足为惧。所有大国中只剩下普鲁士王国和正从之前与奥斯曼帝国的战争中逐渐恢复的俄罗斯帝国。从武装力量来看,约瑟夫二世无疑占有"优势"。此外,要是以腓特烈大帝的逻辑而不是以逻辑学家的逻辑来看,约瑟夫二世利用这个优势为奥地利大公国夺取利益是天经地义之举。在这种形势下,所有国家自然而然都将目光投向普鲁士王国。原因很明显,一旦战争爆发,普鲁士王国将在与奥地利大公国的斗争中成为主角。腓特烈大帝的行动将决定巴伐利亚公国的命运和神圣罗马帝国的未来。

第1节 腓特烈大帝与普鲁士王国

如果要在奥地利大公国和普鲁士王国之间做一个比较,来看看二者都有哪些不同,又在哪些方面不相上下,或要知晓命运会将怎样的事件推上历史舞台,那我们就有必要先将目光投向两个国家各自的历史和资源,以及长久以来形成的国民性格。自1740年即位起,普鲁士王国的腓特烈大帝就一直扮演着一个不安分的天才的角色。战争也好,政治也罢,为18世纪带去过那么多经验和教训,并使那个时代感到那般惊喜与恐惧以及迷惑的人,除他之外再无第二个。1740年冬天,腓特烈大帝第一次进攻奥地利大公国,用武力征服了西里西亚。敌方联盟的进攻、战场上的失利及外交上的挫败都不能阻挡腓特烈大帝前进的步伐。腓特烈大帝不是没有在这样或那样的事情上犯过错误,但他源源不竭的才智和无比旺盛的精力总能帮他修补这些过错。1746年,西里西亚被全权割让给腓特烈大帝。虽然第一次西里西亚战争①囊括了欧洲所有强国,但只有腓特烈大帝从

---

① 第一次西里西亚战争,1740年到1742年发生在普鲁士王国和奥地利大公国之间的一场战争。主要战场位于西里西亚、摩拉维亚和波希米亚。这是18世纪中叶普鲁士王国与奥地利大公国之间爆发的三场西里西亚战争中的第一场,三场战争都以普鲁士王国控制西里西亚告终。

中取得了巨大收益。如此辉煌的成功是危险的。它促使其他国家一步步和普鲁士王国走向对立。接下来的十年，腓特烈大帝面临的形势变得越发严峻。这位国王很快发现，欧洲大陆除大不列颠王国外的所有国家开始联合起来反对他。因此，他不得不只身面对一个庞大的联盟。这个联盟最终包括奥地利大公国、俄罗斯帝国、法兰西王国、瑞典王国、萨克森选帝侯国①和整个神圣罗马帝国。意识到危险正在日趋迫近，腓特烈大帝只好和大不列颠王国结成攻守同盟，以在暴风雨到来之前巩固他的实力。然而，七年战争②引发的新一轮大规模斗争即

七年战争前的神圣罗马帝国与欧洲形势

---

① 萨克森选帝侯国，14世纪中期到18世纪末期神圣罗马帝国选帝侯国之一。1806年神圣罗马帝国瓦解后，萨克森选帝侯国成为萨克森王国。
② 七年战争是一场发生在1756年到1763年的全球性战争。在七年战争中，欧洲分成了以大不列颠王国和法兰西王国为首的两大阵营。因其规模巨大，一些历史学家将七年战争形容为"第零次世界大战"。

罗斯巴赫战役

将使全世界对腓特烈大帝另眼相看。在世人的注视下，腓特烈大帝经受住了命运给出的所有考验，并在一个又一个关键时刻运用智谋化险为夷。他频频受阻，却总能在灾难中取得胜利。1757年之前，世人眼中的腓特烈大帝只是一名坐拥一支顶尖军队的老练的指挥官。1757年后，人们一下子意识到，原来腓特烈大帝和他的军队拥有能将整个欧洲难倒的本事。对手的数量再多，也吓不倒在罗斯巴赫战役①中打过胜仗的士兵们。没有一个将军能和在洛伊滕战役②中以绝世骁勇之姿惊艳世界的那位领导者③相提并论。即使是七年战争最后时期的种种混乱和灾难，也不曾遮盖腓特烈大帝的光芒和减损他的威名。精疲力竭的腓特烈大

---

① 罗斯巴赫战役，七年战争中普鲁士军队与法奥联军之间发生的一场战役。普鲁士军队在战役中大胜。
② 洛伊滕战役，1757年爆发。当时，腓特烈大帝充分利用战术和地形，带领普鲁士军队打败了人数远超普军的奥地利军队。
③ 那位领导者指腓特烈大帝。

查理五世

帝以胜利者的姿态走下战场。他赢得了自查理五世①时代起便再没有人能担当得起的名号。腓特烈大帝击败了奥地利大公国军队,赶走了法兰西王国的军队,用这两场胜利②为神圣罗马帝国的未来打下基础。

在很大程度上,腓特烈大帝的性格决定了他的执政风格、外交手段与作战特点。因此,如果对他的性格做一个小小的分析,那么将会对我们做进一步的研究大有裨益。我们能从腓特烈大帝身上看到许多截然不同的特征。这些特征间

---

① 查理五世(Charles V, 1500—1558),神圣罗马帝国皇帝,1519年到1556年在位,西班牙国王,1516年到1556年在位。他曾统治占地面积总数近四百万平方公里的领地,他治下的国家首次被称作"日不落帝国"。
② 指罗斯巴赫战役和洛伊滕战役。

的反差之大简直让人难以相信它们都属于同一个人。而这种反差也恰好印证了腓特烈大帝古怪的性格。走近那些逼真的肖像画，只见一双灰蓝色的大眼睛照亮了画中人的神情，并为那张严肃而冷酷的脸增添了唯一一抹柔和的色彩。虽然这样柔和的色彩或许也映射出了他的某些弱点，但这些弱点你只能从他的眼睛里找到，在别处就无迹可寻了。正是这样的性格和容貌让关于他的这些故事听起来都显得合情合理。他允许街头的男孩儿们骑他的马；他拍着掷弹兵们的

腓特烈大帝

肩膀让他们叫他"老弗里茨"。又或那个高尚的传说，讲战争结束后的他在夏洛滕堡①因听到吟唱赞美诗的歌声流下眼泪。那些尖刻的讽语和那个拥有钢铁般轮廓的下颌以及那张渗透了不择手段的神情的脸足以让我们对他做下的这些事深信不疑。他用尖锐的语气开着宗教的玩笑，用令人作呕的卑鄙手段对待老友，也用冷酷的心肠对待他的某个兄弟和许许多多的老兵。抛开个别的友善之举，腓特烈大帝并不是一个宽厚和大方的人。除去对公共事业的终身奉献，腓特烈大帝只在某些意义上算是个好人，但也远没有好到无可指摘的地步。与同时代的任何人相比，他都更像埃德蒙·伯克②描述的那种"历史上伟大的坏人"。此外，

埃德蒙·伯克

---

① 夏洛滕堡，位于柏林。当地有柏林现存最大的王宫建筑夏洛滕堡宫。
② 埃德蒙·伯克（Edmund Burke，1729-1797），爱尔兰裔英国政治家。

阿尔芒·让·迪普莱西·德·黎塞留

虽然缺乏阿尔芒·让·迪普莱西·德·黎塞留①所拥有的深刻洞察力和威廉·皮特父子②所具备的那种绝妙的灵感,但腓特烈大帝拥有迅速取得成功并攫取利益的能力。这种能力是他那个年代甚至任何年代的人都望尘莫及的。

除了战争方面的成就,腓特烈大帝对国家内部的改革和管理也很有成效。他树立了18世纪统治者的模型——哲学家式暴君③。他为世界树立起一个开明统治者的榜样——尽管他不是第一位这么做的统治者。他还清除了宫廷里的骄

---

① 阿尔芒·让·迪普莱西·德·黎塞留(Armand Jean du Plessis de Richelieu, 1585—1642),世称"红衣主教黎塞留",法兰西王国教士、政治家。
② 威廉·皮特父子,指大不列颠首相威廉·皮特(William Pitt, 1708—1778)及其子小威廉·皮特(William Pitt the Younger, 1759—1806)。后者曾任大不列颠王国首相、英国首相。
③ 哲学家式暴君,即开明专制君主。

奢淫逸之风。他脑子里装的不是古板的教条、各派系的利益及阶级的特权，而是整个普鲁士王国的国家利益。编纂法典、规避酷刑、确立对待贫富一视同仁的司法理念及更大限度地容忍公民的意见和宗教方面的声音，这些都是腓特烈大帝在欧洲引进或大力普及的改革举措。虽然腓特烈大帝并非这种行政管理体系的原创设计师，但他对这个体系做了改进并使它运转得比之前更加顺畅和高效，从而对普鲁士王国的经济发展起到了空前的促进作用。在格奥尔格·威廉·弗里德里希·黑格尔①看来，腓特烈大帝治下的普鲁士王国正是一个国家应

格奥尔格·威廉·弗里德里希·黑格尔

① 格奥尔格·威廉·弗里德里希·黑格尔（Georg Wihelm Friedrich Hegel, 1770—1831），德国哲学家，19世纪德国唯心主义哲学代表人物。

腓特烈大帝视察马铃薯收成情况

该有的样子。腓特烈大帝比任何一个地产商都更能识别一块土地的价值，并更懂得付出努力去对它进行开发和维护。另外，与增加税收、操练军队或攻夺新的领地相比，这位国王对鸡的饲养、咖啡的价钱及瓷器的制造同样抱有浓厚的兴趣。普鲁士王国的行政官员们从上到下完全听从国王的指挥。官员们介入到国家生活的方方面面，指导生产，引进移民，在荒地上建立移民聚居区，排干沼泽，开垦沙漠，修建道路，开辟运河，扶贫解困，鼓励节约并惩治游手好闲之徒。与此同时，那些非物质性的东西同样得到了这些官员的重视。伏尔泰曾说过，腓特烈大帝早晨是斯巴达人，下午是雅典人。腓特烈大帝不计其数地设立兵营和建造要塞，但这并没有妨碍他为自己建造宫殿和为他的子民修建学校。他招募文人学士到柏林工作，兴建歌剧院，鼓励艺术发展并资助文学事业。当时的普鲁士王国仍然呈现出一派中世纪的封建特色。贵族享有极大的社会和政治特权，譬如免除赋税与垄断军职。大多数农业人口都还是农奴，并承担着沉重的税收。但有失必有得。在有序的管理模式和逐渐形成的严格风纪之下，贵族们成了国王手下顺从的仆人。团结一致抗击外敌的国家是最安全的。眼看国家日益强大起来，普鲁士王国的农民便不再认为自己受了亏待。在普鲁士王国，和平与秩序得到维护,各阶层之间加强了沟通交流,国家的物质条件也得到了极速改善。此外,腓特烈大帝还掌握着一个几乎能够压倒其他所有国家的优势。在他的统治下,普鲁士王国的经济是那样繁荣。他又仔细地照管着国库里的资金,所以从不需要从别的国家贷款——即便在战争的重压下也是如此。尽管收取着大不列颠王国的补助金[1],但腓特烈大帝在财政上仍然非常节俭。这笔补助金足够普鲁士王国按期偿还每一笔欠款。因此,虽然七年战争使普鲁士王国遭受了巨大的伤痛,但并没有让普鲁士王国抵押上自己未来的资源。而当奥地利大公国还在堆积成山的债务中苦苦挣扎时,普鲁士王国已经靠着腓特烈大帝的收支平衡系统为子孙后代免除了债务的拖累。腓特烈大帝曾将战争结束时的普鲁士王国比作一个全身遍布伤口并血流不止的人。不过,此人一旦止住了血,就不会再有伤口化脓和旧伤复发的危险。

腓特烈大帝治下行政管理体系的真正缺陷恰恰在于它实在太成功了。这个体系运转得太完美了,结果是整个局面开始朝机械化的方向发展起来。从理论上来讲,只要腓特烈大帝的手还操控着这个体系,他强大的能量就会源源不断地灌输到体系中的每一个部分,从而维持整个机器的运转。但有迹象表明,在统治末期,腓特烈大帝的力量已经不能胜任这项任务。此外,作为一个单枪匹马的个体,腓特烈大帝一人确实难以预见千千万万人的需求和愿望。普鲁士王国内部已经形成一种模式化结构。它的首要驱动力成了一种机械化的力量。普鲁士王国昔日的创造力消失了。这在1777年就已初见端倪。也正是在1777年,休·艾利奥特写道:"普鲁士王国的政体使我联想到一个无比巨大的监狱。监狱的中心是伟大的监狱长。他正忙着看管他的囚犯们。"[2]

腓特烈大帝的行政管理系统缺乏弹性,其严密程度之高压制了个体的活力和国家作为一个整体的自然力量。这些缺陷对军队造成的伤害更大。腓特烈大

---

[1] 在七年战争中,大不列颠王国与普鲁士王国结盟并签订补助金协议。根据协议,大不列颠王国每年需要付给普鲁士王国六十七万英镑的补助金,作为对普鲁士王国在战争上的资助。

[2] 明托夫人:《休·艾利奥特回忆录》,第105页。事实上,1777年11月9日,拉克索尔也引用了这一说法。拉克索尔在同年拜访了波茨坦和柏林,他很熟悉休·艾利奥特,读者可以自行考证这句话的原作者;对比拉克索尔的《柏林宫廷》,第1卷,第205页,1799,伦敦。——原注

腓特烈·威廉一世

帝从他父亲腓特烈·威廉一世①那里接管了世界上最训练有素的步兵。他也向世界证明了自己不管在任何地方都能很好地指挥这些步兵进行作战的能力。无论是在波茨坦的练兵场还是在许许多多的战场上,腓特烈大帝指挥的军队都表现得非常精彩。然而,我们很难说他提升了这群步兵的精神面貌或改善了军队的纪律。到了晚年,腓特烈大帝的绝对主义②渐渐占据上风。虽然他确实曾有一次将决定权交给了元帅和将领们,但从整体来看,晚年的腓特烈大帝对任何显

---

① 腓特烈·威廉一世(Frederick William I, 1688—1740),普鲁士王国国王,1713年到1740年在位。
② 绝对主义,此处指君主专制思想。君主专制国家的统治者拥有最高统治权,且其权力不受法律的约束。

晚年的腓特烈大帝

露出独立特质的人和各种独创性思想都抱有提防之心。腓特烈大帝最喜爱的领导者是那些不考虑具体形势、只会温顺地执行命令的人，或那些愿意为种种错误背黑锅的人，哪怕这些人本可以靠一己之力避免这些错误。独立的个体变成机械的部件，受一部冷酷的机器掌控。这部机器则仅由一人指挥。用这种方式运转一个国家势必会带来不可避免的后果。在普鲁士王国，将领们的智力退化了，军队的活力也减弱了。士兵们的程序化操练进行得非常顺利。军队里那种堪比自动化的运转模式也一如既往地令人惊艳。然而，那种曾经在洛伊滕的战场上对士兵们起到激励作用的精神，那种造就了像库尔特·克里斯托夫·格拉夫·冯·施维林①和弗雷德里希·威廉·冯·塞德里茨②这样的将军的训练模式，都在1778年从腓特烈大帝的军队里消失了。普鲁士王国的一切都靠国王一人维系，但此时的腓特烈大帝已经不再是从前的腓特烈大帝了。时过境迁，腓特烈大帝和他的军队再也没有之前那种乐观的心态和强健的力量。曾几何时，正是这种力量带领普鲁士王国闯过一次又一次的灾祸。眼下，虽然普鲁士王国的传统习俗、国风、国纪及君主那无可估量的名望都依旧散发着强大的影响力，但这种强

库尔特·克里斯托夫·格拉夫·冯·施维林

---

① 库尔特·克里斯托夫·格拉夫·冯·施维林（Kurt Christoph Graf von Schwerin, 1684—1757），普鲁士王国大元帅，腓特烈大帝手下最杰出的指挥官之一。
② 弗雷德里希·威廉·冯·塞德里茨（Friedrich Wilhelm von Seydlitz, 1721—1773），普鲁士中将，普鲁士王国最优秀的骑兵将领之一。

大已经显现出腐朽的征兆。正如一个开始衰老的人，虽然表面上看起来仍然肌肉强健，但内在的活力在逐渐消减。腓特烈大帝的民政管理体系和他的军事名望为欧洲所仰慕。然而，"权力本身虽值得称道，但当它高居宝座时，也埋下了它葬身的基础"①。

第2节 玛丽亚·特蕾莎、约瑟夫二世和奥地利大公国

1778年腓特烈大帝治下的普鲁士王国和1740年玛丽亚·特蕾莎②治下的奥地利大公国差异显著。普鲁士王国的国家体系机械化色彩浓厚，全国上下都紧密联合在一起。奥地利大公国仍然保留着中世纪的遗风，国家内部组织涣散。玛丽亚·特蕾莎继承了一个地理层面上比普鲁士王国更加分散的王国。这个王国里的一些未开化的居民足以将普鲁士王国愚昧的农奴衬托成深受教化的文明人。玛丽亚·特蕾莎在南尼德兰和位于今意大利地区的殖民地，以及她在德意志南部与西部的那些如尘屑般分散的领地，与其说是权利的象征，不如说是危险的源头。因为对于西班牙王国或法兰西王国那贪婪的胃口来讲，这些领地都是巨大的诱惑。在奥地利大公国的领地上，风俗习惯花样百出，行政手段风格各异。虽然中世纪的精神仍然随处可见，但帝国该有的秩序已经无处可寻。事实上，奥地利大公国只是一片大陆，而非一个实际意义上的国家。维也纳贵族和特兰西瓦尼亚③农民之间的差别跟巴黎的大领主和俄罗斯帝国农奴之间的差别一样大。人种、气候和民族之间，以及国民的富裕程度和文化程度之间所产生的对比从始至终都令人震惊。奥地利大公国、施蒂里亚④和卡林西亚⑤的大公国，以及蒂罗尔⑥和西里西亚这些地区的主要人口都是德意志人。因此，用神圣罗马

---

① 出自莎士比亚《克里奥兰纳斯》。
② 玛丽亚·特蕾莎（Maria Theresa, 1717—1780），神圣罗马帝国女皇、奥地利女大公、匈牙利王国女王、克罗地亚王国女王和波希米亚女王，哈布斯堡家族唯一的女性统治者。
③ 特兰西瓦尼亚，历史地名，位于罗马尼亚中部，地形多山。
④ 施蒂里亚，历史地名，位于奥地利东南部。
⑤ 卡林西亚，奥地利最南端的一个地区，位于东阿尔卑斯山脉之内。
⑥ 蒂罗尔，历史地名，位于今意大利北部及奥地利西部。

玛丽亚·特蕾莎

帝国的惯用办法和统一规范来治理这些地区会更加容易。此外，这些地区的人实际上也是整个奥地利大公国最聪明和最富足的。波希米亚①和摩拉维亚②则完全是另一番光景。这两个地方的土地非常贫瘠。当地的国民都是捷克人。这些人愚昧得无可救药，并且对专制地主们怀有造反情绪。伊利里亚③生活着一群野蛮无知的民众，他们的各种生活习惯和行为举止都和那些野蛮的俄罗斯帝国农奴一样低级——甚至比他们更加低级。虽然上面提到的这些地区都属于世

---

① 波希米亚，历史地名，位于今捷克境内。
② 摩拉维亚，历史地名，位于今捷克境内。
③ 伊利里亚，历史地名，位于巴尔干半岛西部。

马扎尔贵族传统服饰

袭省①，但这些地方和整个匈牙利王国之间仍然存在难以逾越的鸿沟。作为一个独立王国，匈牙利王国国力强大并以自我为中心，由生性骄傲又满怀激情的马扎尔②贵族们统治。他们掌控税收和管理国家，并将外国人——德意志人拒之门外。可以这么说，在这个国家，一个完美的封建贵族统治模型受到了防腐处理，并一直保存了下来。中世纪的匈牙利王国和18世纪的奥地利大公国形成了

---

① 世袭省指哈布斯堡家族掌管的世袭领地，包括奥地利大公国、蒂罗尔、卡林西亚和卡尔尼奥拉。
② 马扎尔，来自匈牙利语magyarok，匈牙利的原称。

鲜明对比。这种对比就和那些饰有羽毛的大毡帽、毛皮制成的多曼①、半月形的弯刀、凶狠的八字胡和长长的头发的匈牙利王国贵族和面庞白净、头戴假发并穿着丝绸的维也纳贵族们之间形成的对比一样强烈。就是在这种情况下，1740年，以腓特烈大帝为首的众多欧洲国家向这片通过奇异的方式联合在一起，又被极端复杂的局势所笼罩的土地伸出了掠夺的双手。最终结果是匈牙利王国失去了西里西亚。然而，这一打击虽然有苦涩的成分在，但对哈布斯堡家族来说也未尝不是件好事。

哈布斯堡家族徽章

---

① 多曼指骠骑兵穿着的一种颜色艳丽的上身军服。

这场空前巨大的灾难①及这种现代的组织管理方法跟过时的中世纪体系相撞时所产生的强大冲击，终于促使奥地利大公国开始想办法做出改进。要想在未来避免类似的灾难，奥地利大公国就必须大刀阔斧地改弦更张，以使国家体系与当前的时代环境相适应。玛丽亚·特蕾莎本质上倾向于保守。然而，1748年后，她还是坚决地推行了改革重建工作。玛丽亚·特蕾莎在军队方面进行了重点改革。虽然她那支曾经在1756年到1763年和普鲁士王国对峙的军队依旧不能和腓特烈大帝手下的军队相提并论，但与她在第一次西里西亚战争时征用的那些雇佣军和从国家各地征募的士兵和非正规军相比，改革过后的军队有了很大进步。政府内部也发生改观，财务得到整改，征税办法有了改进，行政机关也变得更加高效。1758年，玛丽亚·特蕾莎建立了一个国务委员会，将原先同时存在并且乱作一团的各种执行委员会、临时委员会和政务会合并成一个单位。接着，这种协作和集权的理念逐渐系统化地传递到奥地利大公国的每个角落。对于匈牙利王国，足够明智的玛丽亚·特蕾莎并未尝试任何翻天覆地的变革。这一方面是出于她对匈牙利王国在1740年的黑暗时期②一直支持她的感谢，另一方面则出于她一贯的慎重。匈牙利王国虽然也难免沾染到改革的气息，但总体还是作为一个独立的单元保留了下来，由玛丽亚·特蕾莎手下那群思想滞后而又深爱着自己国家的贵族们管理。这样一来，这些骄傲的匈牙利贵族变得飘飘然起来。他们学起了德语，却忘记了本分。不过，这些贵族并未干出其他逾矩的事情。在他们的管理下，匈牙利王国仍然奉行着贵族民主制③。波西米亚和摩拉维亚的贵族阶级主要是德意志人。因此，在这群人中间推行中央集权制相对容易一些。这样做的结果就是，这两个地区并没有被小地方的某些行政组织支配而在死气沉沉的规章条例下维持着准独立状态，而是被划进维也纳官僚体制所能触及的范围内。这样一来，公务员们变得更有活力，也更加具备公益精神。组织

---

① 指第一次西里西亚战争。
② 查理六世1740年驾崩后无嗣，其长女玛丽亚·特蕾莎继承父位。以普鲁士王国为首的一些欧洲国家拒绝承认玛丽亚·特蕾莎的王位继承权，而以奥地利大公国为首的众多国家则支持玛丽亚·特蕾莎继承王位，这其中就包括匈牙利王国。
③ 贵族民主制，又称黄金自由制（Golden Liberty），是波兰-立陶宛王国采用的一种贵族制政体。不管阶级或经济地位如何，所有贵族都具有平等的法律地位，享有广泛的特权。

查理六世

性和纪律性终于在人们身上体现出来。效率提升后的行政管理部门获得了翻倍的税收。于是，在晚年的玛丽亚·特蕾莎的统领下，这片一度在查理六世[①]手中沦为波兰-立陶宛王国那般惨淡模样的土地，一跃成为能够比肩法兰西王国的强大帝国。

和普鲁士王国一样，奥地利大公国的统治风格也带有统治者强烈的个人色彩。然而，正如1765年后频繁出现的报道所讲的那样，波茨坦只有一位国王，而

---

① 查理六世（Charles VI, 1685—1740），玛丽亚·特蕾莎之父，神圣罗马帝国皇帝，1711年到1740年在位。

考尼茨·里特贝格公爵文策尔·安东

维也纳有三位。这三位分别是女王玛丽亚·特蕾莎和她的儿子——神圣罗马帝国皇帝约瑟夫二世,以及身份差不多相当于大维齐尔①的奥地利大公国国务大臣考尼茨·里特贝格公爵文策尔·安东②。一幅幅中世纪面孔面对着我们,或愤世嫉俗,或粗蛮狂野,或浸淫肉欲,或道德败坏。在这些面孔中,玛丽亚·特蕾

---

① 大维齐尔相当于首相。
② 文策尔·安东(Wenzel Anto, 1711—1794),奥地利外交家、政治家。

莎那张女性的脸庞尤其散发出一种不可名状的吸引力。她的额头宽阔而高贵,嘴部的表情很坚定,但同时又流露出敏感与和善的气质。她的眼神直率、清澈又真挚,面部神情纯真、诚恳而充满力量。她的举止高贵威严,但女王的庄重之气并未削减她作为女性所独有的甜美气质和母性光辉。在那些私情遭到揭露之后,在人们往她身上安插了那么多罪名之后,她的画像仍然能被这样完好地保存下来,这也印证了她所具备的那种非常独特的人格力量。这种人格力量异常强大,并且具有一种别致的纯洁性。玛丽亚·特蕾莎或许不是最伟大的政治家,但她有着唤醒激情的力量、坚定的意志及一贯正确的洞察力。面对不忠的丈夫、阴险的审判庭和腐败的行政部门,玛丽亚·特蕾莎克服重重困难,以她独特的女性气质、勇气和治国才能赢得了对手的尊敬,成为一位受奥地利人和匈牙利人爱戴的哈布斯堡家族的统治者,并使她的统治焕发出黄金时代①的光彩。在她的领导下,国民安居乐业,国家声名远扬。在查理六世统治期间,南尼德兰被割让给了奥地利大公国。在玛丽亚·特蕾莎统治期间,西里西亚失守。即便如此,在国家的光辉形象和繁荣程度方面,也没有人敢拿查理六世的统治成果和玛丽亚·特蕾莎的统治成果进行对比。

无论是性格还是外貌,玛丽亚·特蕾莎和她的国务大臣考尼茨·里特贝格公爵文策尔·安东都形成了鲜明对比。考尼茨·里特贝格公爵文策尔·安东那张脸精瘦又强硬,犹如假面一般。玛丽亚·特蕾莎的脸则舒展大方且流露出健美的气质。考尼茨·里特贝格公爵文策尔·安东善于调动圆滑的外交手腕来施行各种狡猾而微妙的政策。玛丽亚·特蕾莎则无论走到哪里都抱着毫不做作的淳朴姿态。她对宗教怀有虔诚之心。这种虔诚甚至延伸到外交方面,促使她坚持以一副真诚的心肠来和别国交往。这位极受玛丽亚·特蕾莎赏识的奥地利大公国国务大臣则是一个典型的18世纪中叶政治家。他从头到脚散发着矫揉造作的贵族习气,头发总是扑着粉,衣服上缝有最时兴的花边。考尼茨·里特贝格公爵文策尔·安东精明练达,举手投足间透着优雅的风度。没人比他更会将轻薄浮佻和外交之道相辅结相成地结合在一起。他的一些最重要的密友都是在台球沙龙

---

① 黄金时代一词源于希腊神话,代指人类发展历史上的和平鼎盛时期。

里认识的。他在外交上取得的很多胜利用的都是一些毫无道德底线的人才会用的办法。他无疑是那个时代最纯正的产物,对人性怀有极大的鄙夷,并生就强烈的愤世嫉俗之情。因此,他自然而然地接受了那种比较极端化的认识,视牧师为伪君子,视宗教为迷信。出于对玛丽亚·特蕾莎的尊敬,在她统治期间,考尼茨·里特贝格公爵文策尔·安东将自己在宗教方面的极端倾向隐藏起来。然而,平心而论,没有哪个国家的政治家像考尼茨·里特贝格公爵文策尔·安东这么坚决地反对教权。考尼茨·里特贝格公爵文策尔·安东遭受了太多来自同阶级的偏见,而他种种反人民的观点和他对人性的多疑也从没带给他什么好处——作为一个政府内部机构的改革者,上述两个原因使他的改革收效甚微。然而,作为一名外交家,考尼茨·里特贝格公爵文策尔·安东确实具备许多顶级的职业素养:泰然自若的风度、机敏的才智、永远温文尔雅的行为举止、一个或许不够深刻但足够清晰的头脑和种种荒诞又别具独创性的巧思。奥地利大公国、俄罗斯帝国和法兰西王国的三国联盟①是一件外交杰作。这件杰作的首席设计师正是考尼茨·里特贝格公爵文策尔·安东。七年战争期间,这个三国联盟对腓特烈大帝几乎造成毁灭性打击。然而,考尼茨·里特贝格公爵文策尔·安东还是过于依赖国家联盟、政治手腕及外交策略的力量了。如果这些因素真能决定一切,那么腓特烈大帝早就被赶下台了。现实情况狠狠地嘲笑了考尼茨·里特贝格公爵文策尔·安东脑海中不切实际的美梦。七年战争的结局为普鲁士王国国王又增添了一份光荣。奥地利大公国外交官的名声也因此遭到轻微的贬损。奥地利大公国为自己招来了一笔巨大的债务,并极大地损耗了国家资源。与此同时,收复西里西亚的愿望也破灭了。这就是那场结束于1763年的七年战争的结果。在这种情况下,玛丽亚·特蕾莎更愿意听从除考尼茨·里特贝格公爵文策尔·安东之外其他顾问的建议,也就情有可原了。

  约1765年,约瑟夫二世首次崭露头角。自此,奥地利大公国的国家政策呈现出新的特点。各类方针都洋溢着蓬勃的活力,体现出政府对于改革的热情。虽

---

① 三国联盟指在七年战争中,考尼茨·里特贝格公爵文策尔·安东通过各种外交手段使奥地利大公国分别与法兰西王国和俄罗斯帝国结盟,从而一度将腓特烈大帝推向孤立境地,对普鲁士王国造成重大打击。

弗朗茨一世

然这在一定程度上源于当时的情势,以及玛丽亚·特蕾莎和考尼茨·里特贝格公爵文策尔·安东的心血来潮之举,但约瑟夫二世发挥的作用同样不可小觑。约瑟夫二世早期的画像显示出一种深沉甚至忧郁的特征。循着他的相貌,我们不难识别出他身上具有的品质——那些为哲学家所珍爱却为神父所痛恨的品质,为他赢得了所有说德语的人的爱戴和所有匈牙利人的憎恶。一些人宣称,约瑟夫二世具备异乎寻常的天赋,但他的缺陷也同样大得惊人。而他之所以是这么一个瑕瑜互见的人,一方面是因为他是弗朗茨一世①的儿子,另一方面是因为他也是个洛林②人,而非真正的鲁道夫家族③或马克西米利安家族④的子孙。虽然约

---

① 弗朗茨一世(Francis I, 1708—1765),神圣罗马帝国皇帝(1745—1765),创立了哈布斯堡洛林王朝。
② 洛林,历史地名,位于法国东北部,历史上洛林公国的所在地。约瑟夫二世的父亲弗朗茨一世正是出自洛林家族(House of Lorraine)。
③ 鲁道夫家族,即哈布斯堡家族。该名源于哈布斯堡家族第一位国王、哈布斯堡王朝奠基人鲁道夫一世。
④ 马可西米利安家族,同指哈布斯堡家族。该名源于哈布斯堡家族鼎盛时期的统治者马克西米利安一世。

约瑟夫二世早期画像

瑟夫二世的脸部轮廓看起来不像是哈布斯堡家族的人，但他拥有一双典型的玛丽亚·特蕾莎式的眼睛。他早期的画像是一张平滑和椭圆形的脸，脸色愉悦舒展，嘴唇丰满灵活又敏感，面部神情显得坦率大方且全神贯注。而他真正的人格体现在那双大大的、晶莹的蓝眼睛之中。这双眼睛曾为整个维也纳所仰慕，双眸透射出强烈的同情、温暖的人性及不顾一切的渴望——这些都是一个真正的男人应该具备的性情。约瑟夫二世的缺点有很多，譬如思想混乱、行为鲁莽、拿恶劣的态度对待下属，以及将精力用在不该用的地方。然而，这些都不能抹煞他对子民怀有的热情和他对弱势群体流露出的真诚的关怀。一颗一如既往的温柔的心一直在这位君主的胸腔里跳动着。

浓厚的人道主义情怀和严密且机械化的逻辑是约瑟夫二世身上最突出的特征。他时而是热心肠的慈善家，容易受个人情绪支配，显得很冲动；时而是残酷无情的官僚主义者，坚持用军事化手段贯彻各种迂腐的理念。前者是子孙后代对他的看法，有关他的传说就和哈伦·拉希德[①]的一样多。约瑟夫二世爱去奥地利大公国广阔领土上那些偏远的角落旅行，并且不告诉任何人，只带上勉强够用的侍从，穿一件朴素的纯黑色大衣，化名"法尔肯施泰因伯爵"。相比山上的城堡，他更喜欢睡在乡村小客栈里。他爱用自己的眼睛打量这个世界，就像一位真正的人民的"父亲"一样。有一次，约瑟夫二世匆忙走进一家科林[②]的小客栈。靴子上的泥巴弄脏了地砖。"走开！"正在擦洗地砖的女仆怒气冲冲地朝他喊道。然而，这位高个子年轻人微微一笑，给了她一个达克特[③]。谁会一下子扔掉这么多钱呢？除了伟大的，不，应该说是最伟大的皇帝？女仆这么想着，询问之下发现对方的确是约瑟夫二世本人，自然也就感到窘迫万分了。[④]还有一个更有名的故事发生在布尔诺[⑤]附近。这个故事讲的是约瑟夫二世从一位捷克农民手里接过犁并在地上耕出一条犁沟，以展现他对农民和各行各业最光荣的劳动者们的敬爱之情。[⑥]不管政治家和历史学家怎么说，约瑟夫二世至少赢得了农民的心。农民将约瑟夫二世的画像和圣母玛丽亚的画像并排挂在自家的小房子里。人们还创作了数以千计的传说和歌谣，以铭记这位好皇帝——这位致力于将农民从农奴制中解放出来的农民的恺撒，这位曾经为劳苦大众带去过一线希望和同情的人，这位渴望被人们冠以"热爱人民的人"的称谓的君主。

[①] 哈伦·拉希德（Haroun-al-Raschid，763—809），阿拉伯帝国第五任哈里发。他统治时期为伊斯兰教世界的鼎盛时期，也是阿拔斯王朝衰退的开端。他曾经被伊斯兰先知预言为文学和艺术的守护神，在《一千零一夜》里被描绘成理想的君王。
[②] 科林是捷克中部城市。七年战争中的科林战役发生于此。
[③] 达克特指旧时在多个国家通用的金币。
[④] 我是从一位年迈的捷克老师那里听到这个故事的。这位老师非常通晓民间传说。——原注
[⑤] 布尔诺，捷克第二大城市，历史上摩拉维亚伯爵领地首府。
[⑥] 这是所有关于约瑟夫二世的故事中最著名的一个，他拿过的那只犁和那个农民的画像至今仍在布尔诺的博物馆里展出。——原注

约瑟夫二世加冕为神圣罗马帝国皇帝

　　1765年弗朗茨一世驾崩后，约瑟夫二世被选为神圣罗马帝国皇帝。此前，他已经是罗马的国王。从此，约瑟夫二世成为公认的神圣罗马帝国元首和基督教世界名义上的统治者。然而，作为神圣罗马帝国皇帝，他实际上并不具备太大的影响力，而他在文明世界所拥有的那份界定不明的王权也一样发挥不了太大作用。一贯性急的约瑟夫二世奋力要为已然凋敝和饱受蛀虫啃噬的神圣罗马帝国注入一些能量。然而，他的努力遭到了最具羞辱性的排斥。宫廷议会、最高法院[①]和帝国枢密法院[②]早已陈旧，内部运转低效并且腐败不堪。约瑟夫二世试图恢复这个笨重体制的往日风貌，并在各机构中重建以前的秩序，但他的努力不仅失败，还引起人们强烈的怀疑。这些怀疑并非毫无道理——人们认为他只是想利用职权为奥地利大公国谋取私利。

[①] 最高法院成立于中世纪早期，是帝国枢密法院的前身。
[②] 帝国枢密法院是神圣罗马帝国两大最高司法机构之一，另一个是维也纳宫廷议会。神圣罗马帝国的所有法律诉讼案都可以提交最高法院进行审理。

继任初期的变革尝试遭到挫败后,约瑟夫二世将注意力转移到奥地利大公国的发展上来。毕竟,奥地利大公国是他自1765年就开始和玛丽亚·特蕾莎共同治理的国土。年轻冲动的他很快就跟经验丰富的考尼茨·里特贝格公爵文策尔·安东和小心谨慎的玛丽亚·特蕾莎发生了冲突。尽管如此,他还是推行了重大改革。在促进经济发展和推动财政改革方面,约瑟夫二世发挥了重要作用,这也是当时最需要进行整改的两个领域。历史上的奥地利大公国一直都面临着

成为神圣罗马帝国皇帝的约瑟夫二世

破产的威胁。七年战争后，形势一度万分危急。但到了1775年，经济又恢复了活力。奥地利大公国甚至可以骄傲地宣布，政府不仅避免了财政赤字，还实现了实实在在的财政盈余。为了实现这个目标，约瑟夫二世在宫廷中推行了最严格的节约措施。约瑟夫二世还从自己的腰包中掏出两千万基尔德[①]，并抵押了他在波西米亚、摩拉维亚、奥地利大公国和匈牙利王国的地产，最后甚至押上了他的泰申公国[②]，以偿还奥地利大公国的国债。通过这些办法，奥地利大公国的国债从百分之五到百分之六左右的水平下降到百分之四。到最后，国家居然实现了收支平衡。单凭这些措施，奥地利大公国就避免了破产的命运。这项成果具有不可估量的价值，而为该成果贡献最大的人正是约瑟夫二世。使奥地利大公国避免破产，促进教育发展，改善监狱条件，废除奥地利大公国的农奴制，推行人性化的刑罚并废除酷刑等成果极大程度上都要归功于约瑟夫二世。

　　脑海中悬着一幅空想式的完美图景，对习俗惯例抱着不管不顾的态度，约瑟夫二世在治国理政方面提出了很多完全不切实际的想法。考尼茨·里特贝格公爵文策尔·安东和玛丽亚·特蕾莎对约瑟夫二世的大多数想法都予以反对，这不失为明智之举。约瑟夫二世是一个非常孝顺的儿子。然而，对于一个热情高涨又办事冲动的年轻人来说，母亲的这种反对仍然很容易引起他的怨恨。1765年，为了转移儿子的注意力，玛丽亚·特蕾莎将军队大权全部交到儿子的手里。虽然这个主意很巧妙，但结果令人咋舌。因为这种管理形式实际上最容易使约瑟夫二世倾向于专断独裁。抱着军事领域的那套观念，约瑟夫二世认为，他可以像指挥军队一样轻易地命令所有人朝同一个方向前进，也可以用下达军事命令时的那种生硬机械和说一不二的办法来制定和执行国家的法律。他还认为，无论对于哪种形式的反对意见，他都可以用武力来解决。约瑟夫二世干劲十足，他的朋友弗朗茨·莫里茨·冯·拉西[③]则拥有强大的智力资源。正如我们即将看到的，这两个人将出色地结合各自的才能，大大提高奥地利大公国军队在人员配备和物

---

① 基尔德，波兰-立陶宛王国货币。
② 泰申公国是历史地名，位于上西里西亚。虽然腓特烈大帝在三次西里西亚战争中征服了西里西亚的大部分领土，但泰申公国仍归哈布斯堡王朝统治。
③ 弗朗茨·莫里茨·冯·拉西（Franz Moritz von Lacy, 1725—1801），神圣罗马帝国陆军元帅。

弗朗茨·莫里茨·冯·拉西

资供给方面的实力。军队如此,国家也是一样。自1740年起就一直保有中世纪特色的奥地利大公国,虽然直到1778年也没有表现出丝毫现代化的特征,但正在疾速地进步。和之前相比,奥地利大公国的资源丰富了不少。行政管理体系也变得更加高效而统一集中了。奥地利大公国既没有普鲁士王国的完美技术,也不像对方那样盘踞着道德的高地。但话又说回来,奥地利大公国既没有困在往昔的传统中无法脱身,也没有被眼下的成功束缚住手脚止步不前。自腓特烈大帝即位到1763年,当时的奥地利大公国和普鲁士王国即便实力仍不对等,也至少最接近相持状态。接下来，就请读者继续和我一起去调查一下1763年以后的历史，看看在外交场的风云竞技中拨得头筹的究竟是谁吧。

第3节　普鲁士王国与奥地利大公国在1763年到1777年的外交形势

奥地利大公国有玛丽亚·特蕾莎、约瑟夫二世和考尼茨·里特贝格公爵文策尔·安东共同掌管对外事务。即便如此，腓特烈大帝一人也仍然拥有巨大的优势，能够支配国际外交政策的前进路线。怀有一颗虔诚之心的玛丽亚·特蕾莎对国际道义心存顾忌，在任何事情上都非常正直。因此，她常常被约瑟夫二世和考尼茨·里特贝格公爵文策尔·安东提出的荒唐建议激怒。与此同时，约瑟夫二世那轻率鲁莽的行为方式和大臣们的某些异想天开的话语，也往往与玛丽亚·特蕾莎理智的头脑和她实事求是的处事态度产生巨大的冲突。在管理奥地利大公国内部事务时，玛丽亚·特蕾莎尚且能够设法坚定立场并拿出绝不动摇的姿态来向她的两个首席顾问[①]下达命令。但到了外交政策上面，事情就截然相反了。作为神圣罗马帝国皇帝和军队首领，这两种身份为约瑟夫二世提供了极大的便利，使他能够理直气壮地在外交政策上发表意见和施加影响。而当外交经验丰富的考尼茨·里特贝格公爵文策尔·安东对约瑟夫二世的观点表示赞同时，相比玛丽亚·特蕾莎，联合起来的两人便占了上风。反观普鲁士王国，腓特烈大帝只将他的顾问当作执行命令的办事员，决策的制定和废除都仅由自己做主。这样一来，腓特烈大帝就为整个决策过程赋予了整体性。这样做的好处是能够排除他人的干扰，同时避免矛盾的产生。

七年战争结束后，奥地利大公国和普鲁士王国的形势都很危急。两者都被各自的盟国抛弃了。俄罗斯帝国抛弃了奥地利大公国。大不列颠王国抛弃了普鲁士王国。俄罗斯帝国和大不列颠王国的变节决定了中欧接下来二十年的外交局势。没有了盟国的帮助，两支神圣罗马帝国力量都处在不安全的境地。奥地利大公国选择依附法兰西王国，因为法兰西王国曾经答应要为奥地利大公国提供援

[①]　两个首席顾问指约瑟夫二世和考尼茨·里特贝格公爵文策尔·安东。

助。虽然此时的法兰西王国和之前相比显得有点犹豫不决,但也算得上是奥地利大公国的朋友。1762年,彼得三世①统治下的俄罗斯帝国实际上已经抛弃奥地利大公国,并和普鲁士王国结成了一个进攻性联盟。杀害彼得三世的凶手、他的遗孀及继任者叶卡捷琳娜大帝后来撤回了和普鲁士王国的联盟,但由于联盟一直保持中立,所以腓特烈大帝没有丢掉一英尺②西里西亚的土地就大获全胜地结束了七年战争。然而,波兰-立陶宛王国发生的事件很快又迫使叶卡捷琳娜大

彼得三世

---

① 彼得三世(Peter III,1728—1762),俄罗斯帝国皇帝,1762年1月5日到1762年7月9日在位。
② 一英尺等于零点三零四八米。

奥古斯特三世

帝和普鲁士王国拉近了关系。1763年10月5日,波兰-立陶宛王国国王奥古斯特三世①驾崩。波兰-立陶宛王国实行选举君主制②。奥古斯特三世驾崩后,波兰-立陶宛王国的贵族们相继受到来自外部的贿赂和恐吓。在这种情况下,王位继承权必然要产生争议。一场漫长而血腥的战争一触即发。叶卡捷琳娜大帝计划将她心目中的候选人推上王位。她唯恐奥地利大公国和法兰西王国组成的联盟对她的计划造成威胁,因而向腓特烈大帝求助。1764年4月11日,叶卡捷琳娜大帝和腓特烈大帝签订了一个同盟条约,为俄罗斯帝国和普鲁士王国缔结了八年

---

① 奥古斯特三世(Augustus III, 1696—1763),波兰-立陶宛王国国王,1734年到1763年在位。
② 与世袭君主制相反,选举君主制国家的君主由选举产生。但选举方式、候选人资格和选举者的资格依每个国家不同的情况而定。

的攻守同盟。与此同时，两人还在条约中制定了关于波兰-立陶宛王国王位继承事宜的一系列规章制度。两位大帝签订的同盟条约引发的结果令人震惊。俄罗斯帝国的大军迅速控制了波兰-立陶宛王国贵族，并于1764年9月7日将斯坦尼斯拉斯二世①送上波兰-立陶宛王国王位。斯坦尼斯拉斯二世是叶卡捷琳娜大帝的老情人兼新晋奴仆。俄罗斯帝国的行动得到了腓特烈大帝精神上的支持。此举一出，奥地利大公国的威望受到严重打击。如果不是国家内部情况不允许，考尼茨·里特贝格公爵文策尔·安东就要建议玛丽亚·特蕾莎宣战了。更棘手的麻烦还在后面。天主教反动极端组织开始反抗这位生性宽容的俄罗斯帝国籍

斯坦尼斯拉斯二世

---

① 斯坦尼斯拉斯二世（Stanislas II, 1732—1789），波兰-立陶宛王国国王，1764年到1795年在位。

国王。叶卡捷琳娜大帝用军队来支援她的情人①，并将情人的对手引到了奥斯曼帝国的领地上。奥地利大公国驻俄罗斯帝国大使和大维齐尔对这种庇护难民的行为表示强烈抗议。最终，斯坦尼斯拉斯二世被关进君士坦丁堡的耶迪库勒要塞②。叶卡捷琳娜大帝则向苏丹挑起了战争。这样一来，波兰-立陶宛王国动乱的结果便是引发了一场俄罗斯帝国和奥斯曼帝国之间的危险战争。俄罗斯帝国和奥斯曼帝国的将领们在战争中表现得像生手一样笨拙，逗乐了腓特烈大帝这位顶尖的军事艺术家，也让他不禁为欧洲日趋不稳的政治局势感到担忧。牺

耶迪库勒要塞

① 指斯坦尼斯拉斯二世。
② 耶迪库勒要塞是历史上位于伊斯坦布尔的防御要塞，也曾作为监狱使用。

腓特烈大帝与约瑟夫二世于1769年在尼斯河会面

牲了大量的人力和财力之后，俄罗斯帝国于1769年征服并占领了全部的摩尔多瓦①。这次势力状况的变动不仅严重惊扰了腓特烈大帝，还差点儿迫使奥地利大公国插手。在这种境况下，奥地利大公国和普鲁士王国开始用更友好的目光打量对方。考尼茨·里特贝格公爵文策尔·安东重启了他在1766年的计划，打算在腓特烈大帝和约瑟夫二世之间安排一次会面。1769年8月25日，这场举世闻名的会面在西里西亚的尼斯河②举行。普鲁士王国年迈的老功臣遇到了奥地利大公国年轻的希望之星。面对恩斯特·吉迪恩·冯·劳东③这位七年战争中的奥地利大公国功臣，腓特烈大帝友好地展现了他的军人风度。为表示对腓特烈大帝的

---

① 摩尔多瓦，历史地名，位于东欧地区，1859年与瓦拉齐亚合并。
② 尼斯河，位于中欧地区的一条长河，发源于捷克境内的吉泽拉山脉，是波兰和德国的界河。
③ 恩斯特·吉迪恩·冯·劳东（Ernst Gideon von Laudon，1717—1790），奥地利大公国大元帅。

恩斯特·吉迪恩·冯·劳东

尊敬，约瑟夫二世也放下了自己皇帝的身段。这些细节都使这次尼斯河会面①闻名于世。然而，在同时期人眼里，这个如今看来世界级的大事只是一段别致的小插曲。约瑟夫二世给母亲玛丽亚·特蕾莎写信说，腓特烈大帝确实是个天才，但同时也是个恶棍。而腓特烈大帝当下之所以怀揣和平的愿望，只是因为他暂时还不敢冒险发动战争。腓特烈大帝写信告诉大臣，约瑟夫二世精力充沛且鲁莽轻率，是个狂热的煽动者。一旦时机到来，他肯定会将整个欧洲搅得天翻地覆。这次会面并没有拉近两位统治者之间的关系，反而惊动了叶卡捷琳娜大

---

① 这次会面是在私下进行的。有一幅题为《腓特烈大帝与约瑟夫二世于1769年在尼斯河会面》的油画，展现了当时的场景。

帝。1769年10月23日,叶卡捷琳娜大帝又和腓特烈大帝签订了一个新合约,缔结联盟。这个联盟一直持续到1780年才解体。

1770年9月30日,腓特烈大帝和约瑟夫二世在摩拉维亚的诺伊施塔特①举行第二次会面。与尼斯河的会面相比,两人在诺伊施塔特的会面产生了更加重要的结果。此次会面过程令人非常难忘。和腓特烈大帝约有三十年未见面的考尼茨·里特贝格公爵文策尔·安东与这个老是挫败自己外交手腕的男人②热情地握手。腓特烈大帝直率地向考尼茨·里特贝格公爵文策尔·安东谈起这场注定不会有好结果的战争③可能引发的种种危险。两人一致认为,俄罗斯帝国的攻击势头已经成为潜在的威胁。因此,在和各自的同盟国依旧保持互助关系的同时,普鲁

为纪念腓特烈大帝和约瑟夫二世在诺伊施塔特会面而铸造的纪念币

---

① 诺伊斯塔特是捷克境内的一个小镇,距离波兰边境四千米。
② 指腓特烈大帝。
③ 指奥斯曼帝国和俄罗斯帝国之间发生的第五次俄土战争。

亨利亲王

士王国和奥地利大公国都开始想办法力劝叶卡捷琳娜大帝保持克制。1770年年底,普鲁士王国的亨利亲王①奉命前去拜见叶卡捷琳娜大帝。叶卡捷琳娜大帝告诉亨利亲王,她坚决要将俄罗斯帝国对摩尔达维亚公国②的占领行动进行到底,至少也要让这个地方完全独立出来。得知这个消息后,腓特烈大帝写信告

---

① 亨利亲王(Prince Henry, 1726—1802),腓特烈大帝的弟弟,曾经在西里西亚战争和七年战争中领导普鲁士军队作战。七年战争中,他带领的军队没有打过一场败仗。
② 摩尔达维亚公国是历史地名。位于中欧和东欧,对应东部喀尔巴阡山和德涅斯特河之间的领土。

诉亨利亲王，他既不赞成叶卡捷琳娜大帝的决定，也不会支持俄罗斯帝国的侵略行为，因为他不想像"波吕斐摩斯①一样被人唾弃"。在奥地利大公国，玛丽亚·特蕾莎、约瑟夫二世及考尼茨·里特贝格公爵文策尔·安东的想法与腓特烈大帝不谋而合。但实际上，三个人既不信任叶卡捷琳娜大帝，也不信任腓特烈大帝。

波吕斐摩斯

① 波吕斐摩斯（Polyphemus），《奥德赛》中吃人的独眼巨人。

最终，普鲁士王国、奥地利大公国及俄罗斯帝国之间不再相互猜疑。有关奥斯曼帝国的问题得到调解，靠的竟是一个令人意想不到的办法，这个办法就是瓜分波兰-立陶宛王国。

波兰-立陶宛王国国内的无政府状态已经持续较长一段时间。于是，奥地利大公国派出一支侦察部队，驻扎在波兰-立陶宛王国的边境线上。约瑟夫二世还为奥地利大公国划定了一条新的国界线，将泽普斯划进奥地利大公国的领土。泽普斯地区的人主要说德语。而泽普斯之前一直被视为波兰-立陶宛王国的领土。1412年，西吉斯蒙德①得到了泽普斯。匈牙利王国议会曾在很多场合宣布

西吉斯蒙德

① 西吉斯蒙德（Sigismund，1368—1437），神圣罗马帝国皇帝，1433年到1437年在位。

赞成泽普斯和匈牙利王国合并。匈牙利王国议会上一次这样表态是在1756年。1769年5月,鉴于波兰-立陶宛王国对泽普斯的所有权可能存在争议,斯坦尼斯拉斯二世允许——甚至是请求约瑟夫二世吞并泽普斯。然而,斯坦尼斯拉斯二世对约瑟夫二世做出的让步并非明智之举。因为约瑟夫二世抓住这个机会,不仅占领了泽普斯,而且试图将新松奇①、诺伊马克特②及科索尔津③并入奥地利大公国。约瑟夫二世命奥地利大公国军队驻扎在这些土地上,并用顶端饰有奥地利大公国老鹰的界桩将这些地方围了起来。不管其他人怎样评价约瑟夫二世吞并泽普斯的举动,有一点无论如何都无法否认,那就是这种侵略行为直接引发了接下来大范围的领土吞并。既然约瑟夫二世已经开始为自己夺取大量土地,那腓特烈大帝和叶卡捷琳娜大帝为什么就不能这么做呢?

对于腓特烈大帝而言,1771年的情况似乎是这样的:"俄罗斯帝国在奥斯曼帝国占据着一块很大的领土,并对波兰-立陶宛王国构成了威胁。奥地利大公国占有一部分波兰-立陶宛王国的土地,这对俄罗斯帝国更是一种威胁。双方都有求于我,想让我帮他们打击另一方。我眼下虽然处在一个仲裁者的位置,但并没有等量的土地去平衡二者的需求。"为此,腓特烈大帝想到一个巧妙的办法。这个办法带有强烈的个人特色,甚至让人一看就知道是出自腓特烈大帝之手。1771年2月,腓特烈大帝托亨利亲王向叶卡捷琳娜大帝转达他的建议,即由普鲁士王国、奥地利大公国及俄罗斯帝国共同瓜分波兰-立陶宛王国。于是,三个国家达成了公平交易。俄罗斯帝国放弃了对奥斯曼帝国的大肆劫掠。奥地利大公国能从波兰-立陶宛王国攫取更多的利益。腓特烈大帝则满足于他得到的那块小小的区域——西普鲁士④。腓特烈大帝的态度很明确。他决不允许奥地利大公国和俄罗斯帝国分别在波兰-立陶宛王国和奥斯曼帝国无节制的扩张。如果奥地利大公国和俄罗斯帝国不按照他的想法行事,那么他就会坚决和这两个国家对抗

---

① 新松奇是波兰南部的一个城市。
② 诺伊马克特是波兰南部的一个坐落于山脚下的城镇。
③ 科索尔津位于现在的波兰和斯洛伐克边境山脉上的一个村庄。它以14世纪到17世纪一座城堡的废墟而闻名。
④ 西普鲁士,1773年到1829年和1878年到1922年普鲁士的一个省。1773年,西普鲁士省成立。1829年,西普鲁士解散,并与东普鲁士合并,形成普鲁士省。

到底。叶卡捷琳娜大帝并不愿意放弃波兰-立陶宛王国和奥斯曼帝国。但事实摆在眼前，如果她继续一意孤行糟蹋波兰-立陶宛王国人的土地，那么普鲁士王国就一定会向俄罗斯帝国开战。而她要是单枪匹马地去掠夺奥斯曼帝国的财富，俄罗斯帝国就会和奥地利大公国卷入战争。要想同时维护三个国家的利益并达成合作共赢的局面，就不得不牺牲波兰-立陶宛王国。只要牺牲了波兰-立陶宛王国，奥斯曼帝国的领土就不会面临被分割的危险，而普鲁士王国、奥地利大公国及俄罗斯帝国也就能携手走出这个造成三个国家之间种种冲突的迷宫。

不管这些交易在别人眼中是否道德，腓特烈大帝和叶卡捷琳娜大帝似乎都只关心这些交易会给自己带来怎样的益处。无论是考尼茨·里特贝格公爵文策尔·安东还是约瑟夫二世，似乎都没有在良知上费神——后者是一个乐于用公正之心对待农民却在处理国际事务时毫不顾忌道义原则的人。然而，这些无情的阴谋家还面临一个障碍，那就是玛丽亚·特蕾莎的良知。通过瓜分一个拥有独立主权的国家来防止另一个国家走向毁灭，玛丽亚·特蕾莎对规则抱有的虔诚之心和正义感，以及她对国际行为的公正性的坚持，都让她对这个无耻的提议感到无比愤慨。然而，玛丽亚·特蕾莎的反对实际上并不起作用。约瑟夫二世占领泽普斯和诺伊施塔特的行为已经像一声口哨，开启了吞并土地的进程。猎犬狂吠，猎物在望，猎人狩猎的念头已经无法打消。实际上，约瑟夫二世占领的这两个地方的面积与其他统治者后来陆续占领的土地相比简直不值一提。于是，玛丽亚·特蕾莎发出了重重的叹息。她一边流泪一边抗议，并向这些吞并别国土地的统治者发出了警告。她告诉这些人，为了本国私利弄虚作假的国际罪人迟早是要遭到惩罚的。然后，她便放弃了抵抗。

腓特烈大帝讥讽道："玛丽亚·特蕾莎哭了，但也拿到了她的那份土地。"法兰西王国大使路易·德·布勒特伊①在维也纳笑道："玛丽亚·特蕾莎一只手在分割波兰-立陶宛王国的领土，另一只手则拿着手帕抹眼泪。"人们无情地拿玛丽亚·特蕾莎的动机和对瓜分波兰-立陶宛王国这件事情的反应来开玩笑。这种玩

---

① 路易·德·布勒特伊（Louis de Breteuil），法兰西王国外交家、政治家，法兰西大革命前波旁王朝最后一位首相。

当时法兰西王国驻维也纳大使
路易·德·布勒特伊

笑说明,在当时的外交家看来,那种过时的美德无足轻重,甚至令人难以理解。由于能够从中得到商业利益,大不列颠王国对瓜分波兰-立陶宛王国的计划没有提出任何异议。而法兰西王国也只是发出轻微的抱怨。这些事实一致表明,国际道义已经不再发挥作用。

从此,奥地利大公国、俄罗斯帝国及普鲁士王国开始了这次著名的——或者不如说是臭名昭著的瓜分波兰-立陶宛王国的行动。1772年8月5日,这三个

讽刺普鲁士王国、奥地利大公国与俄罗斯帝国第一次瓜分波兰－立陶宛王国的漫画

国家的统治者签订了瓜分协议。1772年9月，这一协议公之于世。为了掩盖他们的侵略行径，三个国家的统治者在该协议里郑重声明他们的做法是有历史依据的。然而，除了一些19世纪的历史学家，没有任何人被这些把戏骗到。三位统治者①大肆宣扬他们对波兰-立陶宛王国的世袭权力。这一看便是典型的18世纪政治家才会用的政治策略。即使抛开这一点不谈，之前的各种谈判活动也足以说明瓜分波兰-立陶宛王国的举动自始至终都只是一个权宜之计。除去以前抢占的领土，瓜分成果被三个统治者公平分配。腓特烈大帝只得到了六百四十四平方英里②的土地和六十万人口。然而，西普鲁士的加入对普鲁士王国分散的版图起到了强化和紧凑作用，于普鲁士王国而言具有重大战略意义。叶卡捷琳娜大帝则得到部分白罗塞尼亚的领土。这片土地共有一百八十万人口，面积达一千九百七十五平方英里，在面积上可谓是最大的一份。虽然奥地利大公国只分到一千四百平方英里的土地——包括泽普斯在内，但这片土地上有三百万人

---

① 指普鲁士王国的腓特烈大帝、奥地利大公国的玛丽亚·特蕾莎和俄罗斯帝国的叶卡捷琳娜大帝。
② 一英里约等于一点六零九千米。

口。维利奇卡①还有富饶的盐矿可供奥地利大公国支配。直到19世纪,广袤、富庶的维利奇卡仍然备受游客向往。简而言之,普鲁士王国增强了版图凝聚力,奥地利大公国收获了财富,俄罗斯帝国则扩大了领土。这样一来,在玩世不恭的腓特烈大帝眼里,关于波兰-立陶宛王国的这场交易似乎具有了一丝开启新纪元的意味。国际正义被统治者重新定义,未来一片大好。其实,这些统治者在互相交易的过程中并非完全不择手段,也并未将世间所有道德准则抛到脑后。事实上,针对这些统治者最严重的指控不是说他们瓜分了波兰-立陶宛王国,而是他们有意延续了波兰-立陶宛王国原来的无政府状态,并为进一步瓜分波兰-立陶宛王国找到了借口和机会。

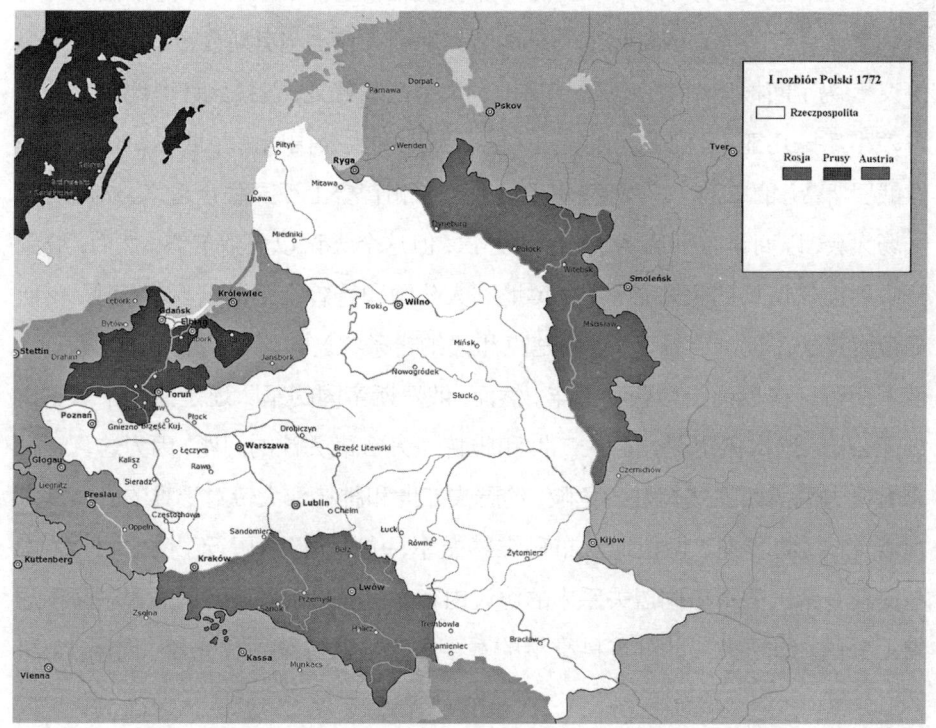

普鲁士王国、奥地利大公国与俄罗斯帝国在第一次瓜分波兰-立陶宛王国中分别得到的领土示意图

---

① 维利奇卡是波兰南部城镇。1290年,普雷米斯拉斯公爵二世建立了这座城镇。1978年,维利奇卡被联合国教科文组织宣布为世界文化遗产。

关于这些交易，作者只在此处附带一提，为的是方便读者在接下来的阅读过程中逐步体会它们对国际大势产生了怎样的影响。这些交易表明，欧洲形势的纸牌再次被重洗。奥地利大公国不再被动，也不再寄希望于和平。一腔热血的约瑟夫二世和毫不安分的考尼茨·里特贝格公爵文策尔·安东显然盖过了玛丽亚·特蕾莎，成了奥地利大公国政策的制定者。俄罗斯帝国暂时疏远了盟国普鲁士王国。因为一方面，波兰-立陶宛王国遭到瓜分是腓特烈大帝的功劳，另一方面，腓特烈大帝还阻止了俄罗斯帝国对波兰-立陶宛王国的兼并。接下来的几年里，奥地利大公国和普鲁士王国这两支神圣罗马帝国力量彼此之间恢复了些许好感。这对奥地利大公国非常有利。奥地利大公国和普鲁士王国联合在一起，迫使叶卡捷琳娜大帝分享了她在波兰-立陶宛王国的战利品。现在，是该强迫她交出从奥斯曼帝国抢来的赃物了。1771年，奥地利大公国与奥斯曼帝国签订了一个协议[①]。为了回报奥斯曼帝国给予奥地利大公国的好处，包括允许奥地利大公国占领小瓦拉几亚[②]及商业上的一些利益，奥地利大公国同意帮助奥斯曼帝国去做俄罗斯帝国的工作。1772年，奥地利大公国和普鲁士王国联合起来，试图发起一场大会，以商讨东部事务[③]的解决办法，但这个尝试以失败告终。然而，遭到一系列极其糟糕的失败之后，在奥地利大公国和普鲁士王国联合斡旋下，奥斯曼帝国终于在1774年签订了《库楚克和凯纳吉条约》[④]。以奥斯曼帝国为代价，俄罗斯帝国在黑海沿岸获利颇丰。然而，俄罗斯帝国的军队还是撤出了摩尔达维亚公国。这次撤退是约瑟夫二世和腓特烈大帝最关注的问题，因为这真正标志着权力平衡面临被打破的危险。约瑟夫二世和腓特烈大帝对受难的土耳其人视若无睹。约瑟夫二世拒绝从布科维纳撤军，并以他已经履行了奥地利大公国与奥斯曼帝国的军事同盟关系中的协议内容为由强迫俄罗斯帝国撤出了摩尔达维亚公国。约瑟夫二世对布科维纳的军事占领一直持续到1786年。同年，布科

---

① 1771年7月，奥地利大公国与奥斯曼帝国建立军事同盟关系。
② 小瓦拉几亚，历史地名，位于罗马尼亚西部的瓦拉齐亚。
③ 此处指自17世纪起俄罗斯帝国和奥斯曼帝国之间围绕领土问题产生的一系列矛盾。
④ 在1768年到1774年的俄土战争中，奥斯曼帝国战败。两国于1774年7月21日签订和平条约。俄罗斯帝国得到了黑海北岸的部分属地，从而进一步增强了自己在欧洲的影响力。而奥斯曼帝国在此之后进一步衰落，并成为欧洲列强奴役和分割的对象。

莫斯科燃放烟火，庆祝《库楚克和凯纳吉条约》签订

维纳被正式并入奥地利大公国。虽然腓特烈大帝并没有对此公开表示反对，但他心底其实非常不安。约瑟夫二世正支配着维也纳另外两个"国王"[①]。这个狂热的煽动者已经对欧洲产生了威胁。

东部问题暂时得到解决。波兰-立陶宛王国无依无靠，奥斯曼帝国陷入沉寂。约瑟夫二世和考尼茨·里特贝格公爵文策尔·安东则毫不费力地利用各方形势，为奥地利大公国窃取了这两个国家的土地。然而，普鲁士王国和俄罗斯帝国仍旧是盟友。此外，鉴于有关波兰-立陶宛王国和奥斯曼帝国的问题都得到了暂时的调解，奥地利大公国开始将目光投向西边。1775年起，约瑟夫二世将注意力转向神圣罗马帝国。在这里，他再次试图为老旧的帝国机器注入活力，以推动奥地利大公国实现进一步发展。但和之前一样，他又失败了。约瑟夫二世使天主教邦国和新教邦国在议会上公然反目。眼看场面就要失控，约瑟夫二世威胁说要

---

① 两个"国王"指玛丽亚·特蕾莎和考尼茨·里特贝格公爵文策尔·安东。

将他的专制统治强加给双方。他飞扬跋扈的架势和轻率鲁莽的野蛮劲头将大家都吓得不轻。虽然约瑟夫二世的这些努力没有取得任何进展,但他并没有仔细反思他的行为方式是否存在问题。天主教邦国和新教邦国之间的冲突已经被挑起。在这种情况下,约瑟夫二世开始留意起巴伐利亚公国来。巴伐利亚公国是继奥地利大公国之后神圣罗马帝国最兴盛的天主教邦国。1777年12月,马克西米利安三世·约瑟夫驾崩。机会来了。约瑟夫二世随即派军队占领了巴伐利亚公国东南部。1763年起,奥地利大公国开始表现出强烈的侵略倾向,其外交政策无不透射出统治者对领土的渴望。奥地利大公国从波兰-立陶宛王国和奥斯曼帝国夺来的战利品第一次满足了这种渴望。腓特烈大帝暂时还可以拿他的普鲁士分区①和奥地利大公国的加利西亚②相抗衡。他实在没有力气,或者说懒得去阻止奥地利大公国得到布科维纳。那么,此时的腓特烈大帝还会坐视德意志像波兰-立陶宛王国或奥斯曼帝国一般遭到瓜分吗?

---

① 普鲁士分区即波森(Posen),1848年到1918年存在于普鲁士王国的一个省。
② 1772年第一次瓜分波兰-立陶宛王国之后,加利西亚从波兰-立陶宛王国的西南部分割出来,成为哈布斯堡家族的领地。1867年起由奥匈帝国统治,直到1918年解体。

第 3 章

大战来临前的巴伐利亚公国

第1节 巴伐利亚公国末代选帝侯①的统治

　　18世纪早期，神圣罗马帝国有两种不同类型的邦国。人们眼中的理想政府也分为截然不同的两类。一种是天主教式的，闲散自由并偏重发展农业。另一种是新教式的，精力充沛且带有军事化作风。腓特烈·威廉一世治下的普鲁士王国将军队建设放在第一位。为了让士兵们穿上军装，腓特烈·威廉一世不惜让大使和大臣们身着破衣烂衫。他还将所有事物都弄得和波茨坦那单调而又寸草不生的阅兵场一样索然无味。像查理六世治下的奥地利大公国这种具有中世纪特色的邦国则一切以排场和闲逸为重。统治者只想向法兰西王国的凡尔赛宫看齐。他们从农民身上压榨出钱财，用以供养奢华的宫廷生活。到18世纪末期，普鲁士王国和奥地利大公国都一改往日模样。腓特烈大帝独创的军事理论几乎上升到了艺术的高度。哈布斯堡家族也褪去了中世纪的遗风。然而，仍有一些邦国忠实地沿袭了传统。这些邦国又可以分为两类。一类是兵强马壮的，另一类则是酣睡不醒的。抱着不负责任的念头大肆铺张浪费，依照一个无关紧要的政策建起一

---

① 从13世纪开始，选帝侯开始享有选举神圣罗马帝国皇帝的特权。查理五世是最后一位由选帝侯推选成为神圣罗马帝国皇帝的君主。除查理七世和弗朗茨一世外，自1440年起继任的每一位神圣罗马帝国皇帝都来自哈布斯堡家族。

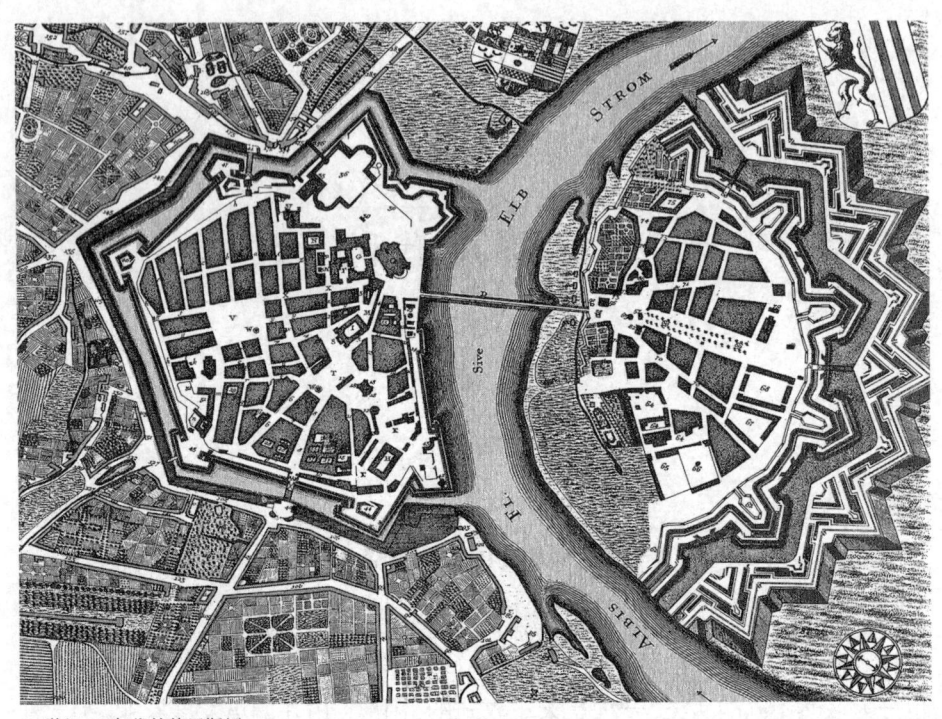

18世纪50年代的德累斯顿

座瓷器之都——德累斯顿①，从而使整个民族陷入贫穷——萨克森选帝侯国②紧抱着一个正在消逝的理想不放。从这方面来讲，即使是巴伐利亚公国，也不如萨克森选帝侯国这么有代表性。巴伐利亚公国的首都③至少透出一丝新时代的气息。然而，整体来看，在神圣罗马帝国的所有邦国中，巴伐利亚公国依然最具中世纪氛围。阳光明媚的谷地山村里，农民在土地上耕作，护林人在林中射杀野鹿，强盗拦路抢劫旅人，官员利用大法院中饱私囊。一切都是旧时模样，能让人追忆到远古时代。风暴的声音已经依稀可闻。心神不安的手脚逐渐开始骚动。然而，皇室、贵族和百姓似乎仍沉浸在施了魔法一般的睡眠中。

① 德累斯顿是历史上萨克森选帝侯国和萨克森王国的首都，历史悠久且文化气息浓厚。坐落于易北河的一个山谷中，靠近捷克的边界。
② 萨克森选帝侯国，1356年到1806年神圣罗马帝国中一个独立的世袭选帝侯国。1806年，神圣罗马帝国瓦解后，萨克森选帝侯国成为萨克森王国。
③ 巴伐利亚公国的首都即慕尼黑。

就在1776年这个关键时刻,大不列颠王国外交部点名要求了解巴伐利亚公国的情况。大不列颠王国外交部收到了一份报告。这份报告谈到了巴伐利亚公国的历史、社会结构和资源状况。如果读者对18世纪政府惯用的那些手段不熟悉的话,那么这份报告读起来就会像一篇讽刺文学作品。[1]该报告宣称,巴伐利亚公国的社会结构在类型上属于中世纪。从理论上来讲,统治者受到三级会议[2]的约束。但事实上,直到1669年,巴伐利亚公国才开始召开三级会议全体会议。此外,虽然每个级别的代表每年都召开委员会以便监督政府部门,但这些委员会都只是敷衍了事。代表们在会上提出的意见也经常遭遇漠视。从理论上

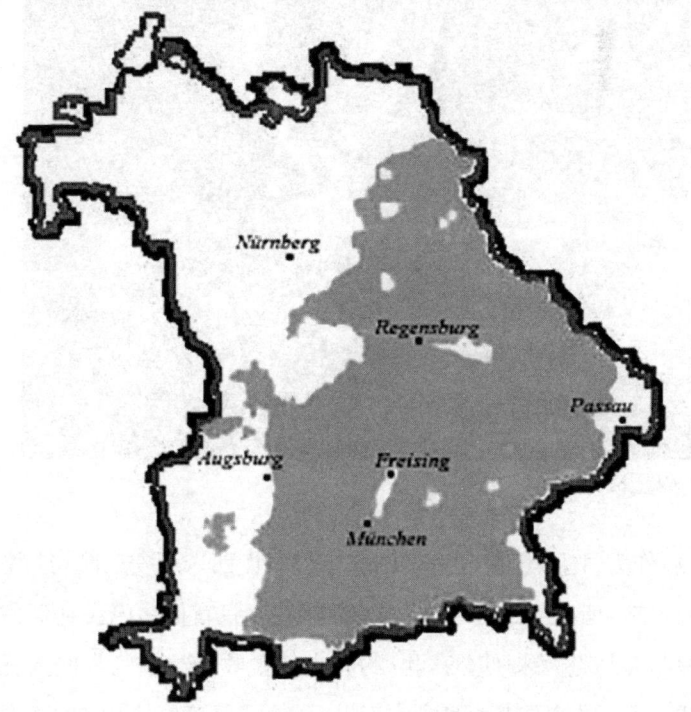

1778年的巴伐利亚公国

---

[1] 见《备忘录》,出自《政府文件——国外部分,德意志联邦,巴伐利亚公国》,第113卷,1778年7月10日,莫顿·伊登致亨利·霍华德。——原注

[2] 三级会议,始于中世纪的法兰西,由神职人员、贵族和市民组成三个等级,并各自派出代表出席议会,共商国事。

手握权杖的马克西米利安三世·约瑟夫

说,作为君主,巴伐利亚公国选帝侯马克西米利安三世·约瑟夫的权力受到宪法的限制,但"宪法限制君主权力这回事,只有撰写巴伐利亚公国宪法的人心里清楚"。[①]马克西米利安三世·约瑟夫将税收和立法强加给人民,他的行为简直无法无天。虽然马克西米利安三世·约瑟夫还有一个由首要官员组成,用来商讨重大政策的内阁议会,但对君主并没有什么强制性规定。因此,在什么时候及何种情况下去请教内阁议会里的官员们,全视马克西米利安三世·约瑟夫的心情

---

① 这句话意思是,虽然宪法明确规定君主权力受宪法限制,但人们在实际操作中并没有遵循这一规则。

而定。马克西米利安三世·约瑟夫依照他选出来的这些顾问的建议随心所欲地指挥军队。没有人可以有效地制约马克西米利安三世·约瑟夫的行为,或对他的想法进行合理干涉。绝对集权统治的后果尤其严重。在上一个半世纪里,巴伐利亚公国军队被一名公爵①一手塑造成基督教世界令人闻风丧胆的大军,又在另一名公爵②手中一度成为伊斯兰教世界的灾难。但眼下的巴伐利亚公国军队已然成了一个笑柄。休·艾利奥特曾写道:"我必须承认,他们——巴伐利亚公国军队——现在的情况比我见过的任何其他神圣罗马帝国军队的情况都要糟糕。"③报告还为我们提供了更多细节。常备军④理论上设有九千人左右,实际只有五千人左右。民兵则仅有名义上的六万人,且只有十分之一的民兵可以在短时间内集结到位。炮兵部队"建得很糟糕,并且没有足够的补给"。军队"秩序混乱"。此外,虽然权势集团中"挤满了数量过剩和归属于不同教派的官员们,但并没有人立下过什么实际功劳使他的名字被整个欧洲熟知"。在这种情况下,即便巴伐利亚公国有数量庞大并且保存完好的轻武器,恐怕也不是一件多么让人感到安心的事。⑤

由马克西米利安三世·约瑟夫一手掌控的国家财政面临的形势同样非常严峻。政府财政收入匮乏,发放养老金时却大手大脚。在入不敷出的情况下,马克西米利安三世·约瑟夫只有抵押上他所有能让渡的财产,才能勉强维持收支平衡的局面。人们普遍的看法是,马克西米利安三世·约瑟夫"非常贪财",整个国家为此受到压迫,"宫廷将国家勒索得一贫如洗"。事实上,在财务管理方面,政府最明智的举动就在于拒绝出示它的账目。虽然政府确实公布了某些数字,但都是用来迷惑大众的。因为只有马克西米利安三世·约瑟夫和他的财政大

---

① 可能指马克西米利安一世(Maximilian I, 1573—1651),维特尔斯巴赫家族的一员,巴伐利亚公爵。1623年,他在雷根斯堡议会上获得了神圣罗马帝国选帝侯的头衔,此时正值三十年战争。
② 可能指威廉五世(William V, 1548—1626),人称"虔诚的威廉",巴伐利亚公爵。
③ 《政府文件——国外部分,神圣罗马帝国,巴伐利亚公国》,第111卷,雷根斯堡,休·艾利奥特致亨利·霍华德,绝密。——原注
④ 常备军通常是职业部队,由专职士兵组成,即使在和平时期也不会解散。
⑤ 这些陈述和巴伐利亚公国持有的资源情况并不矛盾。参阅F.穆尼:《巴伐利亚公国军队两个世纪以来的发展史》,慕尼黑,第79页到第115页。——原注

臣"才知晓真正的数目是多少",并且"马克西米利安三世·约瑟夫认为,财政数据事关国家利益,因此需要严加保密——这一点其实还算情有可原"。在马克西米利安三世·约瑟夫和财政大臣的治理下,商业的发展情况比财政状况好不了多少。其实,巴伐利亚公国的土地和自然资源都为出产原材料提供了极好的机会。"只可惜政府的智慧与任何一家企业的能力都不对等,人民的利益跟商业利益也不挂钩。"政府没有在制造业方面下多少功夫。有些制造计划刚刚启动,就被终止。政府对海关的管理也一样笨拙,几乎没有为国家带来任何税收。

在列举了政府的一系列不善管理的例子之后,我们似乎不难理解为什么这份报告的作者[1]认为巴伐利亚公国的大臣中并没有什么个性突出和特长显著的人才。而大臣们所流露出的特点都只与他们每个人的岗位性质紧密相连。大臣们不是游手好闲,就是惯于铺张浪费,或是出身低微。而国务大臣维古拉斯·冯·赖特梅尔[2]以坦率正直和博学多识著称,因此——自然而然地对其他大臣感到非常厌恶。至于选帝侯马克西米利安三世·约瑟夫,据说他是一个软弱、善变又贪婪成性的人。然而,这份报告的作者还是慎重地补充道:"除了一般的社交活动,王公贵族们只有在处理公务时才会露面……能肯定的是,与马克西米利安三世·约瑟夫私下有接触的人势必会比我们更加清楚他都有哪些特长及哪些美好的品质。"[3]还有一件事向我们展示出马克西米利安三世·约瑟夫在公开场合的行事风格。"多瑙河沿岸坐落着一个叫"奥斯特罗芬"[4]的小镇。这个小镇的边界上有一块相当大的公共用地。小镇居民长期在这块地上放牧。这块公共用地之前处于原始状态。后来有人向马克西米利安三世·约瑟夫建议可以对它进行改良,于是后者下令在两个地方的居民之间分割土地。居民们抱怨说测量土地是一件很困难的工作,而上级派来的那位委托人在办事时也很不公正。经

---

[1] 即休·艾里奥特。
[2] 维古拉斯·冯·赖特梅尔(Wiguläus von Kreittmayr, 1705—1790),巴伐利亚公国国务大臣。
[3] 《政府文件——国外部分,神圣罗马帝国,巴伐利亚公国》,第111卷,休·艾利奥特未落款的关于巴伐利亚公国的报告。罗伯特·利斯顿在一封信中提到,休·艾利奥特"在他的私密时刻"找到了马克西米利安三世·约瑟夫,并用潘趣酒将其灌得酩酊大醉。这封信出自明托夫人的《休·艾利奥特回忆录》,第35页。——原注
[4] 奥斯特罗芬是德国巴伐利亚州的一个小镇,位于多瑙河右岸。

维古拉斯·冯·赖特梅尔

证实,身为委托人兼地方执达吏①的弗朗茨·约瑟夫·冯·贝切姆②将这块土地最大也最肥沃的一部分分给了他自己家里的一个人。为了阻止土地遭到分割,居民们甚至诉诸暴力,将立起来的围栏重新扳倒。对此,马克西米利安三世·约瑟夫下令对相关人员处以绞刑。他的命令得到了严格执行。处决前一星期,许多罪犯来到慕尼黑。脖子上系着绳索的这些人跪倒在皇宫门前,乞求马克西米利安三世·约瑟夫还他们一个公道——要么补偿他们所受的委屈,要么让他们死得痛快一点。马克西米利安三世·约瑟夫想了想,认为先将这些人遣散比较好。于是,马克西米利安三世·约瑟夫向这些人保证,会去调查该案件的情况。与此同时,他又下令对这些人的处置维持原来的命令。

---

① 执达吏是拥有一定权力或管辖权的法律官员。执达吏种类繁多,职务和职责也各不相同。
② 弗朗茨·约瑟夫·冯·贝切姆(Franz Joseph von Berchem, 1702—1777)。

宁芬堡宫

如此严峻的形势下却另有一番光景。巴伐利亚公国政府在治国理政方面极其怠惰，在享乐的事情上却显得劲头十足。休·艾利奥特承认，"在音律笙歌和声色犬马方面"，巴伐利亚公国宫廷至少"能与整个欧洲并驾齐驱"。马克西米利安三世·约瑟夫的宁芬堡宫①是凡尔赛宫的袖珍版。宫中藏满了让-安东尼·华

---

① 宁芬堡宫，位于德国南部慕尼黑的一座巴洛克式宫殿。

多①的画作和德累斯顿的瓷器。在宁芬堡宫，马克西米利安三世·约瑟夫和大臣们度过了数不清的欢乐时光。他们或驾着四轮马车在月光中穿行，或乘坐镀金的凤尾船②在湖中游玩，或在壁画馆里漫步游荡。在这些人当中，最欢天喜地也最不可饶恕的当属休·艾利奥特。慕尼黑同样是一派安逸的景象。当时上演的一

---

① 让-安东尼·华多（Jean-Antoine Watteau, 1684—1721），法兰西王国画家。
② 凤尾船是一种传统的威尼斯平底划船，与独木舟相似，只是比较窄。

部法兰西歌剧为这座城市增添了额外的喜庆气氛。城市里处处都在举办宴会。人们在宴会上大肆挥霍钱财。有时，慕尼黑宫廷也会将日常事务暂时放到一边。这时，常常在宁芬堡官举办狂欢活动的选帝侯夫人就会带领众人在首都举行一些宗教活动。在镇上的十二个穷苦姑娘的随同下，选帝侯夫人领着一支忏悔的队伍——这个队伍被人们冠以"美德的奴隶"的讽刺性的名称，步行拜谒慕尼黑的所有教堂。美丽的朝圣者们身着白衣，打扮得像修女一样，以显示她们的朴素和虔诚。然而，她们当中仍有一些人对尘世恋恋不舍，悄悄往脸上搽了胭脂。在这样一个宫廷里或在这样一支队伍中，人们很难严肃起来，除非你是为了找乐子而假扮严肃。

对神圣罗马帝国的历史学家们来说，休·艾利奥特1776年发表的意见或许显得有些突兀。因为马克西米利安三世·约瑟夫在1745年到1777年的统治一直被看作启蒙时代的开端，而他本人也被视为众多贤明君主之一。除了休·艾利奥特描绘的图景为我们展示出一个怠惰并且奢侈的暴君，神圣罗马帝国的历史学家们还为我们补充了一幅截然不同的画面。这幅画面向我们证实马克西米利安三世·约瑟夫并非是个冷血无情的人。1770年到1771年灾荒期间，关于人民遭受的种种折磨，马克西米利安三世·约瑟夫一直被大臣们蒙在鼓里。直到有一天，他驾着马车驶离宫殿时，一群瘦骨嶙峋、饥火烧肠的流浪汉在宫殿大门前围住了他的马车，哀号着向他讨要食物。和善的马克西米利安三世·约瑟夫泪流满面，朝人群呼喊道："你们的孩子都会有面包的。"之后，他践行了诺言。他从私人财富中分出两百万基尔德用于进口意大利的谷物以缓解饥荒，他还将两名腐败官员判处死刑。作为巴伐利亚支系最后一名维特尔斯巴赫家族③的子嗣，这一举动为马克西米利安三世·约瑟夫赢得"马克西米利安父亲"和"极受爱戴者"的名号。然而，历史是一位苛刻又严厉的检察官，这位检察官并不会因为一个统治者的和蔼可亲或个别善举就将此人的政策所带有的那种严酷与懒散乃至腐败的特征一笔勾销。

从某种意义上来讲，休·艾利奥特对这位统治者的评判似乎确实过于严苛。

---

③ 维特尔斯巴赫家族，欧洲皇室家族，曾经在1180年到1918年统治巴伐利亚。

维特尔斯巴赫家族纹章

虽然我们不能说马克西米利安三世·约瑟夫不爱寻欢作乐,但他仍然具备一定的自制力,并会时刻注意不让自己做得太过分。再者,马克西米利安三世·约瑟夫一直致力于国家的经济发展。他也从不像哪个萨克森选帝侯国的国王或法兰西王国的国王一样大兴东方式的奢侈之风。马克西米利安三世·约瑟夫为削减宫廷开支付出了相当大的努力,尽管绝大多数开支紧缩都是以牺牲军队为代价而完成的。此外,马克西米利安三世·约瑟夫宫廷里的大多数要职也都只是荣誉职务。而与神圣罗马帝国的其他邦国及早前的巴伐利亚公国相比,马克西米利安三世·约瑟夫的宫廷开支也只处于中等程度。最容易招致非议的一项开支莫过于每年要花费政府二十万弗罗林①的国家津贴,这笔钱的绝大部分都被马克西米

---

① 弗罗林(Florin),英国旧时价值两先令的硬币,相当于现在的十便士。

查理七世

利安三世·约瑟夫的父亲查理七世①拿去发给自己数不胜数的私生子做养老费用了。而由马克西米利安三世·约瑟夫本人散发出去的津贴其实并不算多。然而，所有金额加在一起总数就大得惊人了。后来，马克西米利安三世·约瑟夫的继任者查理·西奥多尔②大大削减了这笔金额。只要走近马克西米利安三世·约瑟夫的肖像仔细端详画上那张温和柔弱并且愉悦的脸，或是研究一下马克西米利安三世·约瑟夫的治国政策，看看他是怎样漫不经心地治理国家，又是怎样一次又一次地好心办坏事，读者就会发现我对他性格的这些描述并不是假的。然而，

---

① 查理七世（Charles VII, 1697—1745），神圣罗马帝国皇帝，1742年到1745年在位。
② 查理·西奥多尔（Charles Theodor, 1724—1799），巴伐利亚公国选帝侯，巴拉丁伯爵。

马克西米利安三世·约瑟夫并非那种只会效仿巴黎时尚和一心沉浸在凡尔赛的奢靡气息中的跟风者。相反,人们将他捧上了开明君主的位置,尽管他并不如大多数其他开明君主那么开明,反倒比他们都更加专制。巴伐利亚人将他统治的开端视为一天的拂晓时刻,这或许很公正。而他统治的结尾和成果则正如休·艾利奥特描绘的那样,与刚开始的景象形成了悲剧性的对比。然而,他付出的努力仍旧是不可否认的,并且这些努力也确实取得了一些成果。1751年至1756年,马克西米利安三世·约瑟夫让国务大臣维古拉斯·冯·赖特梅尔根据同时代的行为道德准则草拟了一部完整的民事和刑事法典。维古拉斯·冯·赖特梅尔在满堂喝彩中执行了这项任务。马克西米利安三世·约瑟夫也因此获得了"巴伐利亚查士丁尼"[1]的名号。仿照《腓特烈法典》[2]的样子,这部法典被命名为《马克西米利安法典》[3]。单靠名字就可以看出它的灵感源自哪里。此外,马克西米利安三世·约瑟夫也没有愚钝到听不懂普鲁士王国国王的暗示——腓特烈大帝曾将巴伐利亚公国称作"一片如天堂般美好却住满了恶魔的土地",而使这片土地燃起熊熊烈火的正是那些天主教的神职人员。马克西米利安三世·约瑟夫采取了一些措施,以限制耶稣会[4]会士和神父滥用职权。1759年,在这些神职人员的反对声中,马克西米利安三世·约瑟夫还成立了著名的选帝侯科学院[5]。马克西米利安三世·约瑟夫还将一种科学的精神引入教育领域,并提高了高中和大学的办学水平。此外,他还特别补助了贫穷的学者们。1771年,马克西米利安三世·约瑟夫又进一步推行了统一的义务教育体制。[6]执行这个庞大的项目所需要的资

---

[1] 即查士丁尼一世(Justinian I,约483—565),又称查士丁尼大帝,东罗马帝国皇帝。在位期间重新征服了历史上罗马帝国失落的西半部。他下令颁布的《查士丁尼法典》被视为法理学的基础著作。
[2] 《腓特烈法典》是普鲁士王国的一部法典,其法条数量多达一万余条。
[3] 《马克西米利安法典》是巴伐利亚历史上的一部法典,1756年颁布,1900年1月1日失效。
[4] 耶稣会,天主教的一个学术性宗教集会,起源于16世纪的西班牙王国,其成员被称为耶稣会会士。该协会在一百一十二个国家进行传道,同时也在自己的国家从事教育和文化方面的工作。
[5] 选帝侯科学院现名为巴伐利亚科学与人文学院,最初由历史学院和哲学院组成,哲学院同时教授自然科学。
[6] 相当有意思的是,休·艾利奥特批评巴伐利亚公国的教育是过时的。但从这一方面来讲,巴伐利亚公国恰恰领先了英国一个世纪。——原注

耶稣会会徽

金全部由耶稣会提供。1773年,耶稣会奉命解散。马克西米利安三世·约瑟夫的这些改革措施都值得最高的赞美。然而,这些改革措施大多没有完全落到实处,只是停留在草图阶段,所起到的影响力和发挥的效力也没有立刻显现出来。幸运的是,这些理想被保存了下来,直到后来才慢慢渗入国家的肌体,并经人们的努力逐渐转变成现实。19世纪早期的巴伐利亚公国的确成了开明进步思想的中心。神职人员宽大和开明的程度与科学家们学识渊博的程度不相上下。因此,当时的慕尼黑同时闪耀着神学和科学的光芒。站在这个角度上,巴伐利亚人往回看时,认为马克西米利安三世·约瑟夫是值得铭记的,因而向他致以慷慨的敬意。事实上,马克西米利安三世·约瑟夫总是怀揣着美好的理想。然而,一旦落实到行动上,结果常常不尽如人意。这也是他受同时代人诟病的地方。根据一种务实的或者说是物质化的标准来看,一位与马克西米利安三世·约瑟夫同时代的人很可能认为巴伐利亚公国只是在沉睡中动了动,但并没有苏醒。一方面,马克西米利安三世·约瑟夫确实当得起他的声名,他是一位开明君主。他使法律变得人性化,并在那样一个时期建立了国家教育体系,这些对于巴伐利亚公国及人道主义建设都是有很大功劳的。在位期间,他颁布的政策确实没有产出明显的成果。这是因为,在教育方面实施的改革,果实往往结得很慢,只有经历长时间的等待方能盼来丰收的时刻。到这时,我们才会发现树上结出的硕果有开始时的百倍之多。另一方面,休·艾利奥特针对马克西米利安三世·约瑟夫所发表的那些尖锐的言论也确实有许多中肯之处。制造业和国家掌控的工业领域并没有多少起色,国家机关腐败成风,政府开支居高不下,老百姓依然处于水火之中。虽然马克西米利安三世·约瑟夫办事都是出于好意,也偶尔有过值得鼓励的尝试,但总的来说,他在以上几个方面做得并不好。在他面临的诸多阻碍中,有一项就来自巴伐利亚公国的农民。这些农民既野蛮又无知,对一切改革措施都心存怀疑。还有就是那些故弄玄虚的神职人员,想方设法要阻止他实施一切开明举措。但话又说回来,在历史上的这个时期,但凡意义深远的改革没有哪个不是遭到强烈反对的。而改革的失败在一定程度上还是要归结于马克西米利安三世·约瑟夫。一位真正有才干并且积极主动的统治者,又怎么会等到大众面临挨饿的危险,或是看到不幸的人们的脖子套上绳索时才开始行动呢?要是让思想坚定又雷厉风行的腓特烈大帝,或是激情澎湃并且热血救国的约瑟夫二世来统治巴伐利亚公国,那燃烧自我为人民造福的他们又有什么是不会去做的呢?无知的人民或许可以成为君主实施专制统治的借口,但当一个缺乏毅力的专制暴君滥用起权力来,这份权力也就失去了它的正当性。也许有人会说,马克西米利安三世·约瑟夫之所以失败,不是因为他怯于尝试,而是因为他尝试得太过了。并且有证据显示,他那极其开明的思想正是导致他失败的原因之一。但话又说回来,开明的专制君主在财政上厉行节俭,为政府注入活力,并顺带巩固国家的军事力量,这样成功的例子在马克西米利安三世·约瑟夫周围俯拾即是——别人做到了,他却没有做到。腐败的官僚机构昏昏欲睡,马克西米利安三世·约瑟夫却没有采取实际行动设法使它们重新焕发生机。虽然他略微改善了金融体系,但这一改善是建立在全然摧毁军事体系的基础上的。很少有哪位聪明的统治者明知道有一场围绕王位的争斗将于几年后不可避免地爆发,却仍然放任他的军队继续败落下去。一支强有力和组织良好的军队明明能使巴伐利亚公国在欧洲的地位有所提升,如果没有这张王牌,待到王位继承权产生争议时,巴伐利亚公国就只能眼睁睁地看着外人对他们的家事指手画脚,自己却没有任何发言的资格。此时的巴伐利亚公国比任何一个国家都更需要一支强大的军队来维护国家独立和尊严。可惜马克西米利安三世·约瑟夫并没有意识到这一点。这就使一些野心勃勃的统治者打起了瓜分巴伐利亚公国的主意。如果是按照这种严苛的标准,那就不能说马克西米利安三世·约瑟夫有功于巴伐利亚公国。

以马克西米利安三世·约瑟夫这种方式来治理国家,就相当于邀请别人来吞并自己。在贤明君主当道的年代,这样的统治者被赶下台理所应当。过早地推行开明政策并不是一个完全失败的举动。短时间内,这种尝试只造成了国家发展的停滞。从某种意义上来讲,头脑中不可触及的理想或许确实拥有真枪实弹所不能匹敌的力量。然而,从马克西米利安三世·约瑟夫的处境来看,组建一支军队是很容易就能办到的事,而崇高的理想却远在天边,并且不知何年何月才能实现。在这种情况下,巴伐利亚公国很容易招来周边统治者觊觎的目光。一个野心勃勃的邻国统治者自然会摆出恐吓的姿势去威胁巴伐利亚公国的统治者,并侵占巴伐利亚公国的土地。没错,虽然马克西米利安三世·约瑟夫待人亲切也思想开明,但饱含热情的约瑟夫二世的统治及其千千万万个解放农奴和发展工商业的计划,难道不比马克西米利安三世·约瑟夫的统治显得更加仁慈并且更加公正吗?

如果说巴伐利亚公国内部的情况很不明朗,那么它外部的政治形势则更加糟糕。大不列颠王国外交部要求巴伐利亚公国提供一份关于巴伐利亚公国国家内部情况的报告,这一举动背后的意义非同寻常。当时的大不列颠王国只和巴伐利亚公国有过一次商业上的交易。无论是从理论还是从历史的角度来看,大不列颠王国都对巴伐利亚公国没有兴趣。真正使大不列颠王国感兴趣的不是巴伐利亚公国这个国家,而是巴伐利亚公国选帝侯。马克西米利安三世·约瑟夫是维

雷根斯堡

特尔斯巴赫家族巴伐利亚支系的最后一名子嗣。待马克西米利安三世·约瑟夫驾崩之后,他生前统治的领土就可能遭到别国的瓜分。1776年1月6日,休·艾利奥特受遣前往雷根斯堡①旁观国会②。当时的休·艾利奥特大概是世界上所有外交官里最具洞察力的了。休·艾利奥特在报道中说,包括他在内的大多数议员都认为"我们正处在神圣罗马帝国政治形势发生某种巨变的前夕"。③约瑟夫二世想要复兴奥地利大公国,但他的一系列举动恰恰暴露了奥地利大公国的弱点。1776年国会产生的结果也只是将各国之间的关系扯得更远。从议会上的形势来看,作为一众国家头领的奥地利大公国与作为另一众国家头领的普鲁士王国形成了强烈的对抗关系。古老而传统的法律和秩序根本无法约束奥利地大公国和

---

① 雷根斯堡是德国东南部城市,位于多瑙河、纳布河和雷根河的交汇处,是上巴拉丁的政治、经济、文化中心和首都。
② 国会是神圣罗马帝国的审议机构。它不是当代意义上的立法机构,而更像是一个论坛。代表们会在这里就帝国内的纠纷事件进行谈判。
③ 《政府文件——国外部分,神圣罗马帝国,巴伐利亚公国》,第111卷,休·艾利奥特致亨利·霍华德,1776年1月6日。——原注

普鲁士王国。对于德意志的整体性，两个国家也没有流露出维护的意愿。法律失去力量时，力量就会成为法律。当两个强大的国家间出现分歧时，力量稍小一些的国家自然会最先退缩。而恰恰也是在这个时候，有关巴伐利亚公国的王位继承问题被提到联邦议会上来。对大不列颠王国的外交官们而言，无论是这件事情还是其他几项悬而未决的王位继承事宜，在联邦议会上得到和平解决的可能性都是微乎其微的。"奥地利大公国和普鲁士王国要么会在德意志人的土地上开战，以武力的形式继续维护各自的主张，要么就会照搬之前瓜分波兰-立陶宛王国的做法将巴伐利亚公国也瓜分开来。毕竟，上一次的尝试取得了巨大的成功。"[①]"无论对欧洲还是对德意志来说，眼下至关重要的问题是遏制一位君主[②]日益膨胀的野心，这位君主在杀伐征战和购置土地方面的造诣正在逐渐加深。另外，还要控制住一位年轻的皇帝[③]。这位皇帝满脑袋都是军功的荣光，一心想着进行军事扩张。"[④]不幸的是，当时，大不列颠王国正盯着美利坚合众国，而法兰西王国则忙着盯紧大不列颠王国，因此并没有哪个国家能对腓特烈大帝或约瑟夫二世加以限制。休·艾利奥特说得没错，德意志人中间将很快产生争斗，而争斗的中心就是巴伐利亚公国。"没有什么比购置土地这一办法更能满足奥地利大公国扩张领土和收拢地盘的需求了。"在维也纳，以考尼茨·里特贝格公爵文策尔·安东为首的政治家们一致认同这个观点。

　　约瑟夫二世意识到，无论是从军事还是从政治角度来看，巴伐利亚公国对于奥地利大公国都有着不言而喻的重要性。1703年到1704年及1741年到1742年的战争中，对奥地利大公国构成威胁的不是别人，正是巴伐利亚公国。过去的七十年里，历史已经两次向奥地利大公国证明，怀有敌对情绪的巴伐利亚公国会严重危及奥地利大公国的领土安全。再者，慕尼黑的政体是那么不稳定。这

---

① 《政府文件——国外部分，神圣罗马帝国，巴伐利亚公国》，第111卷，《雷根斯堡议会纪事》，1776年。从《政府文件——国外部分，德意志，巴伐利亚公国》，第113卷，1778年7月10日，莫顿·伊登致亨利·霍华德的信来看，这段话同样出自休·艾利奥特之笔。——原注
② 指腓特烈大帝。
③ 指约瑟夫二世。
④ 《政府文件——国外部分，神圣罗马帝国，巴伐利亚公国》，第111卷，《雷根斯堡议会纪事》，1776年。——原注

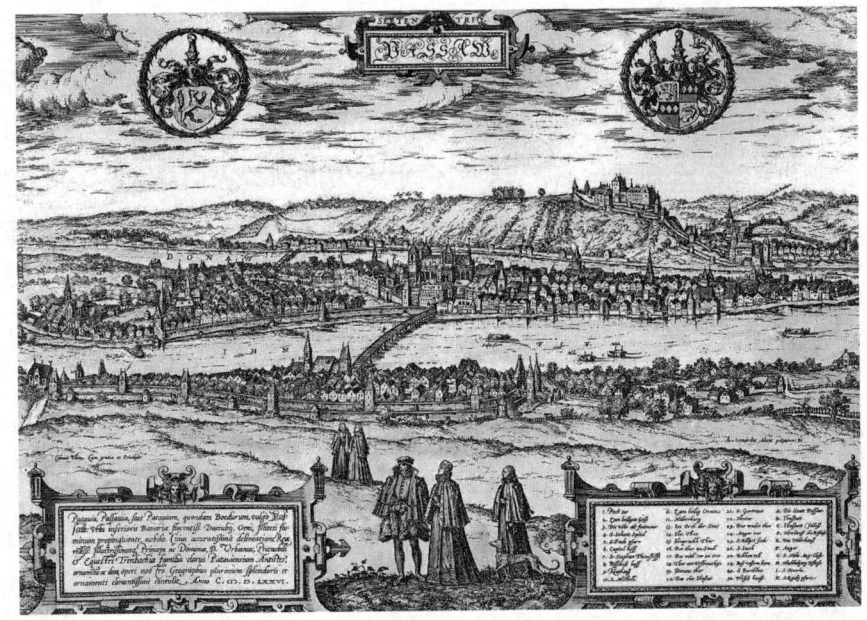

帕绍

就使奥地利大公国无法信赖慕尼黑方面的友谊，至少在1778年之前的十年里不行。因此，要想规避风险，奥地利大公国就只能吞并巴伐利亚公国或者至少将巴伐利亚公国的一部分纳入奥地利大公国的版图，从而维护奥地利大公国的战略安全。只要掌握了因河①附近的地区，奥地利大公国就可以进一步控制多瑙河上游。这样一来，帕绍②就成了奥地利大公国的根据地，它起到的作用相当于罗马的雅尼库鲁姆山③。这样一来，一块宽广的带状领土将把波希米亚④和蒂罗尔⑤连接在一起，因而也增加了奥地利大公国领土上条顿人⑥的人口数量。对于约瑟夫二世来说，无论从哪个方面来讲，吞并或者至少是瓜分巴伐利亚公国似乎都

---

① 因河是多瑙河的一条右支流，全长五百一十八千米，流域遍及瑞士、奥地利和德国。
② 帕绍是巴伐利亚的一个城镇。多瑙河、因河与伊尔茨河在此处交汇，因此帕绍又被称作"三河之城"。
③ 雅尼库鲁姆山是罗马第二高山，位于台伯河以西，在古罗马的边境线之外。
④ 波希米亚是历史地名，位于现在的捷克境内。主要包括波希米亚王国、摩拉维亚侯爵领地、西里西亚公爵领地及卢萨蒂亚。
⑤ 蒂罗尔是历史地名，位于现在的意大利北部及奥地利西部。
⑥ 条顿人，通常指德国人，文中指说德语的人。一些历史学家认为条顿人的祖先是凯尔特人。

是一个至关重要和有利于奥地利大公国长远发展的举动。欧洲的外交家们已经意识到,一旦年事已高的马克西米利安三世·约瑟夫驾崩,隐藏的危险就有可能爆发。早在1760年,考尼茨·里特贝格公爵文策尔·安东和腓特烈大帝就开始打巴伐利亚公国的主意了。1776年,大不列颠王国的外交家们开始进行各种猜测。他们拟出了一份清单。清单上面是有可能会对巴伐利亚公国遗产提出继承主张的人。另一边的法兰西王国和普鲁士王国也都在密切注意着事情的进展。神圣罗马帝国的每个邦国都在热切地期盼着风暴来临的初兆。而与整起事件干系最大的公国却表现得毫不在意并丝毫摸不清状况——休·艾利奥特曾写道:"巴伐利亚公国或许是整个欧洲最不关心自身利益同时又对其他国家的想法一无所知的公国了。"①

　　以上就是当时的情况。政治家们一致认为,一场围绕王位继承权展开的斗争很快就要降临到巴伐利亚公国的头上。外交场上的风暴即将来临。巴伐利亚公国就是这场风暴的中心。然而,就是在这样的危机下,巴伐利亚公国仍处于沉睡中。其实,虽然巴伐利亚公国的军队不堪一击,并且各种资源也微乎其微,但如果统治者能够认清神圣罗马帝国的政治局势,继而以一种坚定的姿态来想办法通过外交手段与外部斡旋,那么巴伐利亚公国或许有望在即将到来的斗争中占得上风。但可惜的是,昏昏沉沉的马克西米利安三世·约瑟夫并没有采取任何行动。另一边的约瑟夫二世看在眼里急在心里,甚至亲自到各地视察,并呼吁巴伐利亚公国的人们赶快行动起来。他又是制定各种方案,又是像以往一样吓唬别人。即便如此,马克西米利安三世·约瑟夫和他的领导班子还是没能从一片颓靡的状态中回过神来,去对政治事务产生任何兴趣,更别说积极参与其中了。马克西米利安三世·约瑟夫和他的那帮大臣对神圣罗马帝国的法律系统知之甚少。他们在1763年和1770年制定的关税政策完全违背了既定法令中的内容。对此,其他邦国提出严正抗议。马克西米利安三世·约瑟夫并没将此事交给议会解决,而是直接请求皇帝②对事件进行仲裁。"马克西米利安三世·约瑟夫这一举

---

① 《政府文件——国外部分,巴伐利亚公国》,第112卷,1776年4月3日,慕尼黑,休·艾利奥特致亨利·霍华德。——原注

② 指约瑟夫二世。

动同时暴露了巴伐利亚公国的两个弱点。一是缺乏坚定的决心,二是缺少合理的政策。"①

作为选帝侯,马克西米利安三世·约瑟夫是一个拥有合法统治权的君主,却对奥地利大公国自贬身份。1765年1月16日,大卫·默里②曾报道此事:"拜访奥地利大公国的大使在宫殿里向奥地利大公国大使伸出了他的手。全欧洲没有哪

大卫·默里

---

① 《政府文件——国外部分,神圣罗马帝国,巴伐利亚公国》,第112卷,1777年4月14日,莫顿·伊登致亨利·霍华德,亲启;第111卷,《雷根斯堡议会纪事》,1776,第55页。——原注
② 大卫·默里(David Murray,1727—1796),第二代大卫·默里子爵,大不列颠王国驻凡尔赛大使。

弗朗茨·冯·哈蒂格

个戴皇冠的人会这么做。"1776年至1777年，休·艾利奥特和莫顿·伊登也报道过类似情况。在慕尼黑，奥地利大公国代表弗朗茨·冯·哈蒂格①那堪比帝王的排场赢得了马克西米利安三世·约瑟夫和慕尼黑宫廷人员的一致叹服。然而，在休·艾利奥特看来，弗朗茨·冯·哈蒂格似乎不过是一个"年老体衰的家伙"。当时，弗朗茨·冯·哈蒂格一边不遗余力地取悦巴伐利亚公国的贵族，一边又不计其数地贿赂他们并从中收买间谍。渐渐的，弗朗茨·冯·哈蒂格在这群巴伐利亚公国贵族中间建起了一个奥地利大公国小团体。从此，带有奥地利大公国色彩的观念开始传入慕尼黑。奥地利大公国的贵族们也将目光投向慕尼黑，并开始在这里投资。一位维也纳商人改进了硝石的制造工艺。维也纳的银行家们见状

---

① 弗朗茨·冯·哈蒂格（Franz von Hartig, 1789—1865），奥地利大公国政治家。

纷纷行动起来,希望能为马克西米利安三世·约瑟夫和宫廷人员提供贷款。由此可见,奥地利大公国的各种商业活动对国家的经济发展显然具有推动作用。与此同时,奥地利大公国也往巴伐利亚公国投入大量的精力。1764年,约瑟夫二世迎娶了选帝侯马克西米利安三世·约瑟夫的妹妹巴伐利亚的玛丽亚·约瑟法①。虽然巴伐利亚的玛丽亚·约瑟法于1767年薨逝,但这并不要紧,重要的是奥地利

巴伐利亚的玛丽亚·约瑟法

---

① 巴伐利亚的玛丽亚·约瑟法(Maria Josepha of Bavaria,1739—1767),玛丽亚·特蕾莎之女。

大公国在欧洲的地位得到了维持。1775年,身型肥胖又和蔼可亲的马克西米利安大公①访问慕尼黑。他引发了一些丑闻,原因是他在大斋期②举行庆祝活动,以及他摆出的那些贵族式的架子让人们感到很滑稽。接着,1777年春天,约瑟夫二世对巴伐利亚公国进行了一次秘密访问。和以往一样,他穿着那件朴素的黑大衣,用着法尔肯施泰因伯爵的假名,带着仅由二十八人组成的随从,寄宿在一间小客栈里。然而,这一次,约瑟夫二世稍有屈尊,他每天都会和马克西米利安三

马克西米利安大公

---

① 马克西米利安大公(Archduke Maximilian Francis of Austria, 1756—1801),玛丽亚·特蕾莎之子。
② 大斋期,基督教的一种宗教仪式,于星期三开始,在复活节前的星期日结束。人们在大斋期进行祈祷、忏悔、施舍,以便为复活节做准备。

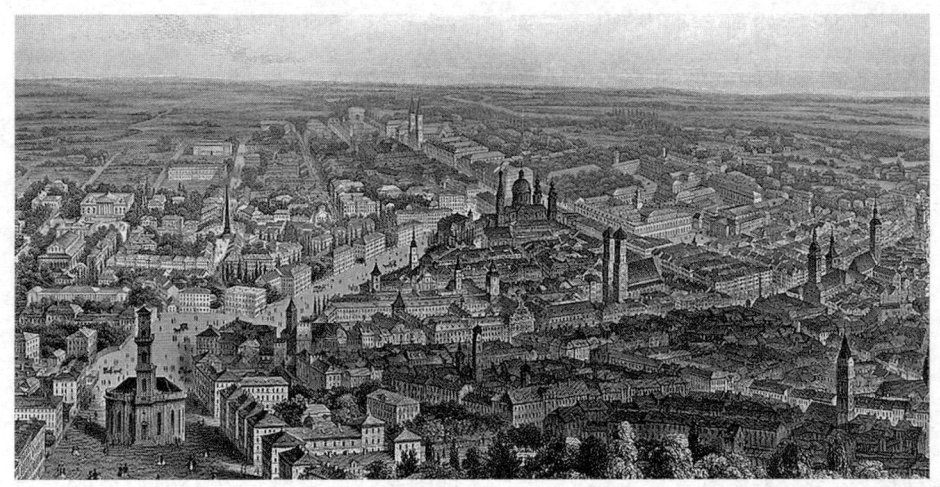

慕尼黑

世·约瑟夫一起用餐。①毫无疑问,约瑟夫二世的所见所闻都坚定了他的想法。那就是要使巴伐利亚公国成为奥地利大公国一个名正言顺的的省份——实际上已经成为事实。

约瑟夫二世深知巴伐利亚公国大臣们的软弱和无知,一点小小的威胁或贿赂便能使这些人屈服,但他忽视了一个重要因素——马克西米利安三世·约瑟夫本人。1771年发生的那起极具羞辱性的事件②狠狠地刺伤了马克西米利安三世·约瑟夫的自尊心。为此,也同样是为了家族,马克西米利安三世·约瑟夫希望将他的领地完好无损地传给继承人兼巴拉丁选帝侯查理·西奥多尔。虽然马克西米利安三世·约瑟夫对奥地利大公国怀有极大的憎恶,但他并不敢表露这份憎恶,只是在暗地里四处寻找盟友以对抗奥地利大公国。法兰西王国一度是巴伐利亚公国的忠实盟友,如今却已经站到奥地利大公国一边。此时的法兰西王国对巴伐利亚公国没有任何兴趣,甚至已经不怎么往巴伐利亚公国派遣公使了。马克西米利安三世·约瑟夫曾打算寻求大不列颠王国的帮助,考虑到大不列颠王国正想从神圣罗马帝国租借雇佣兵去镇压北美殖民地上的动乱,马克西米利安

---

① 《政府文件——国外部分,神圣罗马帝国,巴伐利亚公国》,第111卷,1776年7月6日的信;第112卷,慕尼黑,莫顿·伊登致亨利·霍华德,1777年4月6日。——原注
② 即前文提到的约瑟夫二世要求马克西米利安三世·约瑟夫撤销新制定的关税政策一事。

三世·约瑟夫找到了休·艾利奥特,要将自己兵微将寡的军队借给对方。这位精明的大不列颠王国大使知道巴伐利亚公国的军队毫无用处,便给出了一个礼貌而又模棱两可的回答。"为了探探巴伐利亚公国的情况,以及看看马克西米利安三世·约瑟夫和奥地利大公国、法兰西王国的关系都走到了哪一步,我对他的这个举动佯装惊讶。我告诉他,我认为巴伐利亚公国与其他国家之间已经建立紧密的合作关系。因此,巴伐利亚公国恐怕不具备独自支配手中军队的自由,而是需要取得其他国家的一致同意,才可以将军队借给别人使用。"如此巧妙的措辞一下子启发了马克西米利安三世·约瑟夫。他急忙宣称自己拥有完全的自由并能够随心所欲地支配他的军队。马克西米利安三世·约瑟夫还谈起维也纳宫廷,的种种行为。马克西米利安三世·约瑟夫还说他的妹妹巴伐利亚的玛丽亚·约瑟法与约瑟夫二世的婚姻只是一个假象,假象背后是他日益背负的羞愧和屈辱。"马克西米利安三世·约瑟夫详细谈到他深信不疑的一件事,那就是约瑟夫二世正在寻求一个机会,以便将之前在波兰-立陶宛王国大获成功的侵略计划扩展到德意志。接着,马克西米利安三世·约瑟夫又非常严肃地补充道,他在这个场合下对我说的这些话或许能够为他赢得大不列颠国王王国的信赖。因为这些话要是传出去,维也纳宫廷是绝对不会放过他的。最后,马克西米利安三世·约瑟夫郑重告诫我不要对他的任何大臣提起他想要与大不列颠王国国王缔结军事援助条约的意向。因为,在不能保证从中得到好处的情况下,马克西米利安三世·约瑟夫不愿消息流传开来,以免造成麻烦或不快。"①

马克西米利安三世·约瑟夫就是处在这种不幸的困境中。他对奥地利大公国满怀厌恶,但又不信任周围任何一个国家。"身处一个明显已经出卖给奥地利大公国和法兰西王国的宫廷之中,这位君主不得已之下竟来告诫我要我对他的大臣们多加防备。"马克西米利安三世·约瑟夫虽然一直非常软弱,但仍然具备一个对他来说非常有利的特质,即他十分了解自己和大臣们的弱点。事实上,马

---

① 《政府文件——国外部分,神圣罗马帝国,巴伐利亚公国》,第111卷,雷根斯堡,1776年4月1日,休·艾利奥特致亨利·霍华德,绝密。休·艾利奥特还加了一段附记:"我希望这些内容不会出现在我的公函中。"幸运的是,没有人注意到这封信。1861年,柏林的F.卡普刊登了这封信的部分内容,见《德国侯爵在美国的士兵贸易:1778—1788》,柏林,1864。——原注

克西米利安三世·约瑟夫早已草拟了一份遗嘱,要将他能留的都留给巴拉丁选帝侯查理·西奥多尔——他最亲近的合法继承人。至少,马克西米利安三世·约瑟夫在情感上对这位亲属怀有足够深的喜爱,并乐意将他的领土完完整整地交到对方手里。因此,马克西米利安三世·约瑟夫想了很多办法,尽可能地从国家道德和条约义务的层面来阐释遗嘱中的决定,以确保遗嘱中各项规定得到严格执行。正如我们看到的那样,立下遗嘱后的马克西米利安三世·约瑟夫开始徒劳无功地寻找有可能为他提供支持的盟国。1777年一整年的时间里,虽然奥地利大公国方面执意催促马克西米利安三世·约瑟夫尽快为瓜分领土的各项事宜做好安排,但马克西米利安三世·约瑟夫还是拖延到了最后一刻。这一刻已经不远了。1777年12月14日,莫顿·伊登报道了马克西米利安三世·约瑟夫微恙的消息。莫顿·伊登说,马克西米利安三世·约瑟夫得了麻疹。麻疹是"那种最常见的疾病类型"——换句话说,大概是德意志本土的一种疾病。然而,医生犯了大错,马克西米利安三世·约瑟夫染上的不是麻疹,而是天花。医生对马克西米利安三世·约瑟夫采用了不恰当的疗法。于是,马克西米利安三世·约瑟夫迅速倒下了。1777年12月30日,马克西米利安三世·约瑟夫对神父说:"我梦见我将于今晚驾崩。这是错不了的。再见了,亲爱的和美丽的巴伐利亚公国。别了,我深爱的夫人。别了,我亲爱的臣民们。我将为你们祈求上帝的保佑。"[1]这便是这位和蔼可亲的君主的临终遗言。莫顿·伊登悲愤地记载道:"不过分地说,这位君主的生命正是葬送在了那些偏执又愚蠢的私人医生手里。这群医生一开始不承认马克西米利安三世·约瑟夫实际上患的病是天花。即便后来确诊,他们仍然拒绝使用任何内部或外部的辅助设备来维持马克西米利安三世·约瑟夫的身体状况。"[2]实际上,这些医生葬送的不仅仅是巴伐利亚公国统治者一人的性命——马克西米利安三世·约瑟夫猝然驾崩,这一不幸意外使巴伐利亚公国的命运及神圣罗马帝国的未来一并陷入危险中。

---

[1] 毕希纳:《巴伐利亚公国史》,第9卷,第279页。——原注
[2] 《政府文件——国外部分,神圣罗马帝国,巴伐利亚公国》,第112卷,慕尼黑,1777年12月30日,莫顿·伊登致亨利·霍华德。——原注

第2节 关于马克西米利安三世·约瑟夫遗产的诉求与反诉

当巴伐利亚人站在马克西米利安三世·约瑟夫临终卧榻前轻声低语时，我们不妨暂且回过头将自己想象成欧洲的那群法学家和政治家，来猜猜他们对于潜在的遗产继承人及其有可能提出来的继承理由都有着怎样的估计和考量。这些遗产继承人里，排在首位的是约瑟夫二世和查理·西奥多尔。前者将以神圣罗马帝国皇帝和奥地利大公国继承人的名义索要巴伐利亚公国的部分领土，而后者作为拥有世袭继承权的巴拉丁选帝侯则自然会要求继承巴伐利亚公国的全部遗产。然而，查理·西奥多尔还有一个侄子。此人是茨韦布吕肯[①]的马克西米利安一世·约瑟夫[②]，同时是查理·西奥多尔的继承人。马克西米利安一世·约瑟夫

马克西米利安一世·约瑟夫

[①] 茨韦布吕肯是德国莱茵兰–普法尔茨州的一个小镇，位于施瓦兹巴赫河畔。
[②] 马克西米利安一世·约瑟夫（Maximilian I Joseph，1756—1825），茨韦布吕肯公爵，巴伐利亚选帝侯，巴伐利亚国王。他是维特尔斯巴赫家族的一个分支家族的成员。

弗雷德里克·奥古斯特一世

也向这份遗产提出诉求,令查理·西奥多尔非常难堪。即使查理·西奥多尔答应将部分巴伐利亚公国让给马克西米利安一世·约瑟夫,也不见得马克西米利安一世·约瑟夫就会同意和查理·西奥多尔分享这片土地,而巴伐利亚公国遗产问题的最终结果很大程度上都要取决于这两人争端的走势。除去这些主要人物,还有几个次要角色也想要分走一些遗产。例如弗雷德里克·奥古斯特一世①和梅

---

① 弗雷德里克·奥古斯特一世(Frederick Augustus I,1750—1827),萨克森选帝侯国选帝侯1763年到1806年在位。

梅克伦堡-什未林公爵腓特烈二世

克伦堡-什未林公爵腓特烈二世。然而，这些都是无关紧要的小人物。我们眼下并不需要为他们停留。

　　既不必一头扎进落满灰尘的对开本书籍中，也不必翻阅泛黄的羊皮纸文献。对想要继承马克西米利安三世·约瑟夫遗产的这些人的情况做一个简单的评估其实并不是件难事。据一位德国历史学家计算，在当时，讨论巴伐利亚公国王位继承事件的学术论文的数量一直居高不下，而以这一事件为主题出版的书籍加起来共有二百八十八本。然而，大多数学者仅仅停留在对历史事件进行考证和梳理的层面，实际得出的研究成果少得可怜。大不列颠王国有两篇报告研究了有可能对巴伐利亚公国遗产提出继承主张的候选继承人，这两篇报告分别由两位公认的外交大师执笔，一位是大不列颠王国驻奥地利大公国大使罗伯特·默里·基斯，另一位是大不列颠王国驻巴伐利亚公国大使休·艾利奥特。两篇报告的起草时间都是1776年。当时还没有人开始对马克西米利安三世·约瑟夫遗产提出继承主张，因此两人在巴伐利亚公国王位继承问题上做出的一系列判断都是非常客观的。值得一提的是，虽然其中一人以深刻的洞察力认识到约瑟夫二世将要索取一大块领土的意图，但还是未能揭示出约瑟夫二世这一举动的实质。不过，这一缺憾并不能抵消他递交的报告的内在价值。

罗伯特·默里·基斯

在约瑟夫二世索要的所有领土中,下巴伐利亚公国[①]是面积最大的一块。约瑟夫二世第一次提出这个要求是在1778年1月3日的瓜分巴伐利亚公国的条约当中。签订这一条约的是查理·西奥多尔和约瑟夫二世的代表们。读者随后就会看到这方面的内容。奥地利大公国要求得到因河周围的土地及下巴伐利亚公国的大片地区。因为早在1426年,西吉斯蒙德给过奥地利大公国的阿尔伯特五世[②]一封授权信,信中提到相关领土的授权事宜。这样的说法很明显具有争议性。因为

阿尔伯特五世

[①] 下巴伐利亚公国于1255年被划进巴伐利亚地区,由兰茨胡特和斯特劳宾组成。
[②] 阿尔伯特五世(Albert V, 1397—1439),神圣罗马帝国皇帝,匈牙利王国和克罗地亚王国国王。

就在1430年，西吉斯蒙德最终决定不再承认阿尔伯特五世的继承人身份，只在留存下来的巴伐利亚公国支系家族中分配遗产。同样令人感到蹊跷的是，在两场"发生在1700年和1740年的重大战争①中，当整个巴伐利亚公国短时间内都落在奥地利大公国手中时，没有人提过授权领地这回事。"随后，人们又发现，1429年，阿尔伯特五世实际上已经在一份法案中声明，决定正式放弃这块已经授权给他的土地。奥地利大公国人声称，这个法案是伪造出来的。然而，即便不是这样，这份声明从发表至今也已过去了整整三百五十年。时过境迁，奥地利大公国的要求无论如何都是没有道理的。就连玛丽亚·特蕾莎似乎也对奥地利大公国提出的这个说法表示过怀疑。更讽刺的是，按照奥地利大公国的思路，腓特烈大帝似乎反而更有权力去索要这部分领土——如果他有这方面想法的话！

一团乱麻的家族关系将整个局面搅得乱七八糟。休·艾利奥特的总结是最精辟的："在这个时代，强国处置弱国的土地时是不会提前和对方打招呼的。"②他还说道："在以暴力武装篡权为标志的年代，选帝侯治下的领土会面临怎样的命运，很大程度上不是由专门处理此类事件的特别法庭决定，而是取决于比该国更强大的邻国做出的安排。"③因此，约瑟夫二世军队的实力及腓特烈大帝对于权力平衡问题的看法才是判定巴伐利亚公国领土所有权的法槌，而战场才是真正的法庭。

然而，羊皮纸上的文字和历史上的种种先例依然能够对18世纪人的看法产生一定影响。这些先例也解释了约瑟夫二世和腓特烈大帝在1772年的行为——这两个人从文献中找出各种说法，企图从历史的角度为他们瓜分波兰-立陶宛王国的行为做辩护。现在，因为涉及神圣罗马帝国内部地区的继承问题，所以寻找历史先例的过程就显得更有必要了。于是，奥地利大公国和普鲁士王国的公关人员迅速行动起来，开始搜寻各种历史事件，以便使他们的国家在争夺领土时显

---

① 指西班牙王位继承战争和第一次西里西亚战争。
② 《政府文件——国外部分，神圣罗马帝国，巴伐利亚公国》，第111卷，休·艾利奥特致亨利·霍华德，1776年4月3日。——原注
③ 《巴伐利亚公国备忘录》，出自《政治文件——国外部分，神圣罗马帝国，巴伐利亚公国》，第111卷，休·艾利奥特致亨利·霍华德，1776年4月3日。——原注

奥托一世

得更加"理直气壮"。为方便读者更好地把握关于马克西米利安三世·约瑟夫遗产谈判的关键,我首先要向读者阐释一下这些领土继承主张的本质。1180年,第一位来自维特尔斯巴赫家族的巴伐利亚公国公爵奥托一世①获得了公爵领地。他的儿子奥托二世②也通过联姻的方式得到了巴拉丁公爵领地。1329年,两个支

---

① 奥托一世(Otto I,912—973),史称"奥托大帝",神圣罗马帝国皇帝。
② 奥托二世(Otto II,955—983),神圣罗马帝国皇帝。

系家族按照《帕维亚条约》①的安排分割了这些领土。根深叶茂的罗多尔夫支系家族②——查理·西奥多尔就是这一家族的后裔——拿到了上巴拉丁公爵领地、下巴拉丁公爵领地及苏尔茨巴赫③。年轻的威廉明妮支系家族——马克西米利安三世·约瑟夫是这一家族的直系后裔——获得了上巴伐利亚公国和诺伊堡④。《帕维亚条约》没有特别提到下巴伐利亚公国是因为路易四世⑤单独继承了这片地区。签署《帕维亚条约》时,路易四世正是威廉明妮家族的代表。然而,按照风俗习惯或家族男系亲属的一贯做法,两个分支家族都不能在未经另一方同意的情况下将各自继承的土地转让出去。此外,如果两个分支家族的任何一支

诺伊堡

---

① 《帕维亚条约》,1617年10月9日西班牙王国和萨伏伊公国签署的条约。根据条约协议,萨沃伊公国将蒙费拉托归还曼图亚。
② 罗多尔夫支系家族,即巴伐利亚支系家族,维特尔斯巴赫家族两大支系家族之一。
③ 苏尔茨巴赫,位于安贝格西北方向约十五公里处,该地有著名的苏尔茨巴赫城堡。
④ 诺伊堡是巴伐利亚城市,位于多瑙河畔。
⑤ 路易四世(Louis IV, 1282—1347),神圣罗马帝国皇帝。

签订《威斯特伐利亚和约》

灭亡了,那么灭亡一方的领土就会归另一方。1623年,联邦议会决定对原有的这种安排做一个改动。1648年,这一改动得到《威斯特伐利亚和约》①的确认。从此,上巴拉丁从当时的巴拉丁选帝侯手中转移到了当时的巴伐利亚公国选帝侯手中。然而,《威斯特伐利亚和约》特别规定,如果是威廉明妮家族灭亡,上巴拉丁将重新归还给罗多尔夫家族。基于这些原则,来自罗多尔夫家族的选帝侯查理·西奥多尔对于马克西米利安三世·约瑟夫传下来的威廉明妮家族的领土确实有合法的继承权。根据《帕维亚条约》,查理·西奥多尔有权获得上巴伐利亚公国、诺伊堡、苏尔茨巴赫及下巴拉丁。而按照《威斯特伐利亚和约》,他还有权获得上巴拉丁。对于上述领土,查理·西奥多尔的继承权似乎无可争辩。但查理·西奥多尔认为,按照父系亲属的宗族关系向上追溯,他同样有权继承下巴伐

---

① 《威斯特伐利亚和约》指1648年5月到1648年10月欧洲众多国家在威斯特伐利亚的明斯特市和奥斯纳布吕克市签订的一系列和平条约。条约的签订标志着三十年战争的结束。

利亚公国。查理·西奥多尔的这个说法存在一些争议。此外，除去上文提到的地区，查理·西奥多尔又对巴伐利亚公国的个别地方提出了继承主张，这些主张都显得非常可疑。1329年起，巴伐利亚公国的公爵们开始为自己大量购置领土。但对于这些领土在日后的处置办法，法律上一直都没有明确的规定。这些新添置的领土当中，有一些是神圣罗马帝国的封地①。待威廉明妮家族最后一位男性继承人死后，这些封地有可能要全部归还给约瑟夫二世。除去这些封地，剩下的就是能够完全供所有者支配的领土。这些领土日后可能会传给所有者最亲近的女性亲属，也就是玛丽亚·安东尼娅②。后来，玛丽亚·安东尼娅的确得到了这些

玛丽亚·安东尼娅

---

① 神圣罗马帝国的公爵有权从神圣罗马帝国皇帝手中直接购买封地并获得封地的统治权。
② 玛丽亚·安东尼娅（Maria Antonia，1724—1780），巴伐利亚公国公主，萨克森王国选帝侯夫人，作曲家和歌唱家。

领土。接着,她将这些领土的继承权交给了儿子弗雷德里克·奥古斯特一世。这些领土在数目上并不算多,也不具备特别大的价值。因此在一开始,人们都倾向于用金钱上的补偿来换取当事人的让步,从而解决这些领土引发的争端。但神圣罗马帝国的封地则是另一回事。神圣罗马帝国的封地所引发的问题更严重。按照习俗,此类问题一概交由宫廷议会①解决。但在当时,宫廷议会受神圣罗马帝国皇帝操纵。这就意味着,身为神圣罗马帝国皇帝的约瑟夫二世势必会从奥地利大公国的角度出发,就神圣罗马帝国的封地问题做出有利于奥地利大公国的决定。②关于神圣罗马帝国的封地的概念,它可以是各种城镇和行政区,如之前第一代马尔伯勒公爵约翰·丘吉尔③治下的明德尔海姆公国④,也可能是上巴拉丁的一些封地。然而,所有关于这些神圣罗马帝国的封地所有权的问题,以及约瑟夫二世收购这些神圣罗马帝国的封地的行为,还都不算事关重大。真正关键的问题是,约瑟夫二世能否进一步合法地取得下巴伐利亚公国的继承权。

马克西米利安三世·约瑟夫心意已决,要采取合法途径将奥地利大公国置于不利地位。即便无法将巴伐利亚公国完整地传给查理·西奥多尔,对于这份遗产,马克西米利安三世·约瑟夫也至少可以使查理·西奥多尔在道义上获得最有力的申诉权。马克西米利安三世·约瑟夫与查理·西奥多尔缔结了一个秘密的家族契约。这份家族契约再次申明,待马克西米利安三世·约瑟夫驾崩后,威廉明妮家族和罗多尔夫家族将合并各自的财产。1769年,马克西米利安三世·约瑟夫在这份家族契约的基础上正式起草了一份内容明确的遗嘱。该遗嘱的内容只有少数巴伐利亚公国大臣、查理·西奥多尔及查理·西奥多尔的一名巴拉丁议员知情。1771年和1774年,马克西米利安三世·约瑟夫又在这份家族契约的基础上签署了一些新的协定,并在协定中重申他之前签订的各种条约的内容。1777年8月5日,为了强化这些契约之间的联系,查理·西奥多尔与他的外甥兼继承人马

---

① 宫廷议会是神圣罗马帝国两大最高司法机构之一,另一个是帝国枢密法院。
② 《政府文件——国外部分,神圣罗马帝国,巴伐利亚公国》,第111卷,匿名报告(休·艾利奥特)。——原注
③ 约翰·丘吉尔(John Churchill,1650—1722),第一代马尔伯勒公爵,英格兰军人、政治家。
④ 明德尔海姆公国于1704年创立并交由第一代马尔伯勒公爵统治,以表彰他在西班牙王位继承战争中做出的贡献。

约翰·丘吉尔

克西米利安一世·约瑟夫达成一项协议。协议规定,涉及王位继承问题时,双方均不可在未经对方同意的情况下采取任何行动。然而,就在此时,马克西米利安一世·约瑟夫告诉马克西米利安三世·约瑟夫,查理·西奥多尔正在和奥地利大公国进行秘密谈判。听闻这一消息,马克西米利安三世·约瑟夫终于感到前所未有的焦虑。他开始四处寻求支持,以对抗讨厌的奥地利大公国和背信弃义的查理·西奥多尔。也就是在这段时间,死神找上了马克西米利安三世·约瑟夫。

马克西米利安三世·约瑟夫驾崩后,作为继查理·西奥多尔后第二继承人的马克西米利安一世·约瑟夫变得孤立无援。而他将要继承的遗产似乎也面临被瓜分的危险。对此,马克西米利安一世·约瑟夫决意抗争到底。他开始四处为自己寻求支持。在马克西米利安三世·约瑟夫驾崩后的第二天,居住在慕尼黑的马克西米利安一世·约瑟夫夫人接受了莫顿·伊登的拜访。当时,马克西米利安一世·约瑟夫并不在夫人身边。虽然人们纷纷传闻奥地利大公国将要干预巴伐利亚公国的遗产继承事宜,但马克西米利安一世·约瑟夫夫人早就开始为对抗奥地利大公国做准备了。她下定决心,无论如何都不会向奥地利大公国屈服。马克西米利安一世·约瑟夫夫人说道:"虽然我们在法律上是有权利继承这部分遗产的,但这还不够。我们还需要别人的支持",她还补充说,"国王——腓特烈大帝和我们的立场是一致的。"然而,腓特烈大帝毕竟远在天边。查理·西奥多尔则成了卖国贼。与此同时,约瑟夫二世的军队已经近在咫尺。

第 4 章

战争爆发

遗书草草写下又细细封好,然后化身鬼影,让人避之犹恐不及。

——歌德

一位君主驾崩的消息总能在人群中引发骚动。然而,这种骚动往往和事件本身的重要性并不相符。由于马克西米利安三世·约瑟夫是维特尔斯巴赫家族巴伐利亚支系的最后一名子嗣,又留下了一笔不知道最终会由谁继承的遗产,在他驾崩的消息传出后,举国上下一片震惊。巴伐利亚公国陷入了难以形容的混乱,教堂里挤满了人。民众涌上慕尼黑的街道为他们的君主痛哭,也为国家的未来担忧。马克西米利安三世·约瑟夫驾崩几小时后,巴伐利亚公国的大臣们聚集到一起开始商量对策。流言已经开始疯传。然而,潜伏在这些大臣中间的奥地利大公国的间谍们此时并不知道,接下来等待他们的是一件超出所有人预料的事——塞恩斯海姆伯爵和维古拉斯·冯·赖特梅尔一同出示了马克西米利安三世·约瑟夫在1769年立下的遗嘱,而这份遗嘱之前几乎不为任何人所知。接着,刚从得知遗嘱的意外中恢复过来的议员们又被告知,马克西米利安三世·约瑟夫在遗嘱的附录中规定只有当查理·西奥多尔在场时人们才可以打开这份遗嘱。众人再次陷入震惊。场面变得尴尬起来。就在这时,前文提到的那位巴拉丁议员突然现身,并出示了马克西米利安三世·约瑟夫和查理·西奥多尔签订的一系列协议。眼看意外情况接连发生,大臣们当即要求查理·西奥多尔宣誓效忠巴伐利亚公国。这样一来,玩弄阴谋的奥地利大公国人目瞪口呆。查理·西奥多尔得意洋洋地宣称,他就是全部巴伐利亚公国遗产的继承人。短时间来看,马克西米利安三世·约瑟夫的计划进行得非常顺利。驾崩后的马克西米利安三世·约瑟夫竟比生前还要有影响力。与他关系最近的亲属就这样正式并合法地继承了他的全部遗产。但不幸的是，在18世纪，法律上的权利或道德上的优势并非都是使人在争夺领土的事情上取得最终胜利的决定性因素。奥地利大公国之前瓜分波兰-立陶宛王国一事对于巴伐利亚公国来说是一个不祥的预兆。约瑟夫二世迟早会将他的军队派到巴伐利亚公国的土地上去。巴伐利亚公国的人们只想知道约瑟夫二世究竟何时才会采取行动，以及具体会采取怎样的行动。因此，自1778年1月1日起，慕尼黑就开始屏息盼望这一刻的到来。上自皇宫内廷，下至市井酒栈，人们议论纷纷，谣言四处流传。信使们每隔一个小时就带着新的消息骑马穿过街道。哨兵们则在布劳瑙和施特劳宾①的城墙上焦急地张望，等待着来自奥地利大公国的刺刀在边境线上划出第一抹寒光。

第1节 约瑟夫二世

复仇女神与他一同前行，倾听他渴望复仇的声音。

——克里斯托弗·马洛②《帖木儿大帝》

整个慕尼黑笼罩在一片混合了焦虑、希望和疑惑的气氛中。维也纳的情况同样没有多好。"周四早上，客厅里的人们首先接到了消息。这一天正好是新年。"全体贵族都在场。"皇宫正处于欢庆之中"，一名侍者突然走向约瑟夫二世，并对他说了些什么。接着，约瑟夫二世离开了房间。几分钟后，约瑟夫二世返回客厅，径直走向玛丽亚·特蕾莎正在玩牌的桌子，倾身对她耳语道，马克西米利安三世·约瑟夫驾崩了。"她瞬间扔下牌，神色激动地从椅子上站起来，然后离开了房间。人人都看得到她脸上痛苦的表情。"欢笑声戛然而止，随之而来的是一种

---

① 施特劳宾，位于巴伐利亚多瑙河畔的一个城市。
② 克里斯托弗·马洛（Christopher Marlowe，1564—1593），英国伊丽莎白时代剧作家、诗人和翻译家。

"紊乱"的状态。从那时起,"维也纳的政客们总算找到事做了。所有人在猜测到底发生了什么"。①直到第二天早晨,大臣们才得知玛丽亚·特蕾莎如此心焦的缘由,于是都惊呆了。机敏的大不列颠王国大使罗伯特·默里·基斯立刻去向萨克森选帝侯国的公使打探情况,因为萨克森选帝侯弗雷德里克·奥古斯特一世对马克西米利安三世·约瑟夫的小部分遗产拥有一定的继承权。罗伯特·默里·基斯不得不承认,他被四面八方的情形难住了。眼看信使们在街头骑马飞奔,大街小巷传起了各种流言,军队也开始加紧操练。然而,几乎三周时间过去了,他还没有从外交界得到任何有价值的情报。"对于此事——以及之前的若干件事",考尼茨·里特贝格公爵文策尔·安东设下一面无形的屏障将所有好奇的大臣挡在了外面。他拒绝回答任何问题。在没有收到上级指示的情况下,他也绝不在公开场合提到'巴伐利亚公国'一词。"②然而,到了1778年1月20日,考尼茨·里特贝格公爵文策尔·安东终于给罗伯特·默里·基斯写信讲述了慕尼黑的事态进展。

现实情况超乎人们的想象。虽然马克西米利安三世·约瑟夫驾崩事发突然,实在是一个非常不幸的意外,但实际上奥地利大公国的政治家们早做了准备。此前,约瑟夫二世和考尼茨·里特贝格公爵文策尔·安东就下定决心无论通过什么办法,都一定要将部分巴伐利亚公国划进奥地利大公国。领教过马克西米利安三世·约瑟夫的顽固不化后,约瑟夫二世和考尼茨·里特贝格公爵文策尔·安东吸取了教训。二人立刻采取行动,与查理·西奥多尔展开了交涉。此人是马克西米利安三世·约瑟夫未来的继任者。查理·西奥多尔是一个性格软弱又无精打采的人。他并不在意自己是否会多出一片领地,对这片领地上的人——他未来的子民——不感兴趣。查理·西奥多尔头脑里真正惦记的东西,虽然说出来并不难理解,但不光彩。他希望自己能有足够多的遗产留给数不清的私生子。奥地利大公国的政治家们抓住了查理·西奥多尔这个弱点。他们告诉查理·西奥多尔,

---

① 《政府文件——国外部分,欧洲》,第220卷,1778年1月3日,维也纳,罗伯特·默里·基斯致亨利·霍华德。拉克索尔:《柏林宫廷》,1799,第1卷,第306页至第307页。两部文献都很珍贵。我在此将其中的一些话混在了一起。F.冯·劳默尔也描述过这个场景。见《近代历史的贡献》,莱比锡,1839,第4卷,第301页至第306页。——原注
② 《政府文件——国外部分,神圣罗马帝国》,第220卷,维也纳,1779年1月19日,罗伯特·默里·基斯致亨利·霍华德。——原注

维也纳

奥地利大公国愿意提供大笔资金以供养查理·西奥多尔的众多私生子，条件是查理·西奥多尔要将部分巴伐利亚公国的土地割让给奥地利大公国。牺牲辽阔的领土与成千上万巴伐利亚人的利益来换取出生于巴拉丁伯爵领地上的私生子们的幸福，即使是18世纪的伦理道德规范，恐怕也很难为这笔交易进行开脱。同样是讨价还价，约瑟夫二世是为了领土，查理·西奥多尔则是为了私生子。这个情况实际上是对18世纪人治原则的一个验证。于是，1777年

冬天，考尼茨·里特贝格公爵文策尔·安东和查理·西奥多尔的全权大使里特尔在维也纳会面，并开始就瓜分巴伐利亚公国事宜进行协商。如今，马克西米利安三世·约瑟夫突然驾崩，打断了双方的谈判。难怪玛丽亚·特蕾莎在得知消息时那样忧心忡忡，而考尼茨·里特贝格公爵文策尔·安东也不再在公共场合提起"巴伐利亚公国"这个词了。

起初，约瑟夫二世以为耗时几个月辛辛苦苦取得的外交成果，可能就要付诸东流了。查理·西奥多尔好像一直在欺骗他。因为对于马克西米利安三世·约瑟夫的遗嘱，约瑟夫二世并非完全不知情。但到最后，巴伐利亚公国竟然全部落入查理·西奥多尔手中。查理·西奥多尔发布了声明，正式接受了遗嘱里的规定，为他争取了道德上的优势。要想使瓜分土地的计划顺利进行下去，他就不能再浪费时间了。就在这一切发生时，身处维也纳的全权大使们也起草了一份协议。于是，就在查理·西奥多尔到达慕尼黑的第二天，也就是1778年1月3日，查理·西奥多尔的全权大使里特尔在维也纳与考尼茨·里特贝格公爵文策尔·安东签订了一个瓜分条约。1778年1月14日，这一条约得到了查理·西奥多尔的确认。虽然根据条约内容，约瑟夫二世和玛丽亚·特蕾莎承认了查理·西奥多尔对巴伐利亚公国的继承权，但查理·西奥多尔也为此付出了巨大的代价。他被迫承认1426年奥地利大公国授予阿尔伯特五世的土地现在复归奥地利大公国所有，这些地区几乎包括了整个下巴伐利亚公国和施特劳宾。至于所有权归属于神圣罗马帝国或是波希米亚王室的领土，譬如明德尔海姆及一些小的封地和地区，则一切服从约瑟夫二世的安排。这个让步对查理·西奥多尔非常不利，因为这相当于赋予了奥地利大公国随意挑选领地的权力。对下巴伐利亚公国和施特劳宾而言，奥地利大公国得到的好处更多，巴伐利亚公国远超三分之一的领土都为奥地利大公国所得。这些土地带来的优势远远超出土地自身的价值——新增添的土地不仅能够保护维也纳在未来不受外部攻击，而且为奥地利大公国增添了一道具有战略意义的防御性疆界。奥地利大公国得到的这片地区同样拥有巴伐利亚公国最富饶也最有价值的土地资源——赖兴哈尔①丰富的盐矿位于此地，巴伐利亚人吃的绝大部分粮食也产于此地。该条约签订后，无论是从战略意义或政治意义还是经济意义上来讲，巴伐利亚公国都成了奥地利大公国的附庸。

早在1778年1月6日，整个维也纳就已经流言四起。1778年1月20日，考尼茨·里特贝格公爵文策尔·安东向罗伯特·默里·基斯证实了这些流言，但考尼茨·里特贝格公爵文策尔·安东没有细说，只是告诉罗伯特·默里·基斯，奥地利

---

① 赖兴哈尔位于今德国上巴伐利亚州萨尔茨堡附近的一个盆地中的小镇，周围环绕着阿尔卑斯山脉和茨威塞尔山。

大公国签订了一个友好条约。根据该条约内容，奥地利大公国将得到一些别国割让的领土。1778年1月15日，一支奥地利大公国军队的分队占领了施特劳宾，并从此控制了多瑙河及因河的边界线，从而直接对雷根斯堡和慕尼黑构成威胁。前者是帝国议会的所在地，后者则是巴伐利亚公国的首都。其他奥地利大公国分队则占领了上巴拉丁。巴伐利亚公国军队虽然持续撤退，并向奥地利大公国军队发出抗议，但就是不向对方开火。奥地利大公国发布了一个声明，大意是奥地利大公国军队只是暂时驻扎，等双方商讨出和平解决方案之后，奥地利大公国就会撤退回去。没人相信这个声明。人们知道，肆无忌惮的约瑟夫二世和考尼茨·里特贝格公爵文策尔·安东已经准备就绪，并抢先得到了游戏开局后的第一分。查理·西奥多尔被迫参与到瓜分领土的阴谋中。这与马克西米利安三世·约瑟夫的遗嘱内容背道而驰。从此，查理·西奥多尔不仅违背了他的信念，还帮助奥地利大公国实现了长久以来的愿望。其实，奥地利大公国的军队之前就已经控制了巴伐利亚公国的战略要地。他们占有下巴伐利亚公国的部分领土。这部分区域是巴伐利亚公国的大谷仓。许多显要的贵族和大臣都在这部分土地上拥有他们的领地。只要对这些人施加威胁并封锁他们向外出口粮食的渠道，或恐吓这些人要毁坏这片土地，约瑟夫二世就可以同时向这里的百姓和慕尼黑宫廷施加压力。除了"人和"，"天时""地利"均在约瑟夫二世的掌控之中。

目前，约瑟夫二世扩张领土的欲望暂时得到了满足。约瑟夫二世得意至极，认为他抓住了一个百年一遇的机会。在考尼茨·里特贝格公爵文策尔·安东的默许下，约瑟夫二世不顾玛丽亚·特蕾莎心中那深深的恐惧和查理·西奥多尔流露出的胆怯，完成了吞并领土的行动。实力强大的约瑟夫二世似乎占据了优势。一开始还对《巴伐利亚公国瓜分条约》[1]表示反对的查理·西奥多尔屈服了。1778年1月14日，查理·西奥多尔无可奈何地批准了这个协议。听到消息后，就连玛丽亚·特蕾莎也将恐惧抛诸脑后。她写信告诉考尼茨·里特贝格公爵文策尔·安

---

[1] 本书中提到的所有《巴伐利亚公国瓜分条约》均指查理·西奥多尔和约瑟夫二世各自的代表们于1778年1月3日签订的《巴伐利亚公国瓜分条约》。

利奥波德二世

东,这一成果应归功于他,并且现在人人都得承认"我拥有全欧洲最优秀的外交家"。1778年1月26日,约瑟夫二世写信告诉他的弟弟利奥波德二世[①]:"我们做了一个明智的决定,这个决定将会为我们带来实实在在的好处和牢固的荣誉,以及长久的声名。"这位一直在自己那片小小的公爵领地上用一双冷静而智慧的眼睛审视着外交界的托斯卡纳大公[②],恐怕是笑着读完了约瑟夫二世这封有欠考虑的告捷信。

或许,通过奥地利大公国的视角,我们可以更清楚地对外交局面进行一番审视进而理解约瑟夫二世为何如此洋洋得意。对于约瑟夫二世而言,目前最重

---

① 利奥波德二世(Leopold II,1747—1792),神圣罗马帝国皇帝,托斯卡纳大公。
② 托斯卡纳大公即约瑟夫二世的弟弟利奥波德二世。

要的是与查理·西奥多尔、弗雷德里克·奥古斯特一世、法王路易十六及俄罗斯帝国女皇叶卡捷琳娜大帝结盟。即使暂时做不到，至少也要和他们交上朋友。虽然弗雷德里克·奥古斯特一世确实也对部分巴伐利亚公国遗产提出了继承主张，但约瑟夫二世仍然希望将萨克森选帝侯国拉拢到奥地利大公国的战线上来。面对两个列强，约瑟夫二世所处的位置很有利——作为腓特烈大帝的盟友，俄罗斯帝国刚刚收到奥斯曼帝国的最后通牒，因此俄罗斯帝国短时间内无暇对奥地利大公国进行干涉。而法兰西王国是奥地利大公国的盟友，这位盟友表现出的态度使约瑟夫二世确信他确实抓住了一个世纪性机遇。1778年1月29

法王路易十六

日,约瑟夫二世写信告诉弟弟利奥波德二世:"虽然法兰西王国仍旧没有表明立场,但我认为即使他们真的生气了,也奈何不了我们。要知道,他们现在正处在和大不列颠王国交战的前夕。腓特烈大帝也没有表态。这位国王非常苦恼,正在全欧洲范围内寻找愿意跟他合作的人。然而,一旦他发现所有人都将他拒之门外,他就只能独自留在原地品尝痛苦了。因为他是不敢只身一人冒险前进的。因此,除非我弄错了,否则这件事最终将会出乎所有人意料,得到和平解决。"然而,事情并未朝出乎所有人意料的方向发展。后来发生的事情告诉我们,约瑟夫二世这回做出了错误的判断。

在考尼茨·里特贝格公爵文策尔·安东的安排下,法兰西王国已经与奥地利大公国结成盟友。与此同时,玛丽亚·特蕾莎的女儿玛丽·安托瓦内特①也加冕

玛丽·安托瓦内特

---

① 玛丽·安托瓦内特(Marie Antoinette, 1774—1792),玛丽亚·特蕾莎之女,法兰西大革命前最后一位法兰西王后。

查尔斯·格拉维尔

为法兰西王国王后。但此时的路易十六还没有沦为他这位奥地利大公国妻子的奴隶,而旧制度下最后一位有作为的政治家——法兰西王国外交部长查尔斯·格拉维尔①的鼎力相助也更加坚定了路易十六要为法兰西王国谋取利益的决心。对于一个见识过约瑟夫二世的野心并为之感到深深恐惧的人,查尔斯·格拉维尔很久以前就提出了他的观点。查尔斯·格拉维尔认为,奥地利大公国和普鲁士王国之间应该保持权力平衡,如此便可确保神圣罗马帝国的稳定。这样一来,法兰西王国的利益也就能得到保障。近期发生的事,尤其是法兰西王国

---

① 查尔斯·格拉维尔(Charles Gravier, 1781—1787),法兰西王国政治家、外交家。

将向大不列颠王国宣战一事,更加坚定了查尔斯·格拉维尔的看法。此外,查尔斯·格拉维尔近来对奥地利大公国非常不满,因为关于1777年奥地利大公国和查理·西奥多尔的谈判,奥地利大公国几乎未向法兰西王国透露半点风声。关于巴拉丁未来的命运,法兰西王国当然非常关心,而奥地利大公国搞的小动作自然引起了法兰西王国的怀疑。法兰西王国方面和马克西米利安一世·约瑟夫也在策划一些阴谋。并且,法兰西王国从马克西米利安一世·约瑟夫那里得知的消息都对奥地利大公国非常不利。

出于一时慷慨,考尼茨·里特贝格公爵文策尔·安东曾公开表示,在互为盟友的国家间,一方在扩大权力或扩张领土的同时应当给予盟友等价补偿。然而,1778年1月8日,在对远道而来的法兰西大使路易·德·布勒特伊宣布了《巴伐利亚公国瓜分条约》的内容后,考尼茨·里特贝格公爵文策尔·安东对法兰西王国应得的利益只字未提。这些行为自然加深了查尔斯·格拉维尔对奥地利大公国早已存在的反感和怀疑。

对一笔可疑的交易进行解释或为自己不够坦诚的行为做出弥补,以及劝服一个盟国做出违背自身利益的事情,这些任务确实足够棘手。结果,"欧洲最优秀的政治家"①竟被难住了。约瑟夫二世没有多加考虑,自始至终都只是在催考尼茨·里特贝格公爵文策尔·安东赶快采取行动。这能不能算作考尼茨·里特贝格公爵文策尔·安东失手的原因之一呢?态度冷淡且头脑理智的查尔斯·格拉维尔面对他人的奉承无动于衷。他虽然很有礼貌地接待了考尼茨·里特贝格公爵文策尔·安东,但拒绝进一步发表意见。1778年1月20日,奥地利大公国发表通告,公布了奥地利大公国在巴伐利亚公国问题上的计划。此外,奥地利大公国还做了一番口头解释,说这些计划是偏向法兰西王国的。查尔斯·格拉维尔这才采取了行动。1778年2月2日,查尔斯·格拉维尔面向欧洲各大强国起草了一份报告。报告直截了当地声明,在奥地利大公国对巴伐利亚公国的遗产继承主张上,法兰西王国不会向奥地利大公国提供任何支持。接着,约瑟夫二世亮出了王牌。

---

① 即考尼茨·里特贝格公爵文策尔·安东。这是玛丽亚·特蕾莎用来夸赞考尼茨·里特贝格公爵文策尔·安东的话。

凡尔赛宫

他试图通过妹妹玛丽·安托瓦内特的影响力来改变法兰西王国的政策。一位美人的眼泪或许能够换来约瑟夫二世和考尼茨·里特贝格公爵文策尔·安东苦苦追求也无法得到的东西。1778年2月14日,玛丽·安托瓦内特在凡尔赛宫找到丈夫并恳求他做点什么。她说:"算我求你了,为欧洲的这场动乱做个了结吧。"令她吃惊的是,路易十六冷淡而严厉地回答道,欧洲的这场动乱首先要归结于她的亲戚们。而在眼下这一非常时刻,他正准备告知欧洲各大宫廷,法兰西王国不同意其他国家瓜分巴伐利亚公国的计划。因为这一计划本来就违背了法兰西王国的意愿。1778年2月26日,就在瓜分巴伐利亚公国的凯歌奏响一个月后,约瑟夫二世再次给利奥波德二世写信。他在信中表示,无论从哪方面来看,这件事[①]的前景都非常不妙。和平的希望似乎彻底破灭了,他需要鼓起勇气应对即将到来的危机。

事实上,到1778年2月20日,查尔斯·格拉维尔已经说服路易十六在巴伐利亚公国问题上保持中立态度。这是一个明智的决定。因为法兰西王国已经确定要和大不列颠王国开战,具体时间可能是不久之后的1778年3月13日。目前,重

[①] 指奥地利大公国与查理·西奥多尔签订协议并分割巴伐利亚公国领土一事。

要的事情还有两件。一件是鼓动腓特烈大帝对抗奥地利大公国，另一件是平衡整个神圣罗马帝国的局面。虽然法兰西王国与普鲁士王国的谈判已经启动，但查尔斯·格拉维尔既不想冒任何风险，也不希望腓特烈大帝介入去扭转局面。1778年3月10日，查尔斯·格拉维尔通知身在巴黎的普鲁士王国大使，法兰西王国打算在巴伐利亚公国问题上保持中立。然而，在对腓特烈大帝表现出友好态度的同时，法兰西王国也明确表示拒绝进一步与普鲁士王国发展任何单独的联盟关系。

当时，约瑟夫二世和考尼茨·里特贝格公爵文策尔·安东对法兰西王国方面的举动还毫不知情。然而，在和平的希望日益暗淡的同时，两人的野心实际上却在慢慢滋长。约瑟夫二世和考尼茨·里特贝格公爵文策尔·安东准备向法兰西王国发出请求，希望对方在战争情况下给予奥地利大公国积极援助。雄心勃勃的两人还计划开展一项全新的交换计划，并希望这个计划能够得到法兰西王国的同意——按照计划，查理·西奥多尔会将剩下的巴伐利亚公国全部让给约瑟夫二世。作为交换，查理·西奥多尔将获得奥属尼德兰①。但两人的行动迅即遭到阻碍，考尼茨·里特贝格公爵文策尔·安东的图谋没怎么得到路易·德·布勒特伊的支持。于是，考尼茨·里特贝格公爵文策尔·安东又直接向路易十六提出交涉，他要求法兰西王国按照1756年的条约②为奥地利大公国提供两万四千支部队的援助，并要求法兰西王国正式批准奥属尼德兰和巴伐利亚公国其余部分的交换计划。法兰西王国的回复迟迟不来，维也纳方面还在苦苦等待。而玛丽亚·特蕾莎早就在一封又一封地给约瑟夫二世写劝告信了。这位皇帝正忙着调动后备军和操练军队，并且已经开始在他的行军床上睡觉了。他说："我是损失不了什么的。即使我不幸遭遇失败，也无关紧要。对18世纪的英雄们来说，胜败本就是兵家常事。然而，我如果赢了就能得到更多的荣耀。"考尼茨·里特贝格公爵文策

---

① 奥属尼德兰指在1714年到1797年由哈布斯堡家族统治的荷兰南部的大部分地区。这些地区包括现在的比利时西部和卢森堡。
② 在七年战争中，法兰西王国、奥地利大公国和俄罗斯帝国签订条约组成军事同盟，对抗大不列颠王国和普鲁士王国组成的军事同盟。按照条约，法兰西王国在必要时应向奥地利大公国提供军事援助。

尔·安东自然愈发焦虑,他极力要求法兰西王国给出一个明确的答复。1778年3月22日,路易·德·布勒特伊在维也纳非常明确地暗示考尼茨·里特贝格公爵文策尔·安东,法兰西王国仍将保持中立。这时,"欧洲最出色的政治家"变得激动起来,非要法兰西王国交出一份书面保证不可,并在盛怒中与路易·德·布勒特伊分道扬镳。法奥同盟是考尼茨·里特贝格公爵文策尔·安东的一件外交杰作。眼见他一手造就的国家联盟就这样分崩离析,一向彬彬有礼的考尼茨·里特贝格公爵文策尔·安东变得激动而难以自持,或许也情有可原。1778年3月24日,弗洛里蒙·克劳德①终于在凡尔赛宫得到了查尔斯·格拉维尔的书面保证。这份书面

弗洛里蒙·克劳德

---

① 弗洛里蒙·克劳德(Florimond Claude, 1727—1794),奥地利大公国外交家。

保证声明，法兰西王国拒绝承认1756年条约中所规定的义务，也拒绝在战争情况下为奥地利大公国提供积极的军事援助，并将坚定不移地秉持中立态度。考尼茨·里特贝格公爵文策尔·安东和约瑟夫二世受到了沉重打击。这样一来，这个不切实际的用比利时交换巴伐利亚公国的计划彻底落空。《巴伐利亚公国瓜分条约》的条款不知还能维持多久。下巴伐利亚公国的未来变得更加难以预测了。奥地利大公国失算了。玛丽亚·特蕾莎急得直搓双手。"欧洲最优秀的政治家"忧伤地坐在由他一手缔造而如今只剩下断壁残垣的废墟中。约瑟夫二世则每夜在他的行军床上辗转反侧，并寄托于最后一个绝望中的希望——但愿腓特烈大帝不会上战场。

第2节 腓特烈大帝

是谁，将命运踩在脚下，拿起武器，成为武力的主人。

——克里斯托弗·马洛《帖木儿大帝》

1777年的最后两周，整个欧洲的目光一直聚焦在慕尼黑。1778年的前两周，这些目光又密切关注着维也纳。1778年1月，人们终于将注意力转向柏林。只要腓特烈大帝不采取行动，且约瑟夫二世还没有得到巴伐利亚公国，人们的神经就一刻也不会放松。一个月以来，整个欧洲都屏住呼吸，等待冷酷的普鲁士王国国王腓特烈大帝做出决定。此时的休·艾利奥特是大不列颠王国驻柏林大使，正是他的信向我们详细展示了柏林方面的情况。日子一天天地过去，危险的局势简直令人窒息。人们紧张地留意着这位老国王的言行举止。流言一阵比一阵夸张。士兵们在波茨坦的阅兵场上来来回回地操练。1778年1月17日，休·艾利奥特汇报道，腓特烈大帝"情绪高涨到了一种反常的地步"。当时，奥地利大公国的军队刚刚抵达巴伐利亚公国。腓特烈大帝这么激动是不是因为这位年迈的英雄嗅到了战争的气息，而随着危险的靠近，他的精神也振奋起来了呢？休·艾利奥特的解释颇无新意:"不少人将他这种反常表现归结于掺了过量香料的葡萄酒!这是腓特烈大帝用来治疗痛风的药。"①然而,这味药并未起到什么作用。也许正是因为这味药,腓特烈大帝的痛风发作了。病情变得很严重,人们一度以为他的生命会面临危险。然而,这一次,巴伐利亚公国的命运并不掌握在医生手里——腓特烈大帝非常鄙视医生,经常将他们拒之门外——而是取决于这位年事已高的男人的身体状况。好在危险过去了,腓特烈大帝恢复了健康,开始指派大臣们研究奥地利大公国提出的种种主张。1778年2月3日,休·艾利奥特推测——鲜有外交秘密能瞒过这个人——此举是腓特烈大帝"打算在春天亲自上阵"的信号。但休·艾利奥特还不能确定腓特烈大帝是真的打算攻打奥地利大公国,还是仅仅"要拿一块邻边的土地作为补偿"。

凭借老练的外交手腕,休·艾利奥特看穿了腓特烈大帝的计谋。而对于休·艾利奥特所代表的国家,腓特烈大帝一直怀恨在心,因为大不列颠王国曾在1762年抛弃了普鲁士王国。暗地里,腓特烈大帝一直在设法说服法兰西王国支持美洲殖民地的暴乱。来自美洲殖民地的外交代表威廉·李②已经为此来到柏林。新上任的大不列颠王国大使休·艾利奥特面临着空前不利的情况。然而,马克西米利安三世·约瑟夫驾崩后,休·艾利奥特再次将不利情况为己所用,使腓特烈大帝不得不依靠大不列颠王国才能实现他在神圣罗马帝国的种种计划。遭到腓特烈大帝的冷遇后,休·艾利奥特申请休假。这个请求一提出,亨利亲王——腓特烈大帝的弟弟便立刻前来拜访休·艾利奥特。亨利亲王虽然对休·艾利奥特大加夸赞,但也说出了他这番恭维的原因,他担心休·艾利奥特要求休假这一举动带有一去不返的意思。休·艾利奥特提到了腓特烈大帝那副冷淡的样子。对此,亨利亲王向休·艾利奥特辩解道,"腓特烈大帝之前一直都很热情"。看到休·艾利奥特还是坚持要走,亨利亲王试图缓和局面。他向休·艾利奥特解释道,腓特烈大帝的冷淡不是针对他,而是针对大不列颠王国1763年打破和平局面的行为。休·艾利奥特说,这都是很久以前的事了,他只在历史课上听

---

① 《政府档案——国外部分,普鲁士王国》,第102页,休·艾利奥特致亨利·霍华德,1778年1月17日。——原注
② 威廉·李(William Lee, 1739—1795),美国独立战争时期的外交家。

查尔斯·威廉·斐迪南

过这些事情。查尔斯·威廉·斐迪南①是最受腓特烈大帝赏识的人之一。休·艾利奥特对此人使用了更加激烈的言辞。他说，现在来了一个造反派的代表——威廉·李，这是"让人无法忍受的"……②休·艾利奥特将话说得很重，因为他了解腓特烈大帝身边的人。他知道，在腓特烈大帝面前妥协让步根本解决不了问题。腓特烈大帝生就一副臭脾气，决不会搭理那些委曲求全的人。反之，如果

---

① 查尔斯·威廉·斐迪南（Charles William Ferdinand, 1735—1806），不伦瑞克公爵，军事首领。
② 《政府文件——国外部分，普鲁士王国》，第102卷，柏林，1778年2月22日，休·艾利奥特致亨利·霍华德。事实上，休·艾利奥特在不久前就已经向我们展示了他是怎样"忍受"这件事的——他闯进所谓的"造反派代表"家里，偷走了家中的文件，命人拷贝了其中最重要的部分，然后把文件还了回去。他还和腓特烈大帝有一句著名的机智对答，算是回敬了腓特烈大帝的"冷淡"。腓特烈大帝问道："那个特别会处理印度事务的海德尔·阿里究竟是何方神圣？"休·艾利奥特答道："回陛下，此人是一位年迈的专制君主，经常干的事情就是掠夺邻国的领土。"参见明托夫人：《休·艾利奥特回忆录》，第288页。——原注

你勇敢地站出来并大声表达自己的主张，那他就会把你的意见放在心上。到了1778年2月12日，腓特烈大帝已经看明白了局势。法兰西王国不会出手干涉奥地利大公国了。但在整起巴伐利亚公国事件当中，大不列颠王国的友谊对于普鲁士王国而言是一笔重要财富，因此万万不能因小失大。意识到这一点，再看看休·艾利奥特那副天不怕地不怕的模样，腓特烈大帝转而做出了一个重要决定，他发布了两个声明：首先，普鲁士王国将不再插手美洲殖民地的暴乱；其次，倘若神圣罗马帝国内部爆发战争，普鲁士王国会尊重汉诺威方面保持中立的意愿。此时，正在担心和奥斯曼帝国卷入战争的俄罗斯帝国显然准备置身事外。这样一来，腓特烈大帝和约瑟夫二世就完全站到了彼此对立的位置上。

　　腓特烈大帝肯定不会亲自翻阅布满尘土的羊皮纸文献来查找解决问题的方案——这是大臣们干的事情。作为一名国王，他必须关注眼前的情况。做决策时，他心中考虑的也是普鲁士王国的利益。至于怎样使他的说法听起来合理，同时使他的行为显得正当，这就需要大臣们从历史中寻找先例，看看究竟怎样才能为他们的国王编造一个完美的借口了。在腓特烈大帝看来，奥地利大公国只有两个选择：要么就此满足于新购置的土地，然而这片土地与奥地利大公国之前夺取的领土相比实在无足轻重；要么通过分割领土的方式将战利品分给普鲁士王国一部分。瓜分波兰-立陶宛王国这一举动已经带来了一个不祥的预兆。当时，瓜分波兰-立陶宛王国只是一个备选计划，而提出这个计划的人正是休·艾利奥特。虽然我们无从得知腓特烈大帝究竟是否曾严肃地考虑过这一提议，但显而易见的是，如果瓜分了巴伐利亚公国，普鲁士王国就只能得到一块孤立的领土，这块领土在日后能不能守住也是问题。目前的腓特烈大帝并没有办法再拿什么东西去和奥地利大公国日益增长的实力抗衡。唯一的机会便是要求奥地利大公国放弃吞并巴伐利亚公国的土地。因为，一旦得到这些土地，奥地利大公国就会获得更多的优势，所掌握的权力也会扩大。如今，如果想要阻止奥地利大公国，那就意味着只剩下战争这一条路了，而腓特烈大帝自然要考虑战争的风险。腓特烈大帝已经步入高龄，而打仗就有战败的可能。并且一旦开战，战火有可能席卷整个欧洲大陆。此外，如果是一向在腓特烈大帝面前低人一等的奥地利大公国最终胜利,那么腓特烈大帝的威望就势必会降低。到那时,普鲁士王国就只好退居为继神圣罗马帝国之后的第二强国了。这些都需要考虑的重要因素也解释了为何腓特烈大帝的弟弟亨利亲王强烈建议兄长要谨慎行事。

无论腓特烈大帝是否将诉诸武力,目前都有一件最重要的事要办。那就是将整个神圣罗马帝国甚至全欧洲的道德舆论引到与约瑟夫二世对立的位置上来。此外,为以防万一,腓特烈大帝还需要切断约瑟夫二世与所有有可能和奥地利大公国结盟的国家之间的联系。通过诱使马克西米利安一世·约瑟夫回绝查理·西奥多尔的提议,并使马克西米利安一世·约瑟夫保证不去签署与《巴伐利亚公国瓜分条约》有关的任何文件,第一个目标完美达成。为了实现这一目标,腓特烈大帝派出一位匿名使节火速前去向马克西米利安一世·约瑟夫保证,普鲁士王国会为马克西米利安一世·约瑟夫提供必要的支持。我会在另一处提到这次极其有趣的谈判。在这里,我先描述一下谈判结果。1778年2月8日,这位普鲁士王国使节得知马克西米利安一世·约瑟夫计划放弃签署《巴伐利亚公国瓜分条约》,于是写信向腓特烈大帝汇报这一消息。讽刺的是,送这封信的人正是巴伐利亚公国本土的一个"恶魔"——此人是一位僧侣。这件事为一些王室成员增添了不少笑料。

腓特烈大帝仍然需要盟友。查理·西奥多尔是没指望了——他一心倒向约瑟夫二世。然而,对于神圣罗马帝国境内实力第三强大的统治者弗雷德里克·奥古斯特一世,腓特烈大帝却可以做些工作。萨克森选帝侯国距巴伐利亚公国非常近。因此,弗雷德里克·奥古斯特一世很有可能正在暗自担心萨克森选帝侯国也会像巴伐利亚公国一样落入约瑟夫二世的手里,而他也会面临之前的巴伐利亚公国选帝侯马克西米利安三世·约瑟夫同样的命运。然而,对于腓特烈大帝,弗雷德里克·奥古斯特一世同样心存敬畏和怀疑。德累斯顿一直是一个伟大文明的中心。这里流淌着壮美的河流,座落着辉煌的洛可可式宫殿①。这块土地上的祖先可以追溯到弗雷德里克·奥古斯特一世的伟大前辈。此人曾经以东方

---

① 洛可可是一种极具观赏性的艺术风格,广泛运用于各种艺术领域。洛可可式宫殿大量运用柔和的曲线及金色和白色等柔和的颜色,具有复杂、精致、典雅的视觉效果。

迈森

人的慷慨和周到热情地接待了当时的普鲁士王国王储,也就是如今的腓特烈大帝。作为回报,在后来的七年战争中,腓特烈大帝残暴无情地踩躏萨克森选帝侯国的土地和人民。腓特烈大帝大量掠夺萨克森选帝侯国的物资,当地人民为此流血流汗并陷入赤贫。腓特烈大帝还强迫萨克森军队为他效劳,并将萨克森选帝侯国的妇女抢到他的西里西亚殖民地以填充人口,甚至绑架了迈森的制陶工,并逼迫他们将德雷斯顿的制陶技术传授给波茨坦的制陶厂。然而,此后的奥地利大公国又做了一件很不厚道的事情,严重冒犯了弗雷德里克·奥古斯特一世。因此,忙着和奥地利大公国进行交涉的弗雷德里克·奥古斯特一世便暂时将腓特烈大帝先前干的坏事抛到脑后。1777年,弗雷德里克·奥古斯特一世就施恩伯格①遗产问题和奥地利大公国发生了一场很不愉快的纠纷。这场纠纷的结果

---

① 施恩伯格位于柏林。在七年战争中,奥地利大公国军队和俄罗斯帝国军队摧毁了这个地方。

瓦尔登堡

是奥地利大公国部队强制性地将萨克森选帝侯国军队从格劳豪①、瓦尔登堡②和利希滕斯坦③赶走,并用顶端饰有老鹰的界桩将有争议的领土围了起来。弗雷德里克·奥古斯特一世感到不满也是合情合理,因为约瑟夫二世在这件事上确实太过专断自大了。鉴于此,弗雷德里克·奥古斯特一世自然对查理·西奥多尔的《巴伐利亚公国瓜分条约》心怀警惕,因为这个条约将巴伐利亚公国领土中存在争议的部分都划给了约瑟夫二世。施恩伯格事件发生后,就算换一个人站在弗雷德里克·奥古斯特一世的角度,恐怕也要对约瑟夫二世办事的客观性和公正性表示怀疑。弗雷德里克·奥古斯特一世就《巴伐利亚公国瓜分条约》一事向维也纳方面求证,却收到对方极不友好的回复。这使他二话不说便投向了腓特烈大帝的阵营。

① 格劳豪是萨克森选帝侯国的一个小镇,位于穆德河右岸,是施恩伯格家族的领土。
② 瓦尔登堡是萨克森选帝侯国的一个小镇,在1378年到1945年一直归施恩伯格家族所有。
③ 利希滕斯坦是萨克森选帝侯国的一个小镇,位于兹威考东北方向十一千米处,在1286年到1945年一直归施恩伯格家族所有。

休·艾利奥特注意到，1778年1月的德累斯顿弥漫着一种前所未有的惊愕与困惑的情绪。然而，即使是外交危机，也打断不了统治者狂欢作乐的脚步。1778年2月25日，由于在狂欢节上过度玩乐——非常热爱跳舞，"查理·西奥多尔染上了剧烈的风寒"。信中[①]还提到，事态已经开始朝严重的方向发展。"上周，从莱比锡[②]来了一位不愿透露姓名的陌生人。人们猜测这位陌生人是普鲁士王国首相派来的。因为，从这位绅士踏上德累斯顿土地的那一刻起，普鲁士王国首相就以生病为由把自己关了起来，拒绝接待任何人。"还有人说这位神秘的陌生人是普鲁士王国的亨利亲王。但人们后来才知道，此人其实是普鲁士王国的一名将军。腓特烈大帝派他前来侦察德累斯顿与波希米亚之间的地区，以便和弗雷德里克·奥古斯特一世就一些军事问题进行深入的探讨。通过这件事和其他线索，休·艾利奥特得出了正确的结论。"为了防止关系破裂，萨克森选帝侯国与普鲁

莱比锡

---

① 指大不列颠王国大使休·艾利奥特从萨克森选帝侯国寄给大不列颠王国的信。
② 莱比锡，位于柏林西南方向约一百六十千米处的一个城市。

士王国缔结了一个同盟条约。这是明摆着的事实。"[1]休·艾利奥特没有猜错。到1778年3月14日,普鲁士王国和萨克森选帝侯国的关系似乎已经摇摇欲坠。就在这时,腓特烈大帝派了一个全权公使前往萨克森选帝侯国。结果没过四天,也就是1778年3月18日,普鲁士王国和萨克森选帝侯国就签署了一个协定,保证双方要互相支持,这就相当于两国缔结了一个攻守同盟条约。

1778年2月月底,腓特烈大帝估计自己应该可以相信萨克森选帝侯国军队了。因为,这时的腓特烈大帝如果开战,就会得到一支三万人的萨克森选帝侯国军队的援助。用腓特烈大帝的话说,他"不是堂吉诃德[2]",不会为了一些小国的国王而断送他的利益。这些国王的部队基本由他们候见室里的客人们组成。然而,有了神圣罗马帝国最强大的军队的援助,腓特烈大帝的目标相对来说就很容易实现了。大不列颠王国与法兰西王国及俄罗斯帝国选择置身事外。萨克森选帝侯国则是他的。对于腓特烈大帝能否争取到神圣罗马帝国其他一些君主的支持,我们拭目以待。约瑟夫二世的行为已经对诸多贵族造成了惊吓。他以一副铁石心肠对待不幸的查理·西奥多尔。约瑟夫二世根本没想着要遵守《巴伐利亚公国瓜分条约》里的规定,而是直接让他在巴伐利亚公国的部队占领了条约中没有提到的土地。与此同时,公开受到腓特烈大帝支持又在暗中受到法兰西王国秘密援助的马克西米利安一世·约瑟夫开始向帝国议会抱怨他所遭受的不公正对待。腓特烈大帝早前曾就奥地利大公国军队占领巴伐利亚公国的行为向维也纳提出过抗议,后来又陆续写了几封抗议信,并在其中一封信里表示他拒绝承认《巴伐利亚公国瓜分条约》,因为条约中的条款存在宗谱关系方面的错误。这封信到达考尼茨·里特贝格公爵文策尔·安东手中的时间是1778年3月9日。最终,1778年3月16日,这封信的内容传到了雷根斯堡的帝国议会。马克西米利安一世·约瑟夫的代表们及腓特烈·奥古斯特三世[3]都对腓特烈大帝的举动表示强

---

[1] 《政府文件——国外部分,萨克森选帝侯国》,第115卷,德累斯顿,1778年2月25日、1778年3月8日、1778年6月21日,J.米利克特致莫顿·伊登。——原注
[2] 堂吉诃德(Don Quixote),西班牙作家塞万提斯作品《堂吉诃德》中的主人公,毕生愿望是成为一名打抱不平和行侠仗义的骑士。
[3] 腓特烈·奥古斯特三世(Frederick Augustus III),即萨克森王国国王腓特烈·奥古斯特一世,1763年到1806年任萨克森选帝侯国选帝侯。

烈支持。神圣罗马帝国诸多君主毫不掩饰他们的喜悦。他们开心地意识到，腓特烈大帝已经表明立场，要反对约瑟夫二世并保卫神圣罗马帝国内所有君主的权利及神圣罗马帝国的权利。作为回应，考尼茨·里特贝格公爵文策尔·安东决定暂时搁置巴伐利亚公国领土分配问题——这正是他的作风，他还表明奥地利大公国其实一直都希望拿出让所有人都满意的解决方案。然而，考尼茨·里特贝格公爵文策尔·安东仍然表示普鲁士王国并没有权力"对奥地利大公国提出的主张进行仲裁"。

人们都说，1787年3月16日是神圣罗马帝国历史上具有纪念意义的一天。这一天，整个神圣罗马帝国甚至全欧洲的目光都集中在腓特烈大帝一个人身上。然而，在腓特烈大帝看来，神圣罗马帝国的法律几乎被蔑视，神圣罗马帝国内一些小国国王的意愿也险些遭到忽视。此外，奥地利大公国差点儿就猖狂地威胁要使用武力以继续维护统治。于是，腓特烈大帝再次成为伸张正义的那个人。虽然他似乎又一次承担起了神圣罗马帝国的仲裁人的角色，但和之前不同的是，此时的他比以往任何时候都更加强大也更受欢迎。萨克森选帝侯国和他站在一个阵营。法兰西王国虽然是中立方，但也对普鲁士王国的行为流露出赞同的意味。神圣罗马帝国境内的大多数君主都敬称腓特烈大帝为"法律和正义的守护人"。对腓特烈大帝而言，他此时所扮演的角色大概是非常新奇又充满趣味的——早年的腓特烈大帝在践踏国家道德和分裂神圣罗马帝国这两件事上曾经做得比谁都过分。然而，一转眼，摆出一副大公无私的姿态来调和神圣罗马帝国的内部矛盾则成了他最大的兴趣和利益获取点。以一位面慈心善的守护者的形象捍卫神圣罗马帝国的法律和秩序，并借此来为奥地利大公国贴上侵略者的标签，以及使神圣罗马帝国内的其他邦国自然而然地将普鲁士王国当作领导者，这正是腓特烈大帝目前的第一要务。维也纳宫廷展开的"急匆匆的行动"，"拉响了第一个警钟"。"如果历史遗留下来的种种领土争议问题都要二话不说通过武力来解决，那我们这个帝国及不幸与强国毗邻的弱国就将永无宁日，而帝国的宪法也将变成一纸空文"。

此时，即使是在大不列颠王国统治者看来，腓特烈大帝也变得顺眼了不少。

乔治三世

从1762年到1778年，大不列颠王国的大使们经常在做的一件事就是在信中没完没了地谴责腓特烈大帝。而现在，这些大使开始谈起腓特烈大帝的种种美德。虔诚的乔治三世①甚至和腓特烈大帝互相恭维起来。如果还有什么事情比来自大不列颠王国的认可更能说明腓特烈大帝新近赢得了道德优势，那就要数神圣罗马帝国的天主教势力——"那群恶魔"了。莫顿·伊登带有几分虚情假意地评论道："新教力量一如既往地有利于正义和自由事业的发展。"他还补充道："在当前环境下，天主教徒确实更占优势。但这些人暂时还不太敢公开表露身份，因为他们背后依靠的是维也纳宫廷。"

腓特烈大帝也在考虑这件事。他正计划组建一个将由天主教邦国和新教邦国组成的神圣罗马帝国君主联盟。奥地利大公国则将被排除在外。1778年4月的

---

① 乔治三世（George III, 1738—1820），大不列颠王国国王，汉诺威选帝侯。

第一个星期，腓特烈大帝命令大臣们对这一计划进行商议，并着手组建一个以普鲁士王国为主导的君主联盟。好像确实有那么令人欣喜若狂的一刻，我们仿佛隐隐约约从遥远的地平线上提前看见了奥托·冯·俾斯麦①治下的神圣罗马帝国。然而，这一计划还不够成熟。而腓特烈大帝又是一个无比注重实际的人，再加上天主教国家的君主们不愿意公开反对奥地利大公国，种种因素考虑在内，

奥托·冯·俾斯麦

---

① 奥托·冯·俾斯麦（Otto von Bismarck，1815—1898），普鲁士王国保守派政治家，在1860年到1890年期间主导德国和欧洲事务。

腓特烈大帝决定将这个计划延期,等时机更有利时再采取行动。导致计划推迟的人不是腓特烈大帝,而是其他君主。这些君主"害怕得不行,毫无干劲","是18世纪的耻辱",令腓特烈大帝为神圣罗马帝国感到"脸红"。[1]

其实,对于别人对他的种种颂扬之词,这位愤世嫉俗的老国王本人才是最不相信的那个。当然,对于一些小国的君主视他为行侠仗义的"堂吉诃德",他并没有什么意见。在公众面前,腓特烈大帝也尽力维持这一形象,"神圣罗马帝国诸位君主的利益要高于我的个人利益"。[2]但在私下里,腓特烈大帝揭掉了这层面具,耿直地对弟弟坦白道,无论在哪件事上,他心心念念的都只有普鲁士王国的利益。

腓特烈大帝虽然决定开战并坚定不移地贯彻了这一决定,但一开始其实非常纠结。后来,他还尽可能地将危机爆发的时间拖延到了最后一刻。有人说,腓特烈大帝是故意这么做的,因为他想给世人留下一种被迫诉诸战争的印象。然而,对于战争,腓特烈大帝确实有一分发自心底的不情愿。再加上他年事已高,种种因素都削弱了他心中的那种好战的激情,不再像以往那样总是想着要奔赴战场杀敌制胜了。尽管如此,他还是召集了以埃瓦尔德·弗里德里希·冯·赫茨伯格[3]为首的宣传人员,开始印刷公告及各种小册子。各种官方声明和宣传手册印好了。腓特烈大帝就靠着这么一场简短的书面战役拉开了战争的序幕。埃瓦尔德·弗里德里希·冯·赫茨伯格是一个狂热的普鲁士人。他性情冲动且做事果断,具备丰富的宗谱学和历史学知识,是一个很有能耐的人。有了埃瓦尔德·弗里德里希·冯·赫茨伯格的帮助,普鲁士王国便拿出了论据丰富且分量十足的宣传文案对奥地利大公国进行了有力的声讨。约瑟夫二世却并未流露出求和的意思,也不准备通过外交途径解决问题。维也纳方面也发行了宣传册,狠狠地抨

---

[1] 这些话出自腓特烈大帝1778年3月3日写给亨利亲王的信,见舒宁:《巴伐利亚公国王位继承战争》,第20页。对比E.赖曼:《普鲁士近代史》,第2卷,第78页到第79页。——原注
[2] 见腓特烈大帝写给索姆宁的信,此信见E.赖曼:《普鲁士近代史》,第2卷,第43页。索姆宁是普鲁士王国派往彼得格勒的大使。见腓特烈大帝写给亨利亲王的信,此信见E.赖曼:《普鲁士近代史》,第2卷,第77页。——原注
[3] 埃瓦尔德·弗里德里希·冯·赫茨伯格(Ewald Friedrich von Hertzberg,1725—1795),普鲁士王国政治家。

埃瓦尔德·弗里德里希·冯·赫茨伯格

击毙特烈大帝。然而,"在奥地利大公国的首都,有关巴伐利亚公国王位继承事宜的每一句话都要先经过大法官法庭的仔细审查才能发表"。①

1778年3月的风暴过去之后,1774年4月迎来了一段平静的间歇期。奥地利大公国与普鲁士王国都没有做好打仗的准备,目前都在忙着做战前准备工作。普鲁士王国的军队越过布雷斯劳直逼边境线;萨克森选帝侯国的军队正在德累斯顿集结;奥地利大公国的士兵们则开始向西里西亚和萨克森选帝侯国的边境靠近。罗伯特·默里·基斯每天都能看到各个地方的军队——克罗地亚王国

---

① 《政府文件——国外部分,神圣罗马帝国,奥地利大公国》,第220卷,维也纳,1778年5月23日,罗伯特·默里·基斯致亨利·霍华德。——原注

军队、轻骑兵①、意大利军队及匈牙利王国军队匆匆忙忙地从维也纳穿过。与这些军队同行的是一辆辆装载着大量肉类、谷物及弹药的马车。1778年4月11日,约瑟夫二世与弟弟马克西米利安大公一同离开首都,前往奥洛穆茨②指导战前的准备工作。1778年4月13日,约瑟夫二世几乎是在马背上给腓特烈大帝写了一封亲笔信呼吁对方避免战争。他在信中提出,如果腓特烈大帝愿意承认1778年1月3日签订的《巴伐利亚公国瓜分条约》,那作为回报,奥地利大公国会尽力补

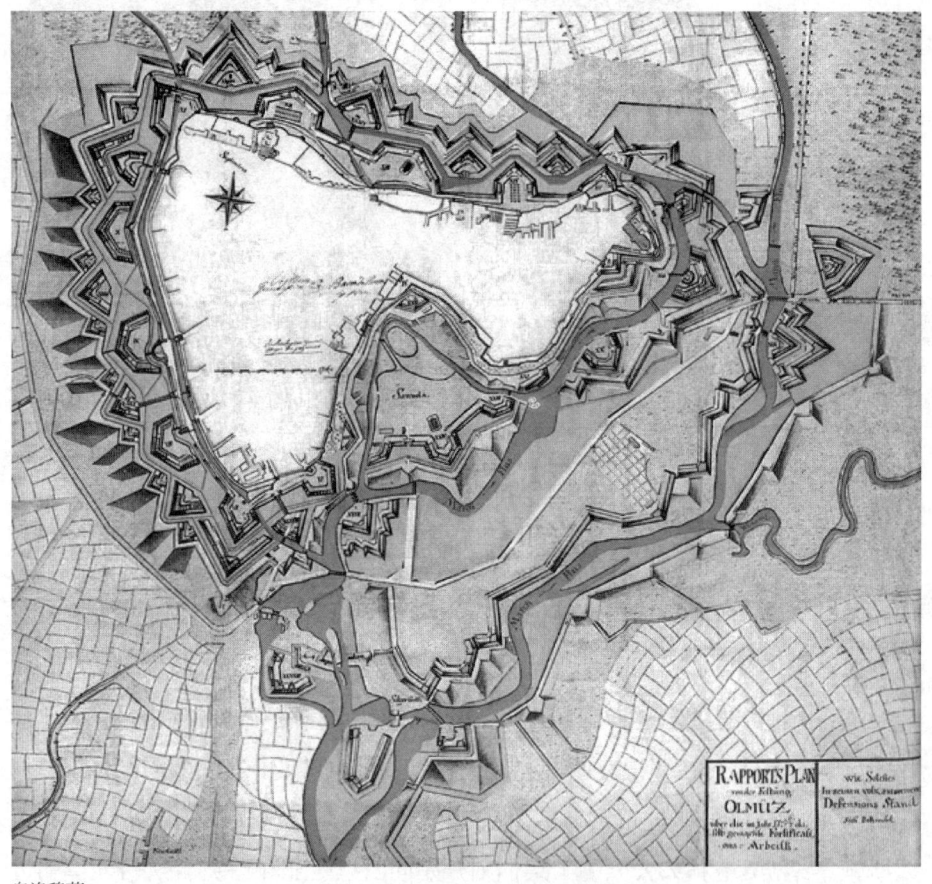

奥洛穆茨

---

① 轻骑兵是骑兵的一种,起源于15世纪和16世纪欧洲中部。从历史上看,这个词起源于中世纪晚期匈牙利王国的骑兵。这些骑兵主要由塞尔维亚王国人组成。
② 奥洛穆茨是捷克东部城市,坐落在摩拉瓦河河畔,在17世纪之前一直是摩拉维亚的首都。

偿其他对巴伐利亚公国遗产提出继承主张的人的损失,并且承认腓特烈大帝对安斯巴赫①公国和拜罗伊特②公国的继承权。1778年4月14日,约瑟夫二世的这封信到了腓特烈大帝的手里。此时的腓特烈大帝身处肖恩瓦尔德③的营地,而他前后左右的人已经从大臣变成军官。腓特烈大帝"以一名老兵"的身份对信的内容做了简短回复。腓特烈大帝在信中表示,虽然他并没有任何开战的意愿,但要他接受奥地利大公国的谈判条件则不可能。此外,他继承安斯巴赫和拜罗伊特一事与巴伐利亚公国和奥地利大公国都没有任何关系。腓特烈大帝还挖苦地补充道:"我们对这块土地拥有毋庸置疑的权利,这一权利不容任何人挑战。"如果腓特烈大帝接受了《巴伐利亚公国瓜分条约》,那就相当于承认约瑟夫二世对整个神圣罗马帝国帝国拥有"施加绝对专制统治的权利",但腓特烈大帝已经下定决心必须要捍卫神圣罗马帝国的法律和自由。1778年4月18日,约瑟夫二世巧妙地回应腓特烈大帝,称《巴伐利亚公国瓜分条约》背后的初衷是友好的。当初设计这份条约时,他并未将自己放在皇帝的位置上考虑问题,而是以波希米亚选帝侯和奥地利大公国大公的身份对事情做了这样一番安排。这种发生在皇室成员私人之间的争论实在有失体面。因此,在彼此交换了三封信之后,双方的全权代表代替他们的君主开始了谈判。我们没有必要纠结谈判的细节,因为约瑟夫二世与腓特烈大帝似乎都没对谈判成功抱有希望。代表们似乎也都心照不宣。这些谈判代表明白,在时机成熟之前,他们的任务就是欺骗对手和拖延时间。普鲁士王国的亨利亲王在尽可能地劝腓特烈大帝,而玛丽亚·特蕾莎痛苦不安的样子也对约瑟夫二世起了点儿作用,这才将眼前的局势拖延了两个月。开战前的这两个月确实出现过一线希望。当时,考尼茨·里特贝格公爵文策尔·安东盼望着,如果腓特烈大帝愿意承认奥地利大公国对下巴伐利亚的权利,那腓特烈大帝也就应该愿意用安斯巴赫和拜罗伊特换取卢萨蒂亚④。然而,腓特烈大帝一直保持着冷静的头脑。他是一位足够老练的政治家,知道万万不

---

① 安斯巴赫,历史地名,神圣罗马帝国公国。
② 拜罗伊特,历史地名,神圣罗马帝国公国。
③ 肖恩瓦尔德,位于今德国萨克森–安哈尔特斯坦达尔地区的一个村庄。
④ 卢萨蒂亚,欧洲中部的一个地区,位于今德国萨克森州和勃兰登堡州及波兰西部。

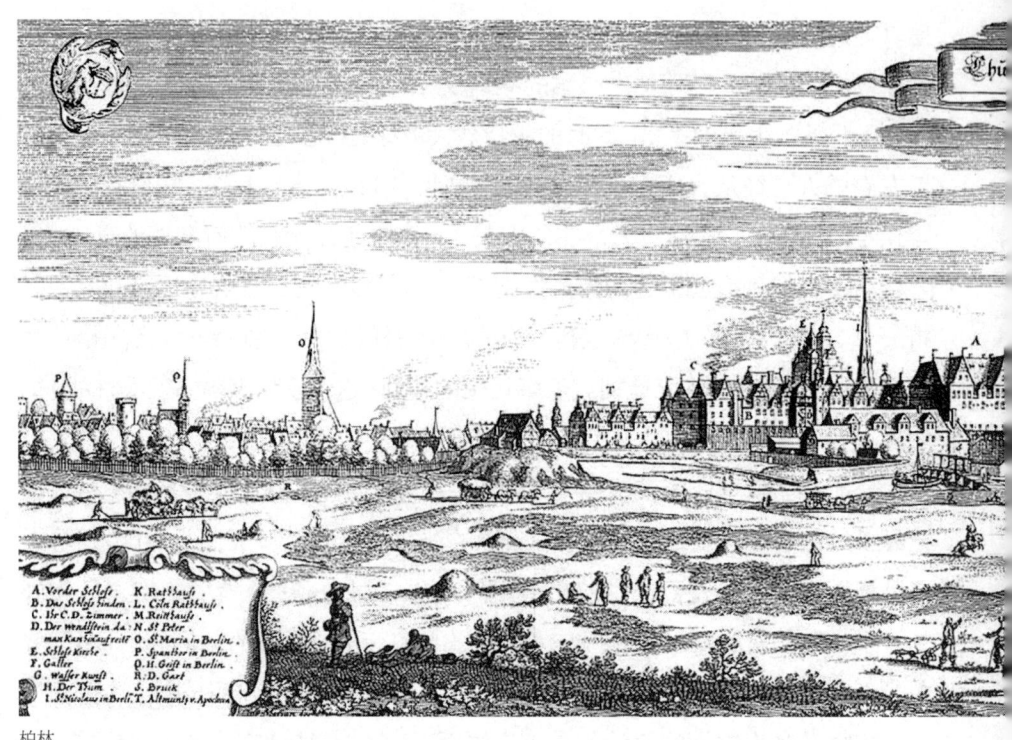

柏林

能破坏不久前建立起来的个人形象——法律和道德的守护人。于是，腓特烈大帝开始就考尼茨·里特贝格公爵文策尔·安东提出的条件进行协商。他明确表示，只要弗雷德里克·奥古斯特一世同意，他就愿意按照奥地利大公国的计划行事。但埃瓦尔德·弗里德里希·冯·赫茨伯格很快告诉腓特烈大帝这是不可能的。因此，考尼茨·里特贝格公爵文策尔·安东的计划落空了。普鲁士王国和奥地利大公国和解的希望也于1778年5月24日彻底破灭了。

　　1778年5月月底，身处柏林、维也纳、德累斯顿和慕尼黑的大不列颠王国观察员们得出结论，和平已经没有指望了。然而，人们为了避免战争已经做了这么久的努力。这些努力似乎也一直都颇有成效。这就使整个六月仍然残存着一丝希望。到了1778年6月22日，约瑟夫二世还写信给考尼茨·里特贝格公爵文策尔·安东，告诉对方说他们或许还能再拖一段时间。然而，这时再进行谈判已经不可能了。因为，从约瑟夫二世给腓特烈大帝写去第一封信开始，腓特烈大帝就

一直坚持他在回信中所声明的立场,并且直到此刻都没有动摇过。1778年6月27日,腓特烈大帝在肖恩瓦尔德军营里接到了考尼茨·里特贝格公爵文策尔·安东的信。读完这封信后,腓特烈大帝最终决定诉诸武力。同一天,博学多识却过分谨慎的埃瓦尔德·弗里德里希·冯·赫茨伯格又给腓特烈大帝寄去一份方案,并建议他可以在某些文件及家族的宗谱关系上找一些漏洞。他恳求腓特烈大帝在"破釜沉舟"之前,一定要仔细看看这个方案。虽然骰子已经掷下,但这位年迈的国王对这位"胆怯又害羞的政治家"并未心存怜悯。腓特烈大帝这样回复埃瓦尔德·弗里德里希·冯·赫茨伯格:"带着你们丢人的计划走开吧……你们眼里的巴伐利亚公国选帝侯在我眼里什么都不是。"①于是,在发表了这么一番极

---

① A.安泽:《普鲁士王国和奥地利大公国的谈判,埃瓦尔德·弗里德里希·冯·赫茨伯格部分》,美因河畔法兰克福,第141页。很可能就是因为这件事才有了黑塞的查尔斯对埃瓦尔德·弗里德里希·冯·赫茨伯格的评价:"埃瓦尔德·弗里德里希·冯·赫茨伯格像一个学者,更适合搞研究而不是搞政治。"——原注

具个人特色的声明之后，腓特烈大帝正式向奥地利大公国宣战。1778年7月5日，腓特烈大帝带兵越过了奥地利大公国的边境线。腓特烈大帝再次踏上波希米亚领土的消息使普鲁士人和奥地利大公国人都激动起来。但这两种激动却不太一样，前者是因为骄傲，后者则源于恐惧。这场战役最终取得的成果并不足以与它在历史上的名声相匹配。然而，关于这场战役，确实有两件事是值得纪念的。第一，这是伟大的腓特烈大帝指挥的最后一场战役。第二，这是约瑟夫二世指挥的第一场战役。约瑟夫二世也是最后一位亲自指挥军队作战的神圣罗马帝国皇帝。在他之后，神圣罗马帝国皇帝就不再亲自指挥军队作战了。

第 5 章

李子和马铃薯战争

在胜利的黄金时刻，
死神将血腥的桂冠戴上了他的头颅。

——歌德

　　战争开始了。玛丽亚·特蕾莎内心很悲伤，因为她将三个儿子送上了前线。但实际上，奥地利大公国的前景并没有包括玛丽亚·特蕾莎在内的很多人想象的那样惨淡。普鲁士王国确实得到了萨克森选帝侯国的援助，尽管如此，奥地利大公国的军事资源仍然与普鲁士王国不相上下。在关乎军事器械、交通运输、军需供给和军事操练四个方面的问题上，约瑟夫二世投入了大量的精力，弗朗茨·莫里茨·冯·拉西也极好地发挥了他的组织能力。因此，这两个人在奥地利大公国军队中发动了一场真正的革命。在之前的七年战争中，我们已经注意到奥地利大公国军队开始更多地将目光投向技术层面的问题上来。他们开始有意识地运用各种军事策略来帮助奥地利大公国在战场上取得胜利。在1763年到1778年的这段时间里，奥地利大公国更是将这种科学作战的精神发扬光大。奥地利大公国各方面都在进行或大或小的改革，到处都是变化，到处都是进步。用来饲养战马的马场建造起来了；士兵的孩子有了上学的地方；新设立的医院专门用于满足伤残者与退伍军人的需要；军事学院的设立则可以起到培训青年军官的作用。这些都是新一轮的改革者[①]采取的各种措施。军队的训练和演习从未间断。防御阵地得到了改建和重修。军火库建造起来了。大量的粮食和弹药已经

---

① 新一轮的改革者，即以主张开明专制的约瑟夫二世为首的奥地利大公国政府部门。

备齐。与此同时，约瑟夫二世的身影几乎出现在国家的每个地方。他不辞劳苦地视察营房，时不时地慰问边远地区的卫戍部队，竭力为每一寸土地注入他的激情和能量。这些改革举措无疑也存在缺陷。有些改革措施实施得太匆忙，有些本就考虑不周，还有一些则彻底失败。导致一些改革举措失败的罪魁祸首是长期潜伏在奥地利大公国官僚体系中的腐败因子，以及奥地利大公国贵族阶层中盛行的裙带关系。当时，战争的指挥大权几乎全部落到了贵族手中。对于这些人来讲，战争就像是一种上等的体育运动。士兵们在战场上流的血就是他们拿来上交给国家的赋税。最糟糕的是，即使是约瑟夫二世，也不敢剥夺这种特权。然而，同样是在这种背景下，像恩斯特·吉迪恩·冯·劳东这样出色的士兵还是得以荣升显耀的职位，而利涅家族①也锤炼出了高超的作战技巧。从这个角度来讲，这种贵族掌握军权的形式也没有刚开始看上去那样糟糕。此时的奥地利大公国终于成立了第一个组织有序的总参谋部。这个总参谋部即将在接下来的战事中发挥巨大的作用。在级别稍低一些的军区里，有不少出色的奥地利大公国老兵。虽然他们的训练可能赶不上普鲁士王国军人那样严苛，但也正因如此，军人应该具备的那种主动精神及作为一名军人所需要的才智统统在这些人身上得到了保护。腓特烈大帝的老将领们都已经牺牲，而新一批的将领们则和其他普鲁士王国士兵一样受到了极其严苛的训练。这样做的结果就是，这些将领们的行为举止都呈现出机械化的特点，举手投足间散发着精准而死板的气息。这个错误一开始就伴随着腓特烈大帝，而现在，它更是几乎发展成了一种狂热。在这种情形下，奥地利大公国军官们的那种更强大的独立意识不见得就不能和普鲁士王国军官们更加出色的专业技能分庭抗礼。

当时，奥地利大公国军队的精神面貌、组织形式及训练水平比七年战争中的任何一个时期都要出色。然而，这支军队仍然存在一个严重的瑕疵——这支军队虽然整体上是一支专业化的大部队，但部队本身由各方士兵混合而成，其中仅语言就流通着好几种。举个例子，虽然正规军是按照通常形式组织训练

---

① 利涅家族是比利时最古老的贵族家族之一，可以追溯到11世纪。家族的名字来自它的发源地阿特和图尔奈之间的一个村庄。

的，但仍有人另辟蹊径非要按照他们的意愿来组建军队。譬如，匈牙利王国的贵族投票决定他们要自掏腰包建立一支被他们称作"起义军"的军队。当时的匈牙利王国并没有征兵系统，绝大多数军队仍由民兵组成，并由世袭指挥官统领。这些民兵勇敢归勇敢，但一到与别人配合作战时就出现问题了。就像查尔斯·爱德华·斯图亚特①在高地上的首长们无法和那群法兰西王国的军官很好地配合一样，马扎尔的这批封建制度下的领导人也很难和来自维也纳的那些神圣罗马帝国的军官融洽相处。于是，作为罗伯特·默里·基斯"所见过的最吃苦耐劳也最积极活跃的士兵们"，英勇的克罗地亚王国非正规军再次遇到了同样的

查尔斯·爱德华·斯图亚特

---

① 查尔斯·爱德华·斯图亚特（Charles Edward Stuart，1720—1788），詹姆斯二世的孙子。

难题，他们像红种印第安人一样无法和普通军队融合在一起。虽然弗朗茨·莫里茨·冯·拉西付出了很多努力，但奥地利大公国军队中的个别部分仍然摆脱不了封建领主的习气，从而显得和奥地利大公国的大部队格格不入。将普鲁士王国军队和萨克森选帝侯国军队整合到一起并非易事，而要做好奥地利大公国军队内部的组织工作则更是难上加难。然而，从好的方面来看，奥地利大公国军队各方面的配备都很齐全，士兵们的训练也不曾松懈，因此奥地利大公国军队与普鲁士王国军队相比并不存在致命缺陷。如果有一个敢想敢干的指挥官来统领这支奥地利大公国军队，那这支军队说不定还真能干出不错的成绩。毕竟，这支军队是萨伏伊的尤金①时代到查理大公②时代期间唯一一支未曾在战争中遭受毁灭性失败的奥地利大公国军队了。

萨伏伊的尤金

查理大公

① 萨伏伊的尤金（Eugene of Savoy, 1663—1736），神圣罗马帝国将领、政治家，奥地利大公国大公，欧洲现代史上最成功的军事指挥官之一。
② 查理大公（Archduke Charles, 1771—1847），泰申公爵，奥地利大公国陆军元帅，被视为拿破仑最强大的对手之一。

拿破仑·波拿巴

腓特烈大帝和他的弟弟亨利亲王将分别从两面夹击波希米亚。弗朗茨·莫里茨·冯·拉西和约瑟夫二世将和腓特烈大帝交锋。恩斯特·吉迪恩·冯·劳东则将指挥部队抗击亨利亲王的军队。在七年战争中,亨利亲王名声大噪。1759年,在腓特烈大帝命运最悲惨的时候,正是亨利亲王使出高明的手段帮助腓特烈大帝重新找回了信心。从某种程度来讲,亨利亲王的举动拯救了普鲁士王国。即使是吝啬赞美之词的腓特烈大帝,也曾经指着亨利亲王对将军们说道:"这是我们中间唯一一位永远不会犯错的人。"拿破仑·波拿巴在军事方面的见解比腓特烈大帝更加深刻。在拿破仑·波拿巴看来,亨利亲王偶尔也要庆幸对手没有发现他的疏漏之处,这种疏漏在1759年体现得尤其明显。然而,我们仍然不能否认"这位完美无缺的将军"[1]是一位优秀的军人。他声名显赫又经验丰富,并且

---

[1] 腓特烈大帝对亨利亲王的评价。

具有高超的专业技能。曾经在七年战争中率领普鲁士王国大军打过胜仗的普鲁士王国上将中除了腓特烈大帝就只有亨利亲王了。在危急时刻,亨利亲王表现得比别人都更加思路清晰和头脑冷静。亨利亲王还是当时所有上将中唯一敢于违抗腓特烈大帝意志的人。他不会为了王室的一声令下就牺牲掉他的军队,也不愿丢掉独立思考的能力成为一部执行命令的机器。亨利亲王的缺点恐怕就在于他在各个方面都平衡得太好,以及他有些过于抬高对手,以为对方和他一样总能做出非常精准的判断。这就要提到恩斯特·吉迪恩·冯·劳东这个人了。恩斯特·吉迪恩·冯·劳东并非那种凭借卑劣手段取胜的小人,与一般将领不同的是,此人的才能带有一种令人无法预料的特征。你不知道他何时会一鸣惊人,何时又会发挥失常。在七年战争中的所有奥地利大公国将领中,唯独恩斯特·吉迪恩·冯·劳东显示出一种大胆向前的主动精神。他手下的部队也在这种精神的熏陶下变得更加具有锐气和斗志。就连腓特烈大帝也对恩斯特·吉迪恩·冯·劳东的这种军事才能表示赞赏。在状态最好的情况下,譬如当年在库勒斯道夫①,恩斯特·吉迪恩·冯·劳东甚至知道如何击败腓特烈大帝。而在发挥最失常时,他却连亨利亲王都抵挡不住。

入侵西里西亚这一军事行动并不会产生什么实质性的结果。腓特烈大帝并不急着再拿一个成功的例子来增加他已经无限显赫的声名,过早的胜利或许反而会减损他的声名。此外,这位伟大的普鲁士王国国王已经六十六岁。战争的艰难困苦加上治国的繁忙劳累使腓特烈大帝提前衰老了。他忍受着痛风的折磨,几乎连马背都爬不上去。昔日的老友们见到腓特烈大帝时都被他这副衰老的模样震惊。他的脸上遍布皱纹,头发也花白了,只有那双熟悉的眼睛仍然闪现出旧日的能量与激情。再来看奥地利大公国这一边,依照弗朗茨·莫里茨·冯·拉西的性格,他不会建议约瑟夫二世为这场战争赌上一切,毕竟他们的对手是所向无敌的腓特烈大帝。约瑟夫二世一直重视弗朗茨·莫里茨·冯·拉西的意见。弗朗茨·莫里茨·冯·拉西具备卓越的管理和组织才能,擅长制定详细的计划,然后再一点一点地将这些计划付诸实践。有了这些优点的帮助,弗朗茨·莫里

---

① 库勒斯道夫,波兰西部的一个村庄,靠近奥得河和德国边境。

茨·冯·拉西在总司令和总参谋长的位子上驾轻就熟。但这也从侧面反映出他的一个缺点,那就是缺少随机应变的灵活性。他不够机敏,既很难迅速做出预判,也不具备战场上的指挥官所需要的那种当机立断的能力。相反,弗朗茨·莫里茨·冯·拉西所缺少的一些优点在约瑟夫二世身上却得到了体现,譬如独一无二的人格魅力和某些主动且迅速的特质及任何人都动摇不了的坚定信念。然而,约瑟夫二世缺少实战经验,同时又忙着关心农民和士兵的生活,因此并没有多少心思去对弗朗茨·莫里茨·冯·拉西进行思想上的鞭策。而弗朗茨·莫里茨·冯·拉西的想法也很单纯,他一心想要避免大规模的战争,因为他是在利奥波德·约瑟夫·冯·道恩①的教导下长大的。那种奥地利学派②的思想对他产生了

利奥波德·约瑟夫·冯·道恩

---

① 利奥波德·约瑟夫·冯·道恩(Leopold Joseph von Daun, 1705—1766),奥地利大公国陆军元帅。
② 奥地利学派是作者自创的一个词。作者在本书的附录中对此有更加详细的解释。

极大的影响。后来,查理大公还成了这一思想的首要鼓吹者。奥地利学派坚持认为,人们在战争中的终极目标就是守卫要塞并运用军事策略互相对抗,然后争夺对他们有利的土地。而更加现代化且态度更加果决的战略学说则认为,战争的真正目的就是摧毁战场上的对手。后者无论是和弗朗茨·莫里茨·冯·拉西所受军事训练的出发点还是和他所秉持的信念都格格不入,而约瑟夫二世则因为一些政治原因同样也不接受这一观点。

腓特烈大帝至今都如一位忠实的信徒一般奉行着一种非常独特的军事准则,甚至可以说他就是这一准则的制定者。继他之后,拿破仑·波拿巴更是将这一准则发扬光大了。在七年战争中,腓特烈大帝身体力行,为我们揭示出种种真理。他告诉我们,主动向前迈出勇敢的一步就意味着抢占了先机。躲避攻击的最好方法不是向后撤退,而是向前出击。此外,彻底摧毁敌人比暂时守住一个阵地更加重要,即使前者比后者需要我们付出更大的代价。对于在数量上超出己方的对手,大胆进攻就是最好的防守。这一直是腓特烈大帝最推崇的座右铭之一。此时,腓特烈大帝所掌控的武装力量几乎已经和奥地利大公国持平。这种情况是普鲁士王国以往都很少出现的。这样的话,此时的腓特烈大帝还会坚持他的座右铭吗?如果答案是否定的,那目前的战争就会陷入僵局。而西里西亚也就不会发生任何值得书写的战斗了。

无论是将领还是部下,战事双方的水平都基本相当,用来作战的天然环境也没有给任何一方多少便宜可占。波希米亚是一个四面环山的要塞,其中东边和南边容易受到攻击。西边的萨克森选帝侯国和北边的西里西亚两地边境的地表覆盖着崎岖的岩石和茂密的森林,为军队形成了天然屏障。然而,恰恰也是这两个方向被公认为"容易下手"的地方。抛开现代学者写的论文,只要回顾一下中世纪的历史,这个矛盾很容易就可以得到解释。中世纪的强盗贵族[①]有着独到的眼光,将城堡修在难以企及的悬崖峭壁上,以便突袭毫无戒备的对手和偶然路过的商人。这些强盗贵族为自己修建起一道道闸门。这样一来,无论是商

---

① 强盗贵族指中世纪的一些经常对流经他们领地的河流或领地上的道路收取高额费用的封建领主,收费对象是过路的平民。这种行为并没有得到统治者的授权,却受到法律的保护。因此,这些人被称作"强盗贵族"。

科尼斯坦

贾的涓涓细流，还是战争的滔滔洪水，就都被拦到了他们的脚下。当然，要过去也不是不行——拿出买路钱就可以。像这样的闸门，在波希米亚的群山中共有三座。其中两座都在萨克森选帝侯国，分别位于科尼斯坦-里连斯坦[①]和托伦斯坦[②]，还有一座在西里西亚的纳霍德[③]。三座闸门分别由三座中世纪的城堡守军把守。从德累斯顿南部而来，沿易北河[④]有一条路，路上坐落着科尼斯坦城堡和里连斯坦城堡——悬崖峭壁上面对面的两座建筑。从卢萨蒂亚南部到伦布尔克[⑤]的第二条路由富有浪漫气息的托伦斯坦城堡主楼守护。第三条路南起西里西亚，一直穿过格拉茨，通往纳霍德城堡。目前，这些一度作为收费站的城堡

---

① 科尼斯坦位于皮尔纳和捷克边境之间，在比拉河与易北河的交汇处。利连斯坦山位于易北河东边。
② 托伦斯坦是捷克北部的一个小镇，地处捷克边境。
③ 纳霍德是捷克的一个小镇，位于梅图耶河河谷之中。
④ 易北河是中欧主要河流之一，发源于捷克北部，穿越波希米亚汇入北海。
⑤ 伦布尔克是捷克北部靠近边境的一个小镇。

齐陶

已经摇身一变，成了三个哨所。在18世纪，要想守住自己的城堡，就需要想办法将这座城堡的功能开发到极致。这是一条亘古不变的战术原则，并且放之四海而皆准。

了解以上情况之后，有关进攻和防守的问题也就变得清楚起来。众所周知，腓特烈大帝准备指挥西里西亚的军队，亨利亲王则将领导萨克森选帝侯国的军队。两支惊人的部队各自拥有八万人的兵力。① 奥地利大公国计划集中兵力将军队收拢在尽可能小的范围内，以便能随时从两边的任何一边攻打侵略者。整个奥地利大公国大军约由十九万人组成。这些人将排成一个三角形。三角形的底边位于尼米斯②和亚罗梅日③，顶端位于齐陶④。萨克森选帝侯国军队

---

① 截至1778年1月，具体的数目如下：腓特烈大帝，八万人，四百三十三支枪。约瑟夫二世，十二万八千人，四百二十三支枪；亨利亲王，八万人，四百三十三支枪。恩斯特·吉迪恩·冯·劳东（之后得到了增援），七万人，二百五十二支枪。——原注
② 尼米斯，捷克北部小镇。
③ 亚罗梅，捷克境内赫拉德茨克拉洛韦的一个小镇。该镇位于乌帕河、梅图耶河和易北河三条河流的交汇处。
④ 齐陶，位于今捷克、德国和波兰交界处。

的左翼在尼米斯集结，由恩斯特·吉迪恩·冯·劳东指挥。中翼在伊钦①集结，由弗朗茨·莫里茨·冯·拉西指挥。右翼在亚罗梅日集结，由卡尔·约瑟夫·哈蒂克·冯·福塔克②指挥。左、中、右三翼加起来的整个大军全部归约瑟夫二世统领。在这样的安排下，三军之间都只隔了三到四个行军里程的距离。这样一来，无论哪个部位受到威胁，周围的军队都能随时赶来提供支援。只要奥地利大公国的部队在整体上保持完整，不给敌人留出缺口，亨利亲王就无法突破尼米斯

卡尔·约瑟夫·哈蒂克·冯·福塔克

① 伊钦，捷克境内赫拉德茨克拉洛韦的一个小镇。
② 卡尔·约瑟夫·哈蒂克·冯·福塔克（Karl Joseph Hadik von Futak, 1756—1800），奥地利大公国军队指挥官。

布拉格

挺进布拉格。腓特烈大帝同样也不能越过亚罗梅日到达赫拉德茨克拉洛韦①。真正有危险的是西里西亚。腓特烈大帝肯定会从纳霍德切入波希米亚,再次施展他飞快行军和先发制人的本领。人们对此早已见惯不怪了。提起这个,据报道,约瑟夫二世曾经说过:"一到作战问题上,腓特烈大帝的动作总是最快的,然而,他也别想着我会有麻痹大意的时候。"②在纳霍德后方,由阿尔瑙③一直延伸到亚罗梅日的战线一律被约瑟夫二世仔仔细细地设置了防守,用来抵御普鲁士王国军队的攻击。这里是危险的地方,也是最容易出事的地方,约瑟夫二世这样认为。1778年7月5日,腓特烈大帝越过纳霍德边境。阿尔瑙和亚罗梅日边境线上迅速布满了守军。奥地利大公国大军的中翼和右翼立刻由弗朗茨·莫里

---

① 赫拉德茨克拉洛韦,易北河上游的一座捷克城市。
② 卡洛纳:《约瑟夫二世的人生笔记》,大英博物馆,第27号增补手稿、第487号增补手稿。——原注
③ 阿尔瑙,捷克北部的一个城镇。

茨·冯·拉西和约瑟夫二世集结完毕。左翼交给恩斯特·吉迪恩·冯·劳东指挥,因为恩斯特·吉迪恩·冯·劳东可能将要迎头抗击亨利亲王。这样一来,奥地利大公国只剩下两支军队了。约瑟夫二世正在带领东边的军队与腓特烈大帝争夺纳霍德关卡,恩斯特·吉迪恩·冯·劳东则将带领西边的军队和亨利亲王抢夺托伦斯坦的山脉关口及奥西希①的河流闸口。

这种安排会导致一个后果——读者接下来就会看到为什么会出现这样的后果,那就是恩斯特·吉迪恩·冯·劳东即将面临险境。事实上,在战争的前六个星期里,恩斯特·吉迪恩·冯·劳东的军队占尽先机。1778年7月5日,恩斯特·吉迪恩·冯·劳东带领他的主力军到达尼米斯。和对方作战时,一个令人感到惊艳的灵感从恩斯特·吉迪恩·冯·劳东的头脑中迸发出来。恩斯特·吉迪恩·冯·劳东知道,腓特烈大帝现在所处的位置跟亚罗梅日及约瑟夫二世所在的位置之

---

① 奥西希是捷克城市,也是其同名地区的首府。位于比利纳河和易北河交汇处。

间都隔了两到三个行军里程。恩斯特·吉迪恩·冯·劳东还知道,亨利亲王的军队此时正驻扎在德累斯顿。而从德累斯顿赶到他所在的位置则需要足足十天的行军里程。于是,在向西行进之前,恩斯特·吉迪恩·冯·劳东想出了一个妙计。1778年7月7日,恩斯特·吉迪恩·冯·劳东从尼米斯给约瑟夫二世写信。他在信中指出,奥地利大公国军队仍然拥有内线优势。并且和零散的普鲁士军队相比,奥地利大公国各支军队之间离得更近,因而能够更快速地行军。而亨利亲王的军队则必然是行动迟缓的。并且据可靠消息,直到约1778年7月15日之前,恩斯特·吉迪恩·冯·劳东和他带领的军队都是安全的。因此,恩斯特·吉迪恩·冯·劳东开始琢磨他或许能从这个区间中获利。也就是说,他打算带一支联合的武装力量——西边和东边的军队前去攻打腓特烈大帝。除非腓特烈大帝所处的位置实在无懈可击,否则恩斯特·吉迪恩·冯·劳东的胜算是非常大的。恩斯特·吉迪恩·冯·劳东认为,两支军队在四天内便能集结完毕。他将带领约四万两千人前往阿尔瑙与当地的军队会合。会合之后的军队人数加起来一共将达到五万五千人。这样一支大军将一举击败腓特烈大帝的军队右翼。与此同时,约瑟夫二世可以带领七万两千人进攻普鲁士王国军队的左翼和中翼。腓特烈大帝手下由八万人组成的军队将在兵力达十二万人的奥地利大公国军队面前败下阵来,并将遭到两支奥地利大公国军队的无情碾压。这是一个很出色的计划,跟梅陶罗河①战役和布伦海姆②战役的战略计划极其相似,只在规模上比这两者要小。按照恩斯特·吉迪恩·冯·劳东的计划,一支骨干力量将脱离大部队,直接攻打还没有准备好采取攻势的第一批对手。随后,两支队伍将会合到一起,彻底歼灭第二批对手。如果恩斯特·吉迪恩·冯·劳东真的曾将此举付诸行动,那么整个情况可能会和布伦海姆战役更加相像。包括前往对方边境与之交战的作战策略和一天之内征服一个公国的作战效率,以及为了赢得胜利而不惜牺牲好不容易赢来的久远名声的这种做法。然而,约瑟夫二世和弗朗茨·莫里茨·冯·拉西是不会接受这个计划的。跟腓特烈大帝这种人打交道,必须慎之又慎。恩斯

---

① 梅陶罗河,意大利中部马尔凯地区的一条河流,发源于亚平宁山脉。
② 布伦海姆,位于今德国南部巴伐利亚地区的一个自治市,由几个村庄组成。它在奥格斯堡以北,多瑙河的左岸。

里连斯坦

特·吉迪恩·冯·劳东的这个计划实在太草率了。因此，约瑟夫二世很小心地回绝了他的提议。颇具洞见的绝妙灵感闪过之后，恩斯特·吉迪恩·冯·劳东只好将注意力转向防御工作。而我们接下来就会看到，他在这方面实在是才智平平。

在保卫波希米亚这件事上，恩斯特·吉迪恩·冯·劳东被分配到最艰巨的任务。首先，他需要把守两处要塞，而约瑟夫二世仅需把守一处。其次，科尼斯坦和里连斯坦这两处险峻的地方此时并不在恩斯特·吉迪恩·冯·劳东的手里，所以他不得不借助奥西希作为哨所来随时留意对方的动向，一旦对方有沿易北河向上推进的意思，他就得赶去击退他们。此外，恩斯特·吉迪恩·冯·劳东需要防守的范围比约瑟夫二世的要大得多，而要想保住两处要塞，恩斯特·吉迪恩·冯·劳东就不得不考虑到从奥西希一直延伸至齐陶的一整片长条状地带。齐陶是一片遍布山丘与森林的区域，侦察活动在这里变得格外艰难。这就给对方提供了机会，使他们能够在高耸的山体背后悄悄行动，在恩斯特·吉迪恩·冯·劳东察觉到他们的意图之前猛然出击，并以压倒性的兵力杀进奥西希或托伦斯坦的要塞，进而彻底突破恩斯特·吉迪恩·冯·劳东的防守。对于恩斯特·吉迪恩·冯·劳东来说，最明智的做法就是在希尔施贝格①集中兵力并牢牢守住奥西希，再派一个人数足够的分遣队前去保卫托伦斯坦。集结在希尔施贝格的兵力能够对恩斯特·吉迪恩·冯·劳东的军事部署起到掩护作用，进而阻止亨利亲王看透恩斯特·吉迪恩·冯·劳东的真正意图。这样一来，恩斯特·吉迪恩·冯·劳东就可以一并堵上两个关卡的入口。恩斯特·吉迪恩·冯·劳东推测亨利亲王可能会沿着易北河向前推进，因为这是一条最易行军的路线。因此，恩斯特·吉迪恩·冯·劳东只在托伦斯坦部署了少量散兵。这一步棋走得如何，我们接下来就将见到分晓。但不得不说的是，一个天才般的想法虽然有可能斗败亨利亲王，但如果在执行这一想法的过程中出现了疏漏，亨利亲王也不是容易蒙骗得过去的。

亨利亲王带领萨克森选帝侯国和普鲁士王国军队撤出了德累斯顿，然后又朝几个不同的方向做出佯攻的架势，对迪波尔迪斯瓦尔德②尤其如此，目的是误导恩斯特·吉迪恩·冯·劳东。1778年7月28日，亨利亲王通过皮尔纳③上方的三座桥穿过了易北河左岸。凭借聪明才智，亨利亲王成功迷惑了恩斯特·吉迪恩·冯·劳东。恩斯特·吉迪恩·冯·劳东误以为亨利亲王的军队要同时沿易北河两边向下进攻，便开始在布莱斯韦德尔④集结军队。恩斯特·吉迪恩·冯·劳东之所以选在布莱斯韦德尔集结军队，是因为这里的城镇能够便于他的军队驻守在河流两岸。现在，就让我们暂时离开恩斯特·吉迪恩·冯·劳东，怀着焦急的心情期待接下来会发生什么吧。

亨利亲王并没有率军沿易北河向下。相反，1778年7月28日，他开始沿易北河右岸的森林向上行军，直奔伦布尔克。亨利亲王计划将伦布尔克作为军事基地，以便攻夺托伦斯坦。后者是波希米亚的崇山峻岭中的唯一一个缺口。亨利

---

① 希尔施贝格，捷克的一个城镇，位于马卡湖岸边，周围是茂密的森林。
② 迪波尔迪斯瓦尔德，位于今德国萨克森州的一个小镇，距德累斯顿以南十八公里。
③ 皮尔纳，位于今德国萨克森的一个小镇，坐落在德累斯顿附近。
④ 布莱斯韦德尔，位于捷克最北端的利伯雷克地区。

迪波尔迪斯瓦尔德

亲王的计划是一个非常大胆的举动，因为这条道路上到处是雨水冲刷而成的泥浆，并不适合大规模行军。此外，一旦到达目的地，亨利亲王就没有回头路了。如果作战失败，撤退将会变得非常艰难。1778年7月30日，在伦布尔克，一些普鲁士王国骑兵和洛索尔手下的步兵突袭了一百名奥地利大公国骑兵，并将对方赶到了离镇子最近的林地里。在那里，虽然五十名奥地利大公国猎兵①赶来增援，但那些普鲁士王国骑兵又带着伦布尔克的枪支卷土重来，攻击奥地利大公国骑兵的侧翼。奥地利大公国一方再次败下阵来，被赶到足足四英里以外的格奥尔根塔尔②。而普鲁士王国骑兵就在此处露营。与此同时，伦布尔克方面已经接到普鲁士王国前卫部队的消息。于是，格奥尔根塔尔的守军在接下来的一整晚都在迎接伦布尔克派来的援军。

---

① 猎兵，法兰西军队和比利时军队中的一种轻型步兵，以速度著称，尤其擅长追击敌军。
② 格奥尔根塔尔，位于今德国的图林根尼亚州。

威廉·塞巴斯蒂安·冯·贝林

从伦布尔克到托伦斯坦的山脉间有一个裂口。裂口的一系列缓坡上到处是浓密的枞树林。穿过这片植被丛生的高原之后，步兵们就到达了托伦斯坦的入口。1778年7月31日，四列纵队集合行军。其中，威廉·塞巴斯蒂安·冯·贝林[①]带领的纵队将穿过格奥尔根塔尔，到达托伦斯坦，占领这块最关键的阵地。现在，就让我们跟随威廉·塞巴斯蒂安·冯·贝林的脚步前进。从伦布尔克到托伦斯坦的路上是开阔的丘陵地带，随处可见黄色的燕麦和绿色的庄稼，不过现在被雨

---

① 威廉·塞巴斯蒂安·冯·贝林（Wilhelm Sebastian von Belling，1719—1779），普鲁士王国轻骑兵将领。

淋得稍微有些稀疏。威廉·塞巴斯蒂安·冯·贝林的纵队零散地穿行在茂密的枞树林中，越往东边的更加开阔的原野走，队伍就变得越加分散。军队向前急行军时经过了施翁林德①。士兵们一路上都能看到山谷里低矮的棚屋。最终，这支军队抵达格奥尔根塔尔。普鲁士王国骑兵已经在此等候他们了。威廉·塞巴斯蒂安·冯·贝林抬头可以看到前方西边也就是右边有一片密不透风的森林。在这片森林中，一列普鲁士王国纵队正在疾速前进。从威廉·塞巴斯蒂安·冯·贝林的位置再往正前方不到四千米处，就是威廉·塞巴斯蒂安·冯·贝林此行的目的地。在托伦斯坦阴暗的岩石地上，一座破烂不堪的城堡主楼让威廉·塞巴斯蒂安·冯·贝林皱紧了眉头。主楼的一侧有一条路蜿蜒着伸进一片低矮的山丘中，主楼的另一侧则是坦能堡山②，山上覆盖着大片高大的冷杉。这座山犹如一位身形巨大的哨兵，守卫着眼前的峡谷。这座峡谷正是上波希米亚的关键地带。峡谷再往后仍是连绵不断的群山。厚密的枞树在群山间无限延伸，并且似乎没有尽头。大座大座昏暗的山丘不知道能藏下多少军队。恩斯特·吉迪恩·冯·劳东和他的猎兵们随时都有可能在火速赶往救援的路上。没有时间可以浪费了。威廉·塞巴斯蒂安·冯·贝林下达了前进的命令。骑兵迅速向托伦斯坦挺进。虽然骑兵在路上遇到了一些奥地利大公国人，但幸运的是，他们都被普鲁士王国骑兵赶走了。两军在托伦斯坦城堡主楼下交战。普鲁士王国骑兵对战奥地利大公国步兵。普鲁士王国的掷弹兵不断向托伦斯坦的城堡主楼靠近，没费什么力气就爬上了缓坡，接着又上到了更加陡峭的山坡上，从山顶向下俯视。又过了几分钟，普鲁士王国掷弹兵扫视山脚并噼里啪啦地放了几枪。山脚处倒下了一两个人。这算怎么回事！奥地利大公国骑兵分明赶在普鲁士王国掷弹兵前面到达了作战地点，但普鲁士骑兵已经横扫了山脚。波希米亚的关键地带就这样脱离了恩斯特·吉迪恩·冯·劳东的掌控。

1778年7月31日，两支普鲁士王国掷弹兵连队全副武装，整晚把守在托伦斯坦入口处，以防意外发生。至于奥地利大公国人，他们被普鲁士王国骑兵赶到

---

① 施翁林德，位于捷克奥西希地区的一个小镇，在托伦斯坦附近。
② 坦能堡山，位于今萨克森州。

理查德·乔基姆·海因里希·冯·莫伦多夫

了远处又深又暗的树林里。其实普鲁士王国士兵用不着这样戒备,因为就在这个对战局起决定性作用的一天,有三列普鲁士王国纵队分别在不同的位置和威廉·塞巴斯蒂安·冯·贝林的军队平行前进,以便为威廉·塞巴斯蒂安·冯·贝林和他的军队保驾护航。理查德·乔基姆·海因里希·冯·莫伦多夫①带领他的军队经过德利多富②,翻过地势稍高一些的山坡后,又从茂密的森林中穿过,一路向

---

① 理查德·乔基姆·海因里希·冯·莫伦多夫(Wichard Joachim Heinrich von Möllendorf, 1724—1816),普鲁士陆军元帅。
② 德利多富,位于今捷克北部边境的一个小镇。

西行进。据说，这一带丛林深处有鬼魂出没，丛林中还蛰伏着各种奇怪的野兽。然而，说这话的人一定没有遇到过理查德·乔基姆·海因里希·冯·莫伦多夫撞见的东西——克罗地亚非正规军。理查德·乔基姆·海因里希·冯·莫伦多夫越过三道鹿砦[1]，在丛林中一路穿行，并不时和林中的克罗地亚非正规军发生激战，好不容易才抵达迪特斯巴赫[2]另一边的空旷地带。军队在这片地带宿营了一晚。此时，他们已经领先其余三路纵队。这种三路纵队平行前进的方法非常安全。接下来的几天，亨利亲王带领主力军迅速穿过这片土地前往加贝尔[3]。一切都很顺利，普鲁士王国军队几乎没有遭受任何损失。在伦布尔克和托伦斯坦，萨克森选帝侯国和普鲁士王国军队只牺牲了四名士兵，另有十二名士兵受伤。而奥地利大公国有十七名士兵阵亡，三十二名士兵受伤或被俘。在普鲁士王国和奥地利大公国的这场战争中，损失比这次更大的战役比比皆是。然而，如果论战役的重大意义，没有哪一次能够和这回相提并论。

听到托伦斯坦告捷的消息，还在伦布尔克的亨利亲王怕是要喜上眉梢了。在亨利亲王看来，他大概已经将奥地利大公国最厉害的元帅[4]比下去了。毕竟，对方根本没有料到他会做出这样一个大胆的举动。[5]亨利亲王对他想出来的这一招感到非常得意："我们穿过了一条根本行不通的路。在此之前，没有任何一支军队走过这条路。从这一点来看，我们或许确实显得有些鲁莽了。然而，这也正是我们坚持要这么做的原因。因为恩斯特·吉迪恩·冯·劳东大概永远都不会料到我们竟会愿意做这样的尝试。这并不是说恩斯特·吉迪恩·冯·劳东不够聪明。毕竟，如果托伦斯坦当时能有两个营来把守，那么我们的军队就进不去了。"按照亨利亲王的说法，普鲁士王国似乎确实取得了一个巨大的胜利，并由此开辟了直通波希米亚腹地的道路。

---

[1] 鹿砦是一种野外防御工事，由铁丝将树枝编在一起作为地面上的障碍物，树枝尖端向外指向敌人。
[2] 迪特斯巴赫，位于今波兰。
[3] 加贝尔，位于捷克的利贝雷茨。
[4] 指恩斯特·吉迪恩·冯·劳东。
[5] 值得注意的是，1866年，普鲁士王国军队从德累斯顿出发，并没有沿易北河下行，而是顺着亨利亲王走过的路线越过了伦布尔克。——原注

在此之前，可怜的玛丽亚·特蕾莎还在兴高采烈地写信告诉在法兰西王国的玛丽·安托瓦内特"我们残暴的敌人"老迈的腓特烈大帝处在行动受限的状态已有一个月之久。"从齐陶到奥西希的那片范围内，亨利亲王对我们也构不成任何威胁。"①但目前，亨利亲王突然完成了这样一个壮举。这个消息实在出人意料。玛丽亚·特蕾莎一下子惊呆了，恩斯特·吉迪恩·冯·劳东本人也几乎呆住。于是，作为一个骑兵出身且反应能力极强的将领，恩斯特·吉迪恩·冯·劳东飞快地分析了亨利亲王接下来有可能采取的行动。亨利亲王的主力军目前大概在伦布尔克附近。如今，恩斯特·吉迪恩·冯·劳东所在的布莱斯韦德尔不堪一击。因此，恩斯特·吉迪恩·冯·劳东必须完全撤离易北河的防线，退到伊泽拉河②后方。亨利亲王谨慎地向前推进。而恩斯特·吉迪恩·冯·劳东则迅速朝后撤退。占领新阵地的过程中并没有发生太多流血事件。1778年8月2日，恩斯特·吉迪恩·冯·劳东的主力部队到达希尔施贝格。1778年8月4日，恩斯特·吉迪恩·冯·劳东带领部队渡过伊泽拉河，并在科斯莫诺西③集结完毕。亨利亲王的军队排成纵列，如敏捷的巨蟒般在树林里穿行，然后一个不漏地占领了那些之前由恩斯特·吉迪恩·冯·劳东的军队把守的位置。与此同时，亨利亲王还在盯着伊泽拉河另一边的奥地利大公国人。恩斯特·吉迪恩·冯·劳东仍然很紧张，他在巨大的焦虑中写信给约瑟夫二世，告诉约瑟夫二世他的部队比对方的兵力要少，但事实并非如此。而他还需要带领七万人去保卫约九十公里长的伊泽拉河战线。恩斯特·吉迪恩·冯·劳东向约瑟夫二世抱怨，说这是不可能做到的事，并请求约瑟夫二世要么找人接替他的职位，要么就给他增派兵力。但这次的约瑟夫二世表现得比之前都要聪明，他对当时的形势做出了准确的评估，然后以一种坚定的大将之风给恩斯特·吉迪恩·冯·劳东回信："既然你已经丢掉托伦斯坦，那么，这次需要你保卫的就是图瑙④了。守住它，你、我及整个奥地利大公国就会安然无恙。丢

---

① 1778年8月3日。阿尼斯：《玛丽亚·特蕾莎和玛丽·安托瓦内特》，维也纳，1865，第252页。——原注
② 伊泽拉河发源于波兰和捷克边境，止于波希米亚中部。
③ 科斯莫诺西位于波希米亚中部。
④ 图瑙是捷克北部吉泽拉河河畔的一个小镇。

掉它就相当于会一切优势都让给了亨利亲王。如果真是这样，亨利亲王就将和腓特烈大帝联手将你我都赶回去。这样一来，奥地利大公国就彻底完了。归根结底，你——恩斯特·吉迪恩·冯·劳东对亨利亲王带领的人数的估计并不一定准确，更何况你还有一支强大的萨克森兵团驻留在德累斯顿。我还会再派八个营过去一起帮你守住图瑙和塞米利①之间的伊泽拉河。无论付出多么惨重的代价，我们都必须要赢。"②就这样，八月的第一个星期，约瑟夫二世摆出一副坚定的姿态对灰心丧气的恩斯特·吉迪恩·冯·劳东进行了一番指点，并向恩斯特·吉迪恩·冯·劳东说明了托伦斯坦失守所带来的严重后果，以及保住图瑙的重要性。这是一个英明的举动。1778年8月11日，约瑟夫二世还前去巡视了恩斯特·吉迪恩·冯·劳东在慕尼黑城堡③的指挥部，并在那里遇到了垂头丧气的恩斯特·吉迪恩·冯·劳东。回去的时候，约瑟夫二世对全军上下提出了批评。

　　1778年8月的第二个星期，就在亨利亲王刚刚完成腓特烈大帝嘴里这场"漂亮的首秀"④之后，欧洲政治舞台上突然发生了一起外交事件。然而，相关谈判是在约瑟夫二世不知情的条件下展开的，谈判的结果也没有对军事形势造成什么影响，因此我们可以稍后再谈这个问题。1778年8月15日，腓特烈大帝终止了这个外交上的插曲。奥地利大公国和普鲁士王国都将注意力重新放到了战场上。目前，亨利亲王对伊泽拉河对岸的情况表现出了高度的警惕，这也导致对岸后方的恩斯特·吉迪恩·冯·劳东再次陷入了巨大的焦虑之中。恩斯特·吉迪恩·冯·劳东的担心几乎到了离谱的地步。而亨利亲王则表现得很平和，他为自己赢得了很大的优势，没有什么特别需要担心的地方。然而，涉及接下来的行动，亨利亲王还是表现得很谨慎，他做出佯攻布金⑤的姿态，假装要对布拉格下手，但他实际上并不打算冒任何风险。恩斯特·吉迪恩·冯·劳东又被吓坏了，再次可怜兮兮地请求约瑟夫二世提供支援，并且差一点儿就放弃了慕尼黑城堡和伊泽

---

① 塞米利是捷克波希米亚地区北部的一个小镇，临近吉泽拉河。
② 事实上，亨利亲王手下实际能够作战的士兵只有六万五千人。恩斯特·吉迪恩·冯·劳东则有七万人。见奥斯卡·克里斯特：《约瑟夫二世时期的战争》，第102页有这封信的正文。——原注
③ 慕尼黑城堡位于捷克波希米亚中部地区，是一座文艺复兴时期的城堡。
④ 指攻夺托伦斯坦。
⑤ 布金，位于捷克波吉米亚南部地区的一个村庄。

拉河。恩斯特·吉迪恩·冯·劳东确实在1778年8月29日下达过要撤退的命令。直到发现普鲁士王国军队在后退时，他才将命令撤回。亨利亲王的主要目标是做好防守，以防恩斯特·吉迪恩·冯·劳东夺回加贝尔——顺便夺回托伦斯坦。"如果没了通向卢萨蒂亚的路，我们就没法撤退了。你不可能指望每次都能安然无恙地从周边地区穿过去。"①和往常一样，亨利亲王对形势的估计是极其准确的。他已经拿军队冒了一次险，所幸取得了重大成功。但这次，他不会再冒险了。虽然在1778年8月26日到1778年8月29日这三天里，从恩斯特·吉迪恩·冯·劳东这边摆出来的架势来看，亨利亲王稍微一个动作就有可能是要过河的表现，但亨利亲王确实不会再冒风险了。他下定决心，接下来的行动都看腓特烈大帝的了。这样一来，所有利害关系就都转移到了腓特烈大帝身上。在接下来的战役中，奥地利大公国需要对付的人就是这位普鲁士王国国王了。

　　腓特烈大帝发现，他正面临一个艰难的处境。这或许也解释了为什么他连续在一个地方停留了五个星期。他抱着双臂一动不动，眼睛盯着河对面的奥地利人，欣赏着弟弟亨利亲王做出的英勇功绩，却又没有任何要效仿的意思。1778年7月5日，腓特烈大帝向前挺进，一如1866年的腓特烈三世②那样穿过了纳霍德的大门。但不同的是，此时的腓特烈大帝发现，一条外崖迎面挡住了他的去路。腓特烈大帝似乎非常震惊，没想到他这么快就遇到了阻碍。他似乎本以为奥地利大公国的军队此时应该在奥洛穆茨才对。然而，真实情况是他的行军速度太慢，并因此耽误了两天的路程。就在腓特烈大帝耽误的这两天里，奥地利大公国一方抓紧时间在普鲁士王国开展第一批侦察活动之前进一步巩固了他们的防线。"如果不是普鲁士王国军队走得太慢，阿尔瑙和霍亨尔贝③肯定就被腓特烈大帝攻占了。"④

---

① 奥斯卡·克里斯特：《约瑟夫二世时期的战争》，第97页。——原注
② 腓特烈三世（Frederick III，1831—1888），德意志帝国皇帝兼普鲁士王国国王。
③ 霍亨尔贝是捷克赫拉德茨克拉洛韦地区北部的一个小镇，坐落在易北河的上游。
④ 《政府文件——国外部分，普鲁士王国》，第102卷，柏林，1778年12月1日，休·艾利奥特致亨利·霍华德。其中提到的史实以参战的军官们所提供的信息为依据。——原注

阿尔瑙到亚罗梅日之间有一条长长的、加固了的防线。这条防线掌握在奥地利大公国军队的手里。其中，从阿尔瑙到克奥尼金霍夫①这一带的防御力量稍弱一些，而从最后一个村庄到亚罗梅日的这段距离则是一面绝顶坚固的防御屏障。易北河流到克奥尼金霍夫就非常接近源头了。河流并不宽，河道即便从近处看也不是很显眼。虽然如今已经受到工业污染，但在当时，易北河还是一条细小的银色清流，很多地方都可以涉水而过，河两岸基本上也都是低而平坦的。对于普鲁士王国军队而言，过河本身不是问题，难的是如何安全上岸。河对面约半英里处有一片长满树木的高地，这片高地从克奥尼金霍夫一直延伸到亚罗梅日，是奥地利大公国的地盘。高地上架满了大炮。要是哪个部队从这里上岸，肯定会被打成筛子。幽密的树林仿佛一面黑暗的帘子，完全掩盖了这些大炮。然而，腓特烈大帝知道，身为利奥波德·约瑟夫·冯·道恩元帅的弟子，弗朗茨·莫里茨·冯·拉西一定深谙防守的艺术。腓特烈大帝估计得没错，无论是挑选阵地还是巩固设防，弗朗茨·莫里茨·冯·拉西都是一个公认的大师，而他这次更是无所不用其极地将一切都布置得无懈可击。

> 围墙修得高而宽，壁垒坚固又伟岸。防护垒②结结实实，骑士严阵以待。

整条防线上都安置了大炮。士兵们已经挖好了战壕，在防线上的薄弱点也纷纷立起了鹿砦和木栅栏。那些有可能成为对方登陆点的区域都加设了三条沟渠，并集中安置了大炮。一条条专门铺设的道路全部与河流呈平行方向并将整个防线连在了一起。这种设计非常巧妙，因为这样一来，无论奥地利大公国的军队什么时候想要推进战线或改变位置都会很容易。无论是武器或部队，还是军需品，都能够迅速被运送到合适的地点。但普鲁士王国军队想要这么做就难上加难了，因为普鲁士王国在河对岸修的路恰好与河流互相垂直。事实上，易北河虽然流

---

① 克奥尼金霍夫是捷克赫拉德茨克拉洛韦地区易北河河谷中的一个小镇。
② 防护垒，一种放置于土堆上以抵御炮火攻击的小型防御工事，中世纪晚期到19世纪在北欧地区广泛使用。这种类型的防御工事在英国也很常见。

量很小，但比河后方的山更能起到防御作用。这条细小的河流就这样拦住了腓特烈大帝。比伊泽拉河拦亨利亲王拦得还要牢固。六个星期过去了，双方军队一直在注意着彼此的动向，中间只隔了一两公里的陆路。他们离得那么近，结果是各自的子弹和炮弹时常呼啸着掠过对方的地盘。白天，肉眼可以看到对面军营里兵器闪耀的光芒。夜晚，上百簇营火如萤火虫般在远处的高地上闪烁不灭。

　　腓特烈大帝从来都不是一个有耐心的人，但他此时偏偏又得扮演一个等待者的角色。他表现得非常不好，骂骂咧咧的。他周围人的表现也是一样。只是周围人的咒骂是无声的，而他则是有声的。他狠狠地训斥了他的军官们，并批评其中一个人搭帐篷的方式不对。他使用了好多尖刻的字眼，甚至对某位军官说道："见鬼去吧！"起因是这位军官企图用三角学代替眼睛去测量一段距离。大家都对腓特烈大帝避而远之，就怕不小心有什么冒犯之举惹怒了这位恶毒的老国

腓特烈·威廉二世

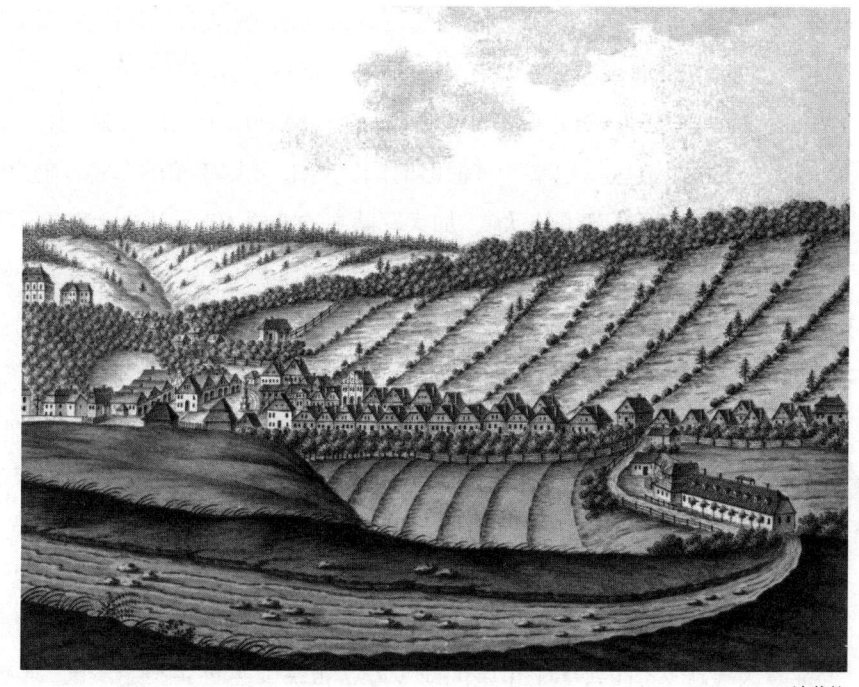

沙茨拉

王。腓特烈大帝的继承人腓特烈·威廉二世①刚好是第一次上战场,他奚落这位伟大的亲戚,并称对方为"老臭脸"。其他人纷纷对此表示赞同。然而,虽然嘴上不饶人,但腓特列大帝并没有在行动上亏待过他的下属。除了日常的军饷,他还免费给士兵分发额外的面包和肉类。每隔两个星期,士兵们还能以非常便宜的价格买到豆子,而其余各种粮食也都按照成本或和成本接近的价格出售。与此同时,腓特烈大帝还强化了军队里本就已经非常严格的铁一般的军纪。在之后的战役中,腓特烈大帝同样展示出他那雅典人的一面。在沙茨拉②的营地,他创作了一篇《悼念伏尔泰》③。当时,伏尔泰刚刚逝于巴黎。二人之前亦敌亦友

---

① 腓特烈·威廉二世(Frederick William II, 1744—1797),1758年被立为普鲁士王国王储,后继任腓特烈大帝成为普鲁士王国国王。
② 沙茨拉是捷克赫拉德茨克拉洛韦地区的一个城镇。
③ 伏尔泰去世后,许多同时代的学者、作家及其他名人纷纷为他撰写悼词。其中有些悼词流传至今。腓特烈大帝写的这篇悼词内容不详。

的关系已是世人皆知。然而,即使是这位故去的讽刺作家, 恐怕也描摹不出腓特烈大帝此时表现出的那种古怪而复杂的人格——这位伟大的统治者和一位出色的战士竟在一群资质平平的奥地利大公国将领面前无计可施。腓特烈大帝一筹莫展,只好做些其他事情来消磨时间,譬如,咒骂手下的军官,与别的国家搞秘密谈判,改善军营里的伙食,加大军队中的处罚力度,以及后来创作了一首蹩脚的法语打油诗。腓特烈大帝的不作为对他的军官和士兵们产生了非常不好的影响。对于这些人而言,这位"老弗里茨"一度是战争中勇气和敏捷的化身。但现在,"他力量中那种自信的成分减少了,整个人的激情也减弱了。要知道在一开始,正是这两种因素起到了重大作用,同时激励着整个军队团结一心向前奋进。"① 接着,腓特烈大帝和奥地利大公国在1778年8月15日的谈判破裂了。得知托伦斯坦的最新情况后,腓特烈大帝终于决定要做点什么了。毕竟,如果再不采取主动,就只能面对僵局束手无策了。只要约瑟夫二世和恩斯特·吉迪恩·冯·劳东的军队还能以图瑙和阿尔瑙为中心随意活动,奥地利大公国就仍然占据着内线优势,而普鲁士王国的两支军队也会一直处于危险之中。要想完全确保自己的安全,普鲁士王国就必须隔断这两个地方的联系。图瑙是奥地利大公国防线中最薄弱的环节,也是普鲁士王国取胜的唯一的机会。如果抓不住这个机会,那普鲁士王国就只能战败而归了。亨利亲王不愿穿过伊泽拉河攻占图瑙。这样一来,这个任务就落到了腓特烈大帝身上。事实上,腓特烈大帝一直很讨厌这种大规模更改作战路线的行动。原定的计划遭到破坏意味着有许多新的麻烦需要克服。更改作战路线是非常耗时的工作,并且会对作战造成延误。然而,除了这么做,腓特烈大帝又别无他法。此外,腓特烈大帝虽然已经决定在1778年8月15日展开行动,但已经不再有昔日的那种无与伦比的行军速度和活力。他谨慎而缓慢地向前行军,一边小心翼翼地保持着军队的优势,一边以一

---

① 《政府文件——国外部分》,普鲁士王国,第102卷,柏林,休·艾利奥特致亨利·霍华德,1778年12月1日;另见《政府文件——国外部分》,普鲁士王国,第103卷,柏林,休·艾利奥特致亨利·霍华德,1779年12月12日。休·艾利奥特的每处记述均建立在参与过这场战役的人提供的信息之上。1778年之前,休·艾利奥特对这场战役了解得并不多。另见明托夫人:《休·艾利奥特回忆录》,第164页。——原注

种谨慎负责的态度留意着手下士兵的安危。之前,腓特烈大帝身上一直带有一种高傲的自信。凭借这种自信,他取得过许多次伟大胜利,也付出过好几回重大牺牲。如今,这种高傲的自信已经从他身上消失了。

1778年8月15日,腓特烈大帝在博克施道夫①安营扎寨。此地离从前的索尔②战场不远。很久以前,腓特烈大帝曾经在这片战场上痛击奥地利大公国军队,当时的他简直是胆量和幸运的绝佳结合体。此时此刻,腓特烈大帝所处的方位或许能够带给他一些启发。1778年8月16日,腓特烈大帝准备挺进阿尔瑙。他写信告诉亨利亲王,如果行动成功,那么奥地利大公国就会被迫撤离原先的地方,进而后退到恰斯拉夫③。并且,腓特烈大帝几乎已经可以肯定,为了保护约瑟夫二世的生命安全,约瑟夫二世的军队已经被禁止实施任何作战行动——这当然是玛丽亚·特蕾莎所为。然而,腓特烈大帝的行动还是被人发现了。奥地利大公国在阿尔瑙的军队迅速得到增援。约瑟夫二世骑马赶到了阿尔瑙。眼见敌人正在加强防范,腓特烈大帝意识到,他为自己设置的任务太过艰巨了。腓特烈大帝写信告诉亨利亲王:"这里是这一带最险恶的地方。"于是,腓特烈大帝再次大费周折,指挥部队一会儿前进,一会儿后退。1778年8月27日,两军在奥尔斯④附近相会。腓特烈大帝有六万人,而约瑟夫二世则有足足七万人。于是,腓特烈大帝再一次没有开战。

经过这些事情之后,两支普鲁士王国军队只剩下一个选择。腓特烈大帝和亨利亲王都不愿意让各自的士兵冒险,再让他们的军队尝试进一步的危险行动。但如果就这么撤退的话,那对两支军队又都是一个巨大的侮辱。然而,再拖下去的话,军队里的粮食就不够吃了。疾病正在军中蔓延,消磨着军队的战斗力。在腓特烈大帝这边,病死的士兵数量和逃兵的数量加在一起已经超过一万人。1778年9月,撤退行动已成定局,亨利亲王再次带头做出了这一艰难的决

---

① 博克施道夫,位于今波兰西南部靠近边境地带的一个村庄。七年战争中的博克施道夫战役发生在此地。
② 索尔,位于今波兰西南部下西里西亚靠近边境地带的一个村庄。
③ 恰斯拉夫,位于今捷克波希米亚东部地区的一个城镇。
④ 奥尔斯,位于今波兰下西里西亚东部的一个城镇。

格斯拉夫

利托梅日采

定。一开始,腓特烈大帝建议亨利亲王退到利托梅日采①和易北河之间的地段。这样一来,亨利亲王仍然能够牵制对方的兵力。后来,腓特烈大帝又表示,亨利亲王可以直接退到齐陶。但亨利亲王还是决定采取第一个建议,带领军队从原先位置撤退到利托梅日采。用军事术语来说,这是一次异常撤退。要想这么做,亨利亲王就必须转移阵地。这样做的好处是亨利亲王可以继续消耗对方兵力,直到拖垮对方。无论从哪个方面来看,这个计划都没有太大风险,此举的反常性或许还能起到误导恩斯特·吉迪恩·冯·劳东的作用。1778年9月10日,亨利亲王的主力军开始撤退。虽然亨利亲王指挥撤退很有技巧,但普鲁士王国军队的动作仍然无法躲过某位首领的注意。此人刚毅果敢,见普鲁士王国军队要撤退,便率军前去骚扰。②撤退之路异常艰难。在狂风暴雨中,本就不好走的路现在更是流满了泥水,几乎到了无法通行的地步。马匹陷进地面,泥浆淹到了跗关节。马车的车轮也都淹在泥水里面。沿路乡村里的工人们被征用,带着绳索和拉车用的马匹,去拉那些陷进沼泽中的重炮。就连骑兵们也不得不借出他们的马,然后徒步前进。数百批马倒在路上,尸体逐渐腐烂。许多士兵都冻伤了,有的还因此失去了生命。一路风吹雨打,队伍里的马车变得破破烂烂,路上到处都是丢弃的武器。这些场景拼凑在一起,就是这次撤退行动的全貌了。到了德累斯顿,亨利亲王重新集结部队。他发现,加上从最重要的一场交火中存活下来的十六名伤员,他在这场撤退中损失了将近八千人。这个数字大约是他全军人数的八分之一。而晕头转向的恩斯特·吉迪恩·冯·劳东惊慌失措,竟然完全错过了这次机会,没能像以前那样抓住别人撤退的时机,狠狠地对敌人进行一番骚扰。

　　腓特烈大帝的撤退过程则没有这么艰难。他率军所走的路线要更短,拐的弯也更少。1778年9月8日,撤退开始了。然而,腓特烈大帝又在沙茨拉附近停了下来,要为伏尔泰创作颂歌。直到后来得知亨利亲王已经到达萨克森选帝侯国,他才重新启程。这一次,普鲁士王国军队依然撤退得很艰难,同样也遭受了重大损失。而奥地利大公国的行进动作也表现出同样的迟疑。军队后卫卷入了几场

---

① 利托梅日采是捷克北部易北河和欧杰里河交界处的一个城镇,距布拉格约六十四千米。
② 沿齐陶撤退的是萨克森选帝侯国的部队。恩斯特·吉迪恩·冯·劳东以为这是普鲁士王国的主力军,便一直跟随着他们。——原注

达戈贝尔·西格蒙德·冯·乌姆瑟尔

战斗。奥地利大公国的达戈贝尔·西格蒙德·冯·乌姆瑟尔[①]和普鲁士王国的腓特烈·威廉二世都在战斗中大显身手。然而,不顾轻骑兵军官们的恳求,在军队里一片几乎清晰可闻的低声抱怨中,约瑟夫二世严厉地下了禁令,不准奥地利大公国军队前去追击撤退中的普鲁士王国军队。毕竟普鲁士王国军队有可能是在引诱奥地利大公国军队走向一个陷阱,再说奥地利大公国军队此时所处的地理位置并不理想。要知道,正是在沙茨拉附近,腓特烈大帝曾经大败奥地利大公国军队。纵横沙场的腓特烈大帝为他赢得了惊人的名望。得意时,这种强有力的名声能够护他周全。而到了危难时刻,这种名望依然是他的保护伞。

---

① 达戈贝尔·西格蒙德·冯·乌姆瑟尔(Dagobert Sigmund von Wurmser, 1724—1797),奥地利大公国陆军元帅。

战役接近尾声时，仍有一些部队在悄声埋怨约瑟夫二世的决定。但平心而论，在约瑟夫二世的带领下，奥地利大公国的军队确实取得了不小的胜利。在这些人的努力下，当时最顶尖的两位将领①均没能带领各自的军队挺过波希米亚的冬天。后四十年②里发生的所有战争中，奥地利大公国还从来没有靠一己之力在交战第一年就将对方从奥地利大公国的领土上逼退过。然而，约瑟夫二世似乎并没有将这一举动看成多大的胜利，因为普鲁士王国占领了一部分奥地利大公国的土地，而土地上的人民正在遭受残酷的折磨。面对这番情形，约瑟夫二世几乎陷入绝望。在对土地和人力的各种征用工作上，亨利亲王与他冷酷的哥哥"毫不含糊地执行着他们的工作"。然而，在约瑟夫二世为他的农民们感到难过的同时，腓特烈大帝的军事声望同样受到了打击，这或许也算是为这些受苦受难的农民报了仇。情况是这样的，这位老国王心中冒着怒火，嘴里吐着咒骂，最后放弃了波希米亚。波希米亚的价值之于腓特烈大帝，就好比他的别墅之于一名捷克农民。然而，他就这样丢掉了这笔对他来说无比珍贵的财富。以往总是第一个冲锋陷阵并以闪电般的速度著称的腓特烈大帝，最后反倒被利奥波德·约瑟夫·冯·道恩元帅的徒弟们带进了一个死胡同。要知道，利奥波德·约瑟夫·冯·道恩之前一直是他嘲弄的对象，也是他的手下败将。全世界都处在巨大的震惊当中。阿尔瑙和亚罗梅日战线上发生的事情使整个欧洲意识到，普鲁士王国的掷弹兵也并非像人们以往所想的那样战无不胜。

　　整个冬天，双方的各种小规模冲突仍在继续。这种局面一直持续到1779年3月月初。但事实上，腓特烈大帝带军撤出波希米亚时，战争就结束了。对于这场战争，我们很难挑出一些重要的作战行动进行点评，因为双方其实都没有取得什么实质性的成果。腓特烈大帝似乎反而成了这场战争中第一个犯错误的人。他错就错在将两支军队的人数设置得一样多。虽然这种安排赋予了他和亨利亲王二人内线作战的巨大优势，但与此同时，他和亨利亲王都不得不高度集中精力去想办法对付和各自手下军队兵力相当的对手。亨利亲王用了一个高明的计策，包抄了恩斯

---

① 两位将领，指腓特烈大帝和亨利亲王。
② 后四十年，指巴伐利亚王位继承战争结束后的四十年。

特·吉迪恩·冯·劳东的侧翼,并将其逼退到伊泽拉河。然而,即使是此举也未能减轻腓特烈大帝的负担,或抵消奥地利大公国军队占有的方位优势。事实上,腓特烈大帝最初制定计划时似乎是基于一种猜测,即奥地利大公国的一部分军队将要进军卢萨蒂亚,从而进一步攻占柏林。为了阻挠这个计划,腓特烈大帝派亨利亲王带领一支强大的军队前往萨克森选帝侯国,准备包抄奥地利大公国的军队。直到战争开始,腓特烈大帝才发现他估计错了。奥地利大公国的主力军并没有沿着科尼格拉茨①一直分散到摩拉维亚。相反,对方固守在西里西亚边境几英里内的壕沟中。腓特烈大帝早就发现,在阿尔瑙,他很难向前推进他的军队。如果想迎来转机,他要么在摩拉维亚牵制住奥地利大公国的军队,要么就只能鼓励亨利亲王实施更进一步的行动,以抗击恩斯特·吉迪恩·冯·劳东。最后,他什么都没有做,只往摩拉维亚派了分遣队,并向亨利亲王提出了相关警告。

好在亨利亲王并没有因为立过大功就成了一个听不进劝的人。从1778年8月29日恩斯特·吉迪恩·冯·劳东命令军队撤出伊泽拉河的行为来看,如果此时大胆出击,那么成功就属于亨利亲王了,而如果恩斯特·吉迪恩·冯·劳东被迫撤离伊泽拉河,那么约瑟夫二世在阿尔瑙和亚罗梅日的阵地就可能守不住。这样一来,普鲁士王国便能取得决定性的战果。此举确实包含风险,但对于一位天才指挥官来说,这种风险值得一冒。然而,面对这样一个问题,亨利亲王的看法和腓特烈大帝的看法并不一样。在1779年的一次通信中,这两个人的不同之处体现得淋漓尽致。在信中,亨利亲王向腓特烈大帝表达了他的不满。亨利亲王认为,普鲁士王国军队为即将到来的战争所做的战略部署显得过于轻率。亨利亲王举出种种因为草率行事而造成毁灭性后果的例子,他列举了拉米伊②的维勒鲁瓦公爵弗朗西斯·德·纽夫维尔③、丰特努瓦④的威廉·奥古斯塔斯亲王⑤及奥地利

---

① 科尼格拉茨是捷克城市,位于波希米亚的赫拉德茨克拉洛韦地区,处于易北河和奥尔里斯河交汇处。
② 拉米伊,比利时城市。此地发生过西班牙王位继承战争中的拉米利斯战役。
③ 维勒鲁瓦公爵弗朗西斯·德·纽夫维尔(Duke of Villeroy, 1644—1730),法兰西王国军人。
④ 丰特努瓦,历史地名,位于今比利时首都布鲁塞尔附近。此地发生过奥地利王位继承战争中的丰特努瓦战役。
⑤ 威廉·奥古斯塔斯亲王(Prince William Augustus, 1721—1765),坎伯兰公爵,乔治二世之子。

维勒鲁瓦公爵弗朗西斯·德·纽夫维尔

威廉·奥古斯塔斯亲王

大公国的查理·亚历山大①。查理·亚历山大曾经在洛伊藤②的战场上惨败给腓特烈大帝。腓特烈大帝在回信中的语气很尖锐。他说道，这些军官们之所以失败，不是因为他们行事鲁莽，而是因为他们的战略部署很差劲，要么就是他们选择的作战场地有问题。"你如果每次都思来想去迟迟不敢开战，那就永远抢不到

查理·亚历山大

---

① 查理·亚历山大（Charles Alexander, 1712—1780），洛林人，奥地利大公国上将。
② 洛伊藤，位于波兰西南部西里西亚的一个村庄。在第三次西里西亚战争中，腓特烈大帝在这里打败了奥地利大公国的军队。

财富，也成不了贵族。古往今来，战争就是一场盛大的赌博游戏。谁最会赌，谁就能在国际事务中掌握话语权。"①两封信鲜明地展示出二人之间的差别。一位是有本事的将领，另一位则是将领中的天才。腓特烈大帝想要有所作为是很容易的，但他这次什么都没做。亨利亲王赢得了新的赞誉，尽管他始终拒绝迈出最后一步②。在当时的情况下，只要迈出这最后一步，亨利亲王就会赢得一场能够使他名垂青史的胜利。腓特烈大帝如果处在亨利亲王的位置上，并且再年轻几岁，那一定会踏出这最后一步。而现在的腓特烈大帝则是等到行动的关键时刻过去以后，再发表几句充满智慧的军事格言，就心满意足了。

　　腓特烈大帝已经不是当年洛伊藤的那个腓特烈大帝。这话并不假。但说实在的，恩斯特·吉迪恩·冯·劳东其实也不再是当年库勒斯道夫的那个恩斯特·吉迪恩·冯·劳东了。整整十年来，他那种散漫的习气一直被人们看在眼里。一直有点儿反复无常的他如今几乎变得有些堕落了。玛丽亚·特蕾莎甚至打算罢免他，却被约瑟夫二世阻止。一转眼这么长时间过去了，在七年战争中的那些英雄里面，只有亨利亲王的声誉提高了。从未错过一次机会，也从没冒过太大风险，才华横溢的亨利亲王就这样盖过了两名天才的光芒。至于弗朗茨·莫里茨·冯·拉西和约瑟夫二世，这两个人的角色扮演起来并不需要耗费什么功夫，得到的回报也非常划算。对于他们而言，即使丢掉了战无不胜的名声，至少也一直会是世人眼中杰出的领导者。军队管理有序、军需供给充足、防御工事强大及对手覆灭数量超过两万人，这些成就大部分都要归于弗朗茨·莫里茨·冯·拉西，但其中也有约瑟夫二世的功劳。约瑟夫二世虽然非常尊重弗朗茨·莫里茨·冯·拉西在军事上的判断，但从天性上来讲，约瑟夫二世无论如何都无法死心塌地地扮演一个马前卒的角色。此外，不管怎么说，在托伦斯坦之后的关键时刻，幸亏有他做了大量的工作来重振弗朗茨·莫里茨·冯·拉西的勇气。此外，坚持保住伊泽拉河和阿尔瑙阵地的决定，也说明约瑟夫二世具有行事谨慎和善于

---

① 舒宁：《巴伐利亚公国王位继承战争》，第252页、第254页。亨利亲王的信，1779年2月17日。腓特烈大帝的信，1779年2月19日。——原注
② 亨利亲王原计划带领军队越过易北河，从后方攻打奥地利大公国的军队，但后来认为此举风险太大，因此放弃了这个计划。

决断的优点。一直以来,约瑟夫二世唯恐农民的房屋和田地会遭到劫掠,还总是担心他的士兵的处境不够安全。这是他那和蔼可亲的人格所衍生出的弱点,同时也反过来解释了为什么他会对农民和士兵的福利表现出莫大的关心。此外,虽然他的军队在战争结束时有所抱怨,但约瑟夫二世做出的种种举动实际上已经很大程度地打破了奥地利大公国战败时的传统。并且直到最后一刻,约瑟夫二世还在尽力重振奥地利大公国军队的军威和士气。约瑟夫二世担心他的部下会暴露,但至少他不惧怕暴露自己。而当部下看到作为皇帝的他睡在光秃秃的地板上,并且身上只盖着一件披风时,看到他和士兵们亲如兄弟并时不时和士兵们分享食物,或看到他在枪林弹雨中骑着马勇敢冲锋时,士兵们是这样表达他们内心的感受的:"皇帝头上的皇冠和我头上的帽子一样,毫无遮蔽地暴露在危险的战场上。这样一来,我还有什么理由感到害怕呢?"①

总体而言,这场战争赢得了一个绰号,叫"李子和马铃薯战争"。原因是相比打仗来说,交战双方的士兵们将更多时间花在了偷东西或想着怎样擅离部队上面。1778年8月,约瑟夫二世不失智慧地道出这样一个事实:"腓特烈大帝留在这儿是为了寻找食物,我则是为了征募新兵。"这场战役是阵地战、运动战及反运动战的经典实例。总之,普鲁士王国军队遭到了重创。此外,虽然双方没有大的作战行动,但亨利亲王大胆夺取托伦斯坦这一行为及腓特烈大帝的不作为之谜都很值得我们进行一番军事研究。遗憾的是,战役刚打响时,恩斯特·吉迪恩·冯·劳东凭借他准确的直觉所设想的那个计划最终没有付诸实施。他本打算联合奥地利大公国各方兵力在战争初期就击败腓特烈大帝的军队。这在当时是一个绝佳的机会,但谨慎的弗朗茨·莫里茨·冯·拉西和约瑟夫二世还是拒绝了这个计划。不过,整体考虑下来,后两者的决定或许也有一定的道理。毕竟,除此时外,腓特烈大帝什么时候害怕过比他的士兵数量要多的敌军呢?最重要的是,战争刚开始时,已经没有什么东西比腓特烈大帝个人的声望更能为普鲁士王国军队增添补给和助长士气了。据拿破仑·波拿巴

---

① 参见卡洛纳:《约瑟夫二世的人生笔记》,大英博物馆,第27号增补手稿、第487号增补手稿。其中有奥地利大公国军官们对战火中的约瑟夫二世的描述。——原注

阿瑟·韦尔斯利

估计，腓特烈大帝只要出现在战场上，就相当于为他的军队带来了四万人的增援。一向谨慎的阿瑟·韦尔斯利①也对这个数字表示赞同。的确，只要想想腓特烈大帝有多少次排除万难取得胜利，想想他的名字是多少普鲁士王国人的骄傲，同时又是多少奥地利大公国人的恐惧，我们就会意识到，拿破仑·波拿巴给出的这个数字其实是相当合理的。至少在战争之初，当这位年迈的国王②沿着战线骑马飞奔时，他驼背的身子依旧稳坐在马鞍上。他的身上是那件褪了色的红蓝制服。他手中握着那根著名的带有一个弯钩的拐杖。他年老而瘦削的脸庞看起来就像老鹰的脸一般锐利机警，在战斗中焕发出奇特的光辉。士兵们看在眼里，心中就会感到备受鼓舞。

---

① 阿瑟·韦尔斯利（Arthur Wellesley, 1769—1852），第一代威灵顿公爵，英裔爱尔兰政治家，英国19世纪杰出的军事和政治人物，曾经在滑铁卢战役中击败过拿破仑·波拿巴。
② 指腓特烈大帝。此时的腓特烈大帝已经六十六岁。

亨利亲王确实为这场战役下了大功夫，而腓特烈大帝则更是在其他二十余场战役中鞠躬尽瘁。从此，两个人树立起不可动摇的威名。这也是两人打的最后一仗。无论胜利或失败，今后都不会再有。至于弗朗茨·莫里茨·冯·拉西和约瑟夫二世，似乎是对他们短暂成功的一种悲剧性的回报，失败的军事行动所带来的耻辱已经在未来等着他们。恩斯特·吉迪恩·冯·劳东的名声跌落得最厉害。然而，这个具备天才特质的男人还将再一次体会战争的乐趣，并感受胜利所带来的喜悦，然后光荣地赎回他的名声。十年后，当奥地利大公国的希望跌落谷底，恩斯特·吉迪恩·冯·劳东就会干出一件能够和萨伏伊的尤金所立下的功绩相媲美的大事，然后在炮火的轰鸣声和士兵们的欢呼声中进入贝尔格莱德①。无数座教堂将响起吟唱感恩赞美诗的歌声，千万祈祷者将为恩斯特·吉迪恩·冯·劳东祷告。此时的约瑟夫二世已经走到生命的终点，谦逊的他会向恩斯特·吉迪恩·冯·劳东致敬，并感谢这位奥地利大公国军队的最高统帅所做出的巨大贡献。但这都是后话了。此时的恩斯特·吉迪恩·冯·劳东和弗朗茨·莫里茨·冯·拉西及约瑟夫二世并不知道在未来等待他们的是什么。这三个人走下战场，回到维也纳，受到了英雄的礼遇。而另一边的腓特烈大帝呢？他的军官们都在交头接耳，认为这位年迈的国王已经不再中用，是时候将军队交到他的弟弟或侄子的手里了。②

---

① 贝尔格莱德，塞尔维亚首都，位于萨瓦河和多瑙河的交汇处。
② 在了解过18世纪的战争和现代战争之间的差异后，读者应该就能明白，研究这场李子和马铃薯战争有非常重要的实际意义。在阅读这部分内容时，读者可以对比参考里士满战役和钱斯勒斯维尔战役及奉天会战。这三场战役建立了防御战的现代作战理论。近代也有很多人对这场李子和马铃薯战争做出了精彩的评论，见《季刊》，1919年9月，第555页，作者西德纳姆在文中将这场战役称为"防御手段发挥力量的极端实例"，并将这场战役和近代的一些历史事件做了有趣的对比。有意思的是，神圣罗马帝国总参谋部从未对腓特烈大帝打的这场李子和马铃薯战争做过专门的研究。事实上，这是腓特烈大帝打过的最具有现代战役风格的一场战役了。克劳塞维茨认为战壕在作战中所起的作用不大，因此也不是很关注这场战役（参考《孙子兵法》第六篇和第七篇）。然而，18世纪时，挖掘战壕这种防御方式在一般情况下似乎确实起不到什么作用。但话又说回来，这场"李子和马铃薯战争"并不属于一般情况，因此是值得我们现代人进行学习和研究的。——原注

第 6 章

18 世纪战争中的中立国：战时和战后的巴伐利亚公国

异常光荣而显赫的荣耀

如流星般，陨落

——歌德

从1777年12月30日起一直到签订《泰申和约》①，关于巴伐利亚公国的故事都围绕着巴伐利亚公国选帝侯查理·西奥多尔展开。从他反复变化的立场和他精神层面的迷惘和痛苦中，我们可以看到一个小国不幸的生存状况，以及一个统治者是如何在列强的作用下被迫卷入各类重大事件而难以抽身。小国在国际舞台上受到的待遇最能体现一个时代的外交道德准则。因为在正义问题上，大国往往掌握着话语权。而究其原因，就在于这些大国所标榜的各种东西背后有强大的武装力量作为支撑。18世纪，一个小国的统治者会发现，想要坚守他的良心做事或要求其他人履行各自的义务，都是一件极不容易的事情。从1777年12月30日起，查理·西奥多尔愈发意识到，想要达到这两个目的实在太难了。

虽然命运注定要使查理·西奥多尔成为众人奚落的对象，但无论是作为一个普通的个体，还是作为一个君主，查理·西奥多尔都并非一无是处。通过查理·西奥多尔的画像，我们可以窥见他的性格。高高的额头、突起的鹰钩鼻和粗糙的下巴透出肉欲的气息，但流露着坚忍意味的嘴部和高高的黑色眉毛下方的那双敏锐而和蔼的眼睛又对这种气息起到了中和作用。这是一副散发着艺术家

---

① 《泰申和约》，1779年5月13日由奥地利大公国与普鲁士王国在奥地利大公国西里西亚的泰申签订的合约。该和约的签订标志着巴伐利亚王位继承战争的结束。

路易十五

气质的享乐者的面孔。虽然拥有这种面孔的人对待生活的态度从容而随意，但如果形势需要，他也能像切斯特菲尔德①那样变得严肃起来。虽然查理·西奥多尔晚宴上的来宾都和当年路易十五②餐桌上的客人一样欢闹，他的崇拜者们也都管他叫"神圣罗马帝国的第一位骑士"，但一旦涉及统治方面的学问或需要他

---

① 切斯特菲尔德，可能指菲利普·道摩·斯坦霍普（Philip Dormer Stanhope，1694—1773），第四代切斯特菲尔德伯爵，大不列颠王国政治家、外交家和文学家。
② 路易十五（Louis XV，1710—1774），法兰西王国国王，1715年到1774年在位。

出钱资助艺术活动,他的态度都是非常认真的。他将商业上的经营手段和严格的监管体制引入巴拉丁领地的国家财政系统。这体现出他具有清晰的条理性思维和非常高的管理水平。因此,他捐给国家的钱财节省了出来,然后投入到了工业生产、学术研究和艺术发展上面。为了推动商业发展,他开凿运河和改善道路,还创办了一座陶瓷厂。从个人方面来讲,查理·西奥多尔博览名著。戈特霍尔德·埃夫莱姆·莱辛[①]和弗里德里希·席勒[②]这样的文学家都曾受过他的资助。他还热心学术。1766年,他在曼海姆[③]成立了科学与文学学院。战后的海德堡[④]遭到严重破坏。他派人修复了海德堡的首府曼海姆,并在当地新建了精美的建筑,试图使这个修葺一新的地方成为艺术的家园和莱茵河畔的又一个"雅典"。在曼海姆,随处可以看到美丽的园林及艺术家们创作的画作和设计的雕塑,但最负盛名的还是这里蓬勃发展的音乐事业。曼海姆推出的歌剧广为人知。整个神圣罗马帝国最优秀的芭蕾舞团和交响乐团也都扎根在这里。而这些艺术领域的成就几乎都离不开查理·西奥多尔的支持。查理·西奥多尔是一个通晓世故的人,他博览群书,举止文雅且彬彬有礼。作为一名天主教教徒,他恪守教规且绝不偏执。他具有渊博的学识,品位也非常高雅,这一点早就被他的子民承认。在治理巴拉丁领地的过程中,查理·西奥多尔采取了一些明智的措施,也取得了一定成效。采取这些措施的查理·西奥多尔比巴伐利亚公国的马克西米利安三世做得要好。二者治下的外交政策却都不怎么奏效。然而,历史为我们留下一个极具讽刺意味的事实,那就是作为巴伐利亚公国最后一位维特尔斯巴赫家族的统治者,马克西米利安三世制定的国内政策赢得了公众的高度认可。而接下来的这位比他更有能力且更有学识的继任者所实行的国内政策,却遭受了被遗忘和被谴责的命运。

---

① 戈特霍尔德·埃夫莱姆·莱辛(Gotthold Ephraim Lessing, 1729—1781),启蒙运动时期德国作家、哲学家、剧作家、政论家和文艺批评家。
② 弗里德里希·席勒(Friedrich Schiller, 1759—1805),德国诗人、哲学家、剧作家和历史学家。
③ 曼海姆是德国西南部的一个城市,是德国巴登-瓦特尔滕贝格州的第三大城市,仅次于斯图加特和卡尔斯鲁厄。这座城市位于人口稠密的莱茵内卡大城市区域的中心,是德国第八大城市区域。
④ 海德堡位于斯图加特和法兰克福之间,是德国巴登-符腾堡州的城市,也是德国著名文化旅游之都。

戈特霍尔德·埃夫莱姆·莱辛

弗里德里希·席勒

查理·西奥多尔的能力或个性究竟怎样，这个问题到1777年12月30日之后已经变得不重要，因为此时的查理·西奥多尔已经陷入一种极其不利的境地。在这种情况下，即使是一个老练的政治家，也说不定要受挫。无论查理·西奥多尔做出怎样的选择，等待他的都是来自奥地利大公国和巴伐利亚公国其中一方的羞辱——他面临着两难的境地。一边是来自奥地利大公国的威胁，另一边则是来自马克西米利安一世·约瑟夫的恐吓——背后是腓特烈大帝的支持。最糟糕的是，双方都握有证据，可以公开证明查理·西奥多尔是个两面派。尤其是马克西米利安一世·约瑟夫，他掌握着一整沓文件。这些文件都是各种家族契约和协议，可以证实查理·西奥多尔曾立誓要保护巴伐利亚公国领土不被分割。1766年、1771年和1774年，以及在马克西米利安三世订立遗嘱时，查理·西奥多尔都曾以书面形式向马克西米利安三世庄严宣誓，一旦统治了巴伐利亚公国，他就绝不会将巴伐利亚公国的任何部分转让或割让给其他人。1777年8月5日，查理·西奥多尔和马克西米利安一世·约瑟夫签订了一份相似的书面协议。该协议规定双方都不可以在没有对方同意的情况下擅自行动。接着，查理·西奥多尔开始和约瑟夫二世、考尼茨·里特贝格公爵文策尔·安东进行秘密谈判，谈判内容和他之前在马克西米利安三世面前保证过的誓言的内容完全相反。等到马克西米利安三世驾崩时，查理·西奥多尔这一背信弃义的行为才昭然于世。1777年12月30日，查理·西奥多尔的代表在慕尼黑庄严起誓，他的主人查理·西奥多尔将会继承巴伐利亚公国的遗产并保护这份遗产完好无损和不受分割。四天后，查理·西奥多尔在维也纳的代表和考尼茨·里特贝格公爵文策尔·安东签署了一份同样庄严的协议。协议同意将这份遗产的三分之一割让给奥地利大公国。1778年1月4日，查理·西奥多尔到达慕尼黑并继承了他发誓要完整保留的巴伐利亚公国。1778年1月14日，查理·西奥多尔先表现出一副不情愿的姿态，随后就批准了奥地利大公国的协议，并同意瓜分巴伐利亚公国。1778年1月15日，奥地利大公国军队入侵巴伐利亚公国。巴伐利亚公国军队根本没有任何反抗的打算。有关《巴伐利亚公国瓜分条约》的谣言流传了出来——谣言的细节直到1778年2月的第三个星期才公开，整个慕尼黑一片哗然。就连那个可怜的由中世纪遗留下来的三级会议的成员们也按捺不住了,他们对这位新上任的统治者提出了抗议。民间则开始流传各种尖刻的打油诗。这些诗歌既抨击当朝统治者,又讽刺宫廷里的大臣。人们认为,查理·西奥多尔受到臣子的摆布,成了大臣们的奴隶。虽然查理·西奥多尔从约瑟夫二世手里接过了这捧金羊毛①,但在世人看来,这不过是耻辱的象征,是卖国的代价。讥讽的声音越来越大,到最后竟出现了这么一段幽默的歪诗:

> 从前的羊产毛不懈怠
> 剪羊毛的人获得收益,
> 我们这个新奇的时代
> 剪了毛的羊从中获利。

巴伐利亚公国的大臣几乎全部遭到罢免,随之进入宫廷的是巴拉丁大臣。这是查理·西奥多尔采取的第一批措施之一。在这些巴拉丁大臣中间,为首的是一个叫"马特乌斯·冯·菲尔艾格"②的人,他是一个"连他的朋友们都宁愿选择赞美他的个人美德而不是他的工作能力的人"。③然而,无论是新的执政措施还是新来的大臣,都没能赢得巴伐利亚公国人的认可。很不幸,有益的举措也好,有害的行为也罢,查理·西奥多尔不得人心的程度都在不断加深。在新来的大臣中间,有一个叫"F.K.霍贝切"④的人担任的是巴伐利亚公国财政部长的职位,此人"据说具备财政家的才能。结果大家很快便领教到,他身上简直集中了所有麻木冷淡的特质,面对新一批制度下的任何一个人,他都表现得漠不关心。推行改革是有必要的,但领导改革的人⑤未免显得有些"偏心"。在F.K.霍贝切的安排

---

① 金羊毛(Golden Fleece),希腊神话中权力和王位的象征。
② 马特乌斯·冯·菲尔艾格(Matthäus von Vieregg, 1719—1802),巴伐利亚公国政治家。
③ 查理·西奥多尔似乎曾委派马特乌斯·冯·菲尔艾格去执行有关外交政策方面的任务。马特乌斯·冯·菲尔艾格是一个容易被摆布的人,因而便于被查理·西奥多尔控制。参见卡尔·奥博瑟:《奥地利大公国历史研究院报告》,第18卷第489页和第19卷第844页。——原注
④ F.K.霍贝切(F.K.Hompesch,?—1800),巴伐利亚公国财政部长。
⑤ 指查理·西奥多尔。

下，已故的马克西米利安三世发放给部分亲信的养老金被收回，就连查理七世的私生子们拿到的金额也大幅减少了。为此，很多家族都陷入悲惨的境地中。[1] 考虑到查理·西奥多尔曾经用三分之一的巴伐利亚公国为私生子们换来了养老金，如今他对前任的私生子们却如此吝啬，未免显得有些无情。接着，巴伐利亚公国出台了一项更加公平的税收政策，这项政策惊动了巴伐利亚公国的贵族阶层。因为按照政策内容，这群贵族将要和平民一样为国家分担一部分财政上的负担。然而，民众并没有因此受到安抚，因为全民服兵役制度正在未来等待着他们。改革政策所涉及的范围愈发广大，这引起了人们的警觉。这种警觉程度太高，结果是连一些微不足道的改革也会受到人们的怀疑。上级只是想改善部队纪律，结果却引起军中的普遍不满。逃役事件也时有发生，各行各业怨声载道，巴伐利亚公国人感到他们的祖国受到了侮辱，举国上下无不愤恨。

不幸的是，查理·西奥多尔的武断和专制只在慕尼黑行得通。到了维也纳，谁都看得见他那副卑躬屈膝的模样。约瑟夫二世确实给查理·西奥多尔颁发了金羊毛勋章[2]，但这并不妨碍他继续用鄙夷的态度对待查理·西奥多尔。约瑟夫二世违反协议，将奥地利大公国军队驻扎在部分巴伐利亚公国的领土上。这些领土并没有通过《巴伐利亚公国瓜分条约》割让给奥地利大公国。1778年2月，约瑟夫二世一度想要开展更进一步的领土交换计划。这一计划规模的宏大程度甚至超过了当时的《巴伐利亚公国瓜分条约》——他在查理·西奥多尔眼前悬起一幅图景。图上是一顶皇冠，皇冠下方是整个加利西亚和洛多梅里亚王国[3]。要想得到加利西亚和洛多梅里亚王国，查理·西奥多尔就需要继续拿巴伐利亚公国的领土和奥地利大公国进行交换。约瑟夫二世虽然后来放弃了这一图谋，但这位之前向查理·西奥多尔保证过会在战争情况下保持中立的皇帝又在1778年4月开始尝试强迫查

---

[1] 《政府文件——神圣罗马帝国，巴伐利亚公国》，第113卷，慕尼黑，1778年1月22日、1778年1月25日、1778年1月29日、1778年2月12日、1778年2月22日、1778年4月23日；雷根斯堡，1778年7月10日。莫顿·伊登致亨利·霍华德——原注

[2] 金羊毛勋章指一种骑士勋位。

[3] 洛多梅里亚王国，第一次瓜分波兰-立陶宛王国后，俄罗斯帝国、普鲁士王国和奥地利大公国从波兰-立陶宛王国的整个西南部分割出来的一片领地，1772年起归哈布斯堡家族统治，直到1918年解体。

加利西亚和洛多梅里亚王国徽章

理·西奥多尔加入奥地利大公国的战线。这样一来,就连查理·西奥多尔也忍不了了。他不顾约瑟夫二世施加给他的巨大压力,拒绝了这个要求——或许查理·西奥多尔也意识到士兵们很可能是不愿和奥地利大公国人作战的。

查理·西奥多尔非常清楚,对于他签署的《巴伐利亚公国瓜分条约》,他需要赢得他的继承人马克西米利安一世·约瑟夫的支持。于是,1778年1月22日,他给马克西米利安一世·约瑟夫写了一封信。查理·西奥多尔在信中说,他已经尽最大努力来维护个人荣誉和国家安全。此外,在更加强大的力量面前,他不得不屈服。因此,他只好签署了1778年1月3日的《巴伐利亚公国瓜分条约》。查理·西奥多尔没有提及为他的私生子们发放养老金的事,这是一个明智的举动。他在信中宣称,相对于个人的私利,他一直都更关注人民大众的利益。他的继承人虽然最终还是原谅了他,但他的继承人目前是否会接受信中的解释,此时还无从知晓。

茨维布吕肯

这样一来,国家高层颁布的各种政策都要和一个无名乡绅①所做的决定挂钩了。这位乡绅最首要的工作是打猎,此外还统治着一块面积比一个英国庄园还小的领土。马克西米利安一世·约瑟夫在列强中间有他的全权代表。三个势力强大的君主都在试图讨好他。在这三个人中间,他更倾向于法兰西王国国王,因为他曾在法兰西王国生活过很长一段时间。这段经历使他成了一个狂热的追随者,进而疯狂地迷恋着法兰西王国的一切。他希望将茨维布吕肯②建造成一个微缩版的凡尔赛,并为自己挑选了一个可怜的"杜巴利夫人"③。而充当这一角色的正是他首席顾问的妻子埃塞贝克夫人。他效仿路易十五的种种恶行,模仿这位国王铺张浪费的作风。他甚至享受着法兰西王国政府发放的退休金,每年能从路易十六那里得到三十万里弗④的收入。这样一来,无论是在政治上还是在财

---

① 指马克西米利安一世·约瑟夫。
② 茨维布吕肯是德国莱茵-普法尔茨的一个小镇,坐落在施瓦兹巴赫河畔,是维特尔斯巴赫家族的领地。
③ 杜巴利夫人(Madame du Barry, 1743—1793),路易十五的情妇。这里指马克西米利安一世·约瑟夫的情妇。
④ 里弗(Livre),古时法国货币单位。

务上，马克西米利安一世·约瑟夫都成了法兰西王国政府的附庸。然而，马克西米利安一世·约瑟夫虽然饱食终日且挥霍成性，但他并不是一个罪大恶极的坏人。通过画像，我们可以看到一个体型富态的人。他长着一双深色的眼睛，嘴部透露出敏感的特质，整体仪态体现出骑士风度。人们普遍认为，马克西米利安一世·约瑟夫身上拥有一种高于同时代人的荣誉感。而在即将到来的危机中，他也将向世人展示出他性格中极其坚毅的一面。

1778年1月31日，马克西米利安三世驾崩的消息传到了马克西米利安一世·约瑟夫的耳中。当时，马克西米利安一世·约瑟夫正在茨维布吕肯打猎，并未立即放下一切赶往慕尼黑。消息灵通的腓特烈大帝采取主动，派特使约翰·尤斯塔斯·冯·戈尔兹①去慕尼黑拜会查理·西奥多尔，目的是让查理·西奥多尔放弃依赖奥地利大公国的想法。如果这个计划失败了，那么按照腓特烈大帝的嘱托，约翰·尤斯塔斯·冯·戈尔兹将会转移目标，给慕尼黑反对分子做工作，并尽一切努力阻止马克西米利安一世·约瑟夫签署《巴伐利亚公国瓜分条约》。约翰·尤斯塔斯·冯·戈尔兹将精力放在了雷根斯堡和慕尼黑。在慕尼黑，约翰·尤斯塔斯·冯·戈尔兹找到了一位意气相投的盟友，叫玛丽亚·安娜，是巴伐利亚公国公爵遗孀。玛丽亚·安娜一直强烈反对任何瓜分巴伐利亚公国的行为，并准备不惜一切代价击败查理·西奥多尔，使他名誉扫地。②玛丽亚·安娜拥有三位非常有价值的顾问。他们都是巴伐利亚公国的爱国人士，分别是玛丽亚·安娜的密友安德烈及两位枢密院顾问奥伯迈耶和约翰·格奥尔格·冯·洛里③。通过这些人，约翰·尤斯塔斯·冯·戈尔兹掌握了很多秘密情报。在此次巴伐利亚公国王位继承事件中，对约翰·尤斯塔斯·冯·戈尔兹来说，这些情报具有极高的价值。

---

① 约翰·尤斯塔斯·冯·戈尔兹（Johann Eustace von Goertz，1737—1821），普鲁士王国外交家、政治家。
② 请读者不要将这位公爵遗孀和马克西米利安三世的遗孀相混淆，后者是选帝侯遗孀。玛丽亚·安娜则是帕尔斯格雷夫·卡尔·冯·苏茨巴赫之女，丈夫是巴伐利亚公国克莱门特公爵。此人是和马克西米利安三世血缘关系最亲近的继承人，但在1770年就去世了，享年41岁。——原注
③ 约翰·格奥尔格·冯·洛里（Johann Georg von Lori，1723—1787），巴伐利亚公国律师、历史学家。

杜巴利夫人

约翰·格奥尔格·冯·洛里

1778年2月6日，约翰·尤斯塔斯·冯·戈尔兹突然返回慕尼黑。约翰·尤斯塔斯·冯·戈尔兹隐姓埋名，来到玛丽亚·安娜的领地，并在一栋避暑别墅中住了下来。当晚，一场秘密商讨会在别墅里举行。参会者有玛丽亚·安娜和马克西米利安一世·约瑟夫——后者也刚刚抵达慕尼黑。1778年2月7日，马克西米利安一世·约瑟夫带着两个人①的嘱托前去会见查理·西奥多尔。在宫殿里，查理·西奥多尔和马克西米利安一世·约瑟夫在奥地利大公国大臣路德维希·康拉德·戈拉夫·利尔巴赫②面前讨论了《巴伐利亚公国瓜分条约》的相关事宜。然而，双方对这次面谈都很不满意。1778年2月8日，约翰·尤斯塔斯·冯·戈兹在他的藏身之处给玛丽亚·安娜写了一封信。他在信中兴奋地说，马克西米利安一世·约瑟夫很安全。此外，在没有法兰西王国或普鲁士王国同意的情况下，马克西米利安一世·约瑟夫绝对不会轻举妄动。接着，各种事件接连发生。1778年2月14日，马克西米利安一世·约瑟夫礼貌地拒绝了约瑟夫二世的金羊毛勋章。1778年2月28日，马克西米利安一世·约瑟夫明确表示拒绝签署《巴伐利亚公国瓜分条约》③。1778年3月月初，马克西米利安一世·约瑟夫向议会递交了一份冗长的请愿书。他在请愿书中表示，查理·西奥多尔并未忠实于四份协议规定的内容。《巴伐利亚公国瓜分条约》与《威斯特伐利亚和约》相冲突，而约瑟夫二世的所作所为正在侵犯巴伐利亚公国的国家权力和国家自由。1778年3月16日的联邦议会全体会议上，腓特烈大帝以个人名义为马克西米利安一世·约瑟夫的观点做了担保。腓特烈大帝还表示，在必要时，他愿意以武力形式向马克西米利安一世·约瑟夫提供支持。

　　正如前面所描述的，腓特烈大帝采取的这几个计策彻底为他赢得了道义上的胜利。在随后的整个夏天，玛丽亚·安娜、腓特烈大帝及马克西米利安一世·约瑟夫将这一优势毫不留情地运用到底。马克西米利安一世·约瑟夫一直在设法引起巴伐利亚公国人对查理·西奥多尔的反感，同时还向议会寄去了各种声

---

① 指玛丽亚·安娜和约翰·尤斯塔斯·冯·戈尔兹。
② 路德维希·康拉德·戈拉夫·利尔巴赫（Ludwig Conrad Graf Lehrbach，1750—1805）。
③ 1779年2月27日，马克西米利安一世·约瑟夫收到了一封路易十六寄来的友好信。路易十六在信中保证，马克西米利安一世·约瑟夫会继续收到法兰西王国政府的养老金。对比E.赖曼：《普鲁士历史》，第2卷，第74页到第75页。——原注

讨奥地利大公国的小册子和抗议信。在此，我简单总结一下这些人都采取了哪些行动。1778年12月，腓特烈大帝公布了一封查理·西奥多尔写给马克西米利安一世·约瑟夫的密信，这封信的落款时间是1778年1月22日。查理·西奥多尔在这封信中承认，他被迫签署了1778年1月3日的《巴伐利亚公国瓜分条约》。玛丽亚·安娜和顾问们则给查理·西奥多尔造成一个更加致命的打击。之前，奥地利大公国以阿尔伯特五世在1426年签下的授权书为借口，要求获得下巴伐利亚公国。此时，腓特烈大帝向议会公布，阿尔伯特五世实际上在1429年就正式宣布放弃对下巴伐利亚的权利，当初的《放弃继承下巴伐利亚的声明》现在仍然保存完好。马克西米利安一世·约瑟夫断言，如果《放弃继承下巴伐利亚的声明》找不到了，那一定是被奥地利大公国人销毁了。这是一颗重磅炸弹。议会上的奥地利大公国大臣如坐针毡，辩解说这份法案是伪造的。玛丽亚·安娜和顾问们则拿出了有力证据证明，这份法案确实是真的。他们带来了两位非常令人尊敬的证人。两位证人发誓这份声明确实存在，至少这份证明的原始副本几年前还在这个世界上。接着，玛丽亚·安娜拿出了更多证据。这些证据清楚地表明，近年来，由于种种原因，政府文件一直没有受到妥善的保管。这样一来，人们开始谴责奥地利大公国的外交官，并怀疑他们窃取或销毁了原始文件。拉尔夫·希思科特[①]当即暗示道，如果有利益的话，那么奥地利大公国一定会偷走原件。亨利·霍华德[②]的话则少了几分旁敲侧击的意味，他只是委婉地表示，普鲁士王国提出的质疑"让人不太好回应"。[③]毫无疑问，玛丽亚·安娜一行人就是这一切的幕后主使。在整场纠纷中，马克西米利安一世·约瑟夫坚持他的立场，并声称他拥有不可侵犯的权利。腓特烈大帝在议会和新闻界的代表们则一直在质疑奥地利大公国统治者的居心和损害奥地利大公国的名声。这些人拿出严肃且具有说服力的证据，证明奥地利大公国的主张毫无根据可言。直到1779年年初，这些证据

---

① 拉尔夫·希思科特（Ralph Heathcote, 1721—1795），大不列颠王国牧师、作家。
② 亨利·霍华德（Henry Howard, 1739—1779），第十二任萨福克伯爵，大不列颠王国政治家。
③ 《政府文件——国外部分，档案》，第45卷，雷根斯堡，1778年7月26日、1778年8月5日、1778年8月23日、1778年9月6日、1778年9月13日、1778年9月23日，拉尔夫·希思科特致威廉·弗雷泽。——原注

才完全整理出来。然而，早在1778年上半年，这些人掌握的资料就已经足以使查理·西奥多尔和约瑟夫二世名誉扫地。1778年10月21日，在维也纳的俄罗斯帝国大使告诉考尼茨·里特贝格公爵文策尔·安东，俄罗斯帝国政府也跟其他国家一样，坚信"维也纳方面的主张是不可信的"。①由此可见，在这次争论中，玛丽亚·安娜确实抓住了奥地利大公国的要害。

是时候回到查理·西奥多尔这边了。各种难题都在考验着这位倒霉的选帝侯。然而，他解决不了这个危机。这其实一点都不奇怪。就拿莫顿·伊登来说，他怀着"应该尊敬地位高的人"的思想，一直倾向于为查理·西奥多尔的行为进行适当的辩护，可就连他也认为查理·西奥多尔"在政治方面没有任何才能"。因为长期处在巨大的焦虑中，1778年4月23日，可怜的查理·西奥多尔从精神上先垮掉了。他"变得面色苍白，双腿也肿胀起来"。整天为一桩愁事唉声叹气，确实能让人像不断吹大的气球一样越变越肿。"他对商业上的事情表现出反感——他之前是很热爱这一方面的……他处在一种无休止的焦虑中……他夜夜酗酒。"虽然查理·西奥多尔借酒消愁并不奇怪，但令人惊奇的是，到了这个阶段，他竟然得出了一种带有醒悟色彩的结论。"查理·西奥多尔认为，虽然他采取的行动没有什么不正当的地方，他也不是一个软弱的人，但在实施这些行动的过程中，他确实表现得过于匆忙且不够谨慎了。""失去了臣民的信任和爱戴，查理·西奥多尔似乎很懊悔。他发现大臣们对待他的态度很冷淡。最重要的是，据说，查理·西奥多尔极其在意腓特烈大帝对他的那种无声鄙夷——在关于他的事情上，腓特烈大帝竟然到了拔剑相向的地步，这使他感到很受伤。②当时也有其他欧洲列强对他表示过关心——即便是在这种危急的关口，但查理·西奥多尔心里不舒服的感觉仍未有丝毫减轻。前不久，他就对腓特烈大帝的这副姿态大加抱怨，他的表达方式也很激烈，'我也不奢求什么，我只想走出这个窘

---

① 马滕斯：《俄罗斯帝国历史学会档案》，第65卷，第76页。——原注
② 腓特烈大帝是这么对约翰·尤斯塔斯·冯·戈尔兹谈起查理·西奥多尔的："他已经没救了。让他自生自灭吧。他这么弱小，之前又一直依附奥地利大公国，即使我们想将他争取过来，也是不可能的。"1778年2月12日，约翰·尤斯塔斯·冯·戈尔兹：《历史回忆录》，美因河畔法兰克福，1812，第109页。——原注

境,可我又能怎么办呢?他们丢下我独自一人,我什么都改变不了。'"这篇讲述自己遭到冷落的文章,再加上奥地利大公国大使路德维希·康拉德·戈拉夫·利尔巴赫在慕尼黑那幅傲慢的姿态,终于促使查理·西奥多尔认识到了他行为上的错误。此外,关于那二十一个辖区的问题——即便按照1778年1月3日《巴伐利亚公国瓜分条约》上的规定,这些地方也应该是属于查理·西奥多尔的。他已经多次提出抗议,但帝国法庭完全无视他的声音。他不禁开始为他的私生子们担忧起来,害怕这些财产最终到不了孩子们手中。毕竟,为私生子们谋取利益可以说是诱使他签署《巴伐利亚公国瓜分条约》的首要动机之一。需要一提的是,在这方面,查理·西奥多尔无疑最不堪一击。我在慕尼黑停留的那段时间里,只见过他在一个人面前显露出愉悦的样子,那就是他的私生女卡罗林·弗兰齐斯卡·多萝西娅·冯·帕克施泰因。①除去事件带有的感伤意味,我们看到的整个情形其实颇具喜剧色彩。这实际上是一个典型的例证,向我们展示出列强逐步将小国君主征服的过程——先是领土,然后是个人体面,最后是人格尊严。

1778年9月,奥地利大公国和普鲁士王国的战事结束,双方都没有找到最后结果。约瑟夫二世开始四处寻求帮助来为1779年的战役做准备。1778年11月第三周,在慕尼黑的奥地利大公国大使路德维希·康拉德·戈拉夫·利尔巴赫再次提到巴伐利亚公国作为中立国的问题。在谈话中,他试图强迫查理·西奥多尔放弃中间立场。路德维希·康拉德·戈拉夫·利尔巴赫的理由是最简单的。他用实际上并不精确的统计数据告诉查理·西奥多尔,在即将到来的战役中,与奥地利大公国军队相比,普鲁士王国军队的战斗力更加强大。因此,巴伐利亚公国必须加入奥地利大公国一方。这也就意味着查理·西奥多尔必须放弃原来当中立国的打算。查理·西奥多尔再次坚决地拒绝了路德维希·康拉德·戈拉夫·利尔巴赫的要求。但接下来,路德维希·康拉德·戈拉夫·利尔巴赫又向查理·西奥多尔施压,要求他在即将召开的议会上投票反对腓特烈大帝统治安斯巴赫。起初,查理·西奥多尔屈从了这一要求。然而,在经过一番考虑后,查理·西奥多尔开始心

---

① 《政府档案——国外部分,神圣罗马帝国,巴伐利亚公国》,第113卷,莫顿·伊登致亨利·霍华德,1778年7月10日。《政府档案——国外部分,外国档案,巴伐利亚公国》,第45卷,雷根斯堡,1778年11月8日,拉尔夫·希思科特致威廉·弗雷泽。——原注

生怀疑。一直以来，查理·西奥多尔都对他偏袒奥地利大公国的行为感到十分懊悔。另外，此时的奥地利大公国显然已经没有之前强大。这样想着，查理·西奥多尔便采取了两位顾问的明智建议。他态度坚决地告诉路德维希·康拉德·戈拉夫·利尔巴赫，他要按自己的想法行事，他之前的保证和约定一律无效。这两位顾问是谁？一位是彬彬有礼的马特乌斯·冯·菲尔艾格，此人如今终于站到了反奥地利大公国的战线上来；另一位是维古拉斯·冯·赖特梅尔，此人虽然一向秉持这些观点，但之前并不敢表达出来，直到现在才说出口。

在和路德维希·康拉德·戈拉夫·利尔巴赫的谈判中，查理·西奥多尔还是表现得有些优柔寡断。然而，在经历了这场风波之后，他并未蒙受多大的损失。他只违背了一条承诺，展现出了相对的尊严。并且一定有那么一刻，他还享受到了一种异乎寻常的自尊感。然而，到了年底，各方都开始认真地将和平谈判提上日程。这样一来，查理·西奥多尔最终还是要饮下更多令他感到耻辱的苦酒。与他在之前那些夜里喝下的酒相比，这些酒更加苦涩。查理·西奥多尔坚信，他被奥地利大公国骗了。因此，在接下来的行动中，他变得不怎么愿意服从指挥了。虽然谈判一开始，他的表现就很不同寻常，但他的出格行为并不值得褒奖。一开始，他的代表们没有经过授权就抵达泰申，且对会议也没有做任何的准备，于是人们不得不派通讯员去慕尼黑征求查理·西奥多尔的意见。在这个过程中，全体参会人员只能等着。传回来的消息令人震惊，查理·西奥多尔拒绝以四百万弗罗林的价格来赔偿弗雷德里克·奥古斯特一世失去的土地。查理·西奥多尔声称，他最多只付一百万弗罗林。这一消息几乎使大会中断。因为腓特烈大帝猜测，查理·西奥多尔和奥地利大公国甚至法兰西王国串通一气才有了这个大胆的举动。会议上的大臣们当即警觉起来，和平的希望悬在了半空。腓特烈大帝派人前往维也纳要求约瑟夫二世给出一个明确的答复，说明维也纳宫廷到底是否会将价格定在四百万弗罗林。对于腓特烈大帝的问题，约瑟夫二世虽然回答得含糊其辞，但仍然表明，奥地利大公国不同意查理·西奥多尔降低价格的要求。约瑟夫二世还明确表示，奥地利大公国和查理·西奥多尔不存在任何合作关系。就因为最后这句话，倒霉的查理·西奥多

布格豪森

尔又一次颜面扫地。本来大会已经开始重视查理·西奥多尔的意见,因为大家都以为他有一个或两个大国来为他撑腰。然而,当人们意识到情况并非如此时,查理·西奥多尔的意见很快就遭到忽视。

查理·西奥多尔之所以会招来这个麻烦,或许是因为原先在为和谈做准备工作时他掌握的信息不够充分。他原本计划将布格豪森①割让给奥地利大公国。而作为交换,奥地利大公国不能再对巴伐利亚公国的领土提出要求。1778年,查理·西奥多尔签署了一个协议,同意将巴伐利亚公国三分之一的领土割让给奥地利大公国。而根据1779年这份割让布格豪森的协议,他只需要让出六分之一的领土,因此,他似乎没有什么不签的理由。然而,他的继承人马克西米利安一世·约瑟夫确实有理由表示愤慨和抗议。对此,玛丽亚·安娜建议马克西米利安一世·约瑟夫拒绝签署割让布格豪森的协议,并向法兰西王国求援。为了约束查理·西奥多尔在泰申的行为,马克西米利安一世·约瑟夫的朋友们想出一个对策。他们让马克西米利安一世·约瑟夫写了一份声明,说明查理·西奥多尔是奥

---

① 布格豪森,德国巴伐利亚州上城区阿尔特丁区最大的城镇,位于萨尔扎克河上,靠近奥地利边界。

地利大公国的附庸，而巴伐利亚公国的领土无论如何都是不可分割的。声明写好后，马克西米利安一世·约瑟夫将它寄给了大会上的法兰西王国和俄罗斯帝国的代表们。两方代表的回答都闪烁其词。代表们建议马克西米利安一世·约瑟夫作为假定继承人，向查理·西奥多尔提出申请，要求对方补偿因向奥地利大公国割让领土而给巴伐利亚公国造成的损失。"这是很有希望的……如果有别人的支持再稍加调停的话！"于是，马克西米利安一世·约瑟夫计划请求查理·西奥多尔将诺伊堡和苏尔茨巴赫赐给他，"或者，如果查理·西奥多尔认为这个要求太过分，那三十万克朗①的补偿也可以。1779年4月6日，马克西米利安一世·约瑟夫的信使到达慕尼黑。""吃晚饭时，查理·西奥多尔收到了这封信。于是，在巴伐利亚公国遗产问题上，查理·西奥多尔第一次表现出了强烈的惊讶和愤怒。"马克西米利安一世·约瑟夫给他带来的麻烦和侮辱已经够多了。此外，可怜的查理·西奥多尔似乎认为，马克西米利安一世·约瑟夫先反对将巴伐利亚公国分给外国人，之后又打算分给国内亲属的这番行为，对他简直是莫大的侮辱。于是，查理·西奥多尔也选了一个下午回信。这封信"以温情的语言，断然拒绝了这个不合时宜且荒唐至极的要求。"

查理·西奥多尔实在太生马克西米利安一世·约瑟夫的气了。生气的后果就是，"为了他的私生子们"，他极有可能违背之前许下的大量诺言，"将剩下的巴伐利亚公国也分割出去。"为此，马克西米利安一世·约瑟夫想尽办法，要往《泰申和约》里加上一项条款来迫使善变的查理·西奥多尔遵守1767年、1771年及1774年的条约内容，从而保持他个人所继承的遗产的完整性。最终，马克西米利安一世·约瑟夫实现了这个目标。条约里确实增添了这样的内容。这样一来，即使查理·西奥多尔还想出尔反尔，条约的担保人②及整个联邦议会也都不会答应。这种形式的约束是查理·西奥多尔这样的人无法冲破的。与此同时，这份庄严的条约实际上也让查理·西奥多尔又一次遭受了侮辱。全体神圣罗马帝国和两

---

① 克朗，曾经广泛流通于神圣罗马帝国。捷克、丹麦、冰岛、挪威和瑞典等国如今仍在使用克朗作为货币单位。
② 法兰西王国和俄罗斯帝国后来成了《泰申和约》的担保国。

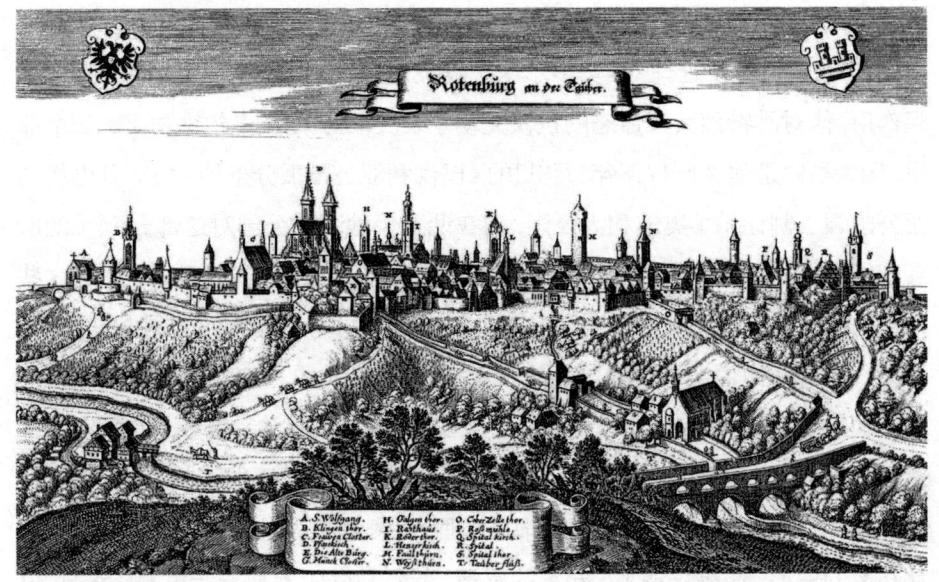

罗滕堡

个外邦大国①都来调和这两位亲戚的关系。而两位亲戚不和的原因竟是一份两人在1771年8月5日都同意了的协议。乔纳森·斯威夫特那句痛下针砭的隽语真是不能再妙："王公贵族之间，由亲属关系或婚姻关系组成的联盟常常是战争的罪魁祸首。血缘关系越近，双方反目的可能性就越大。"

泰申这边的谈判结束后，可能有人会觉得查理·西奥多尔会就此沉寂下去。然而，查理·西奥多尔注定要再次震惊外交界。1779年6月，列强们惊讶地得知三名杰出的巴伐利亚公民被逮捕，而下达逮捕密令的人正是查理·西奥多尔。玛丽亚·安娜的心腹兼好友安德烈作为政治犯被送到罗滕堡②。她的顾问和枢密院议员奥伯迈耶和约翰·格奥尔格·冯·洛里则丢掉了各自的头衔和薪水，他们的证件也遭到没收，一个被流放到安贝格③，另一个则被流放到诺伊堡。此举一

---

① 即法兰西王国和俄罗斯帝国。
② 罗腾堡，德国有南北两个罗滕堡。南罗滕堡全名是陶伯河上游罗滕堡，位于纽伦堡以西五十多公里，是德国巴伐利亚最出名的小镇，有"中世纪明珠"的美称。北罗滕堡位于汉堡西南一百公里的维默河畔。
③ 安贝格，德国巴伐利亚州东部的一座直辖市，位于纽伦堡以东约六十公里的维尔斯河畔，是欧洲现存最完好的中世纪城市之一。

出，整个慕尼黑顿时陷入惊愕与恐慌之中。普鲁士王国代表立刻提出抗议，态度强硬而专横。然而，查理·西奥多尔这次破天荒地坚定了他的立场。恐吓对他不起作用，他对腓特烈大帝愤怒的抗议无动于衷。查理·西奥多尔惩罚了那三个罪犯，因为虽然是他按照1778年1月3日的《巴伐利亚公国瓜分条约》将部分巴伐利亚公国领土割让给了奥地利大公国，但在诋毁奥地利大公国对这部分领土的所有权一事上，这三个人才是罪魁祸首。此外，在查理·西奥多尔看来，正是这些人合伙助长了马克西米利安一世·约瑟夫的气焰，才导致马克西米利安一世·约瑟夫一直这样激烈地指责他。然而，具有讽刺意味的是，查理·西奥多尔现在大力惩罚的人正是在1778年抹黑奥地利大公国名声的那些人。转眼到了1779年，查理·西奥多尔和奥地利大公国卷入了巨大的冲突中。原因很简单，他现在惩罚这些人，其实是为了发泄自己的怨恨。查理·西奥多尔怨恨他一直以来受到的不计其数的侮辱，伤害玛丽亚·安娜的感情，羞辱马克西米利安一世·约瑟夫，以及反抗腓特烈大帝这些举动大概能让他获得某种精神上的满足感。然而，可能是出于对普鲁士王国的畏惧，查理·西奥多尔对玛丽亚·安娜的心腹安德烈很快心软下来，他迅速释放了安德烈，并准许他前往玛丽亚·安娜在蒂罗尔附近的一座乡间别墅。然而，安德烈很快又被抓了回去，因为他的一些文件落入查理·西奥多尔手中。这些文件暴露了他之前从事的各种秘密交易。1779年9月19日，查理·西奥多尔最后一次提到他对这些人的处置，保留对安德烈的判决和继续流放奥伯迈耶和约翰·格奥尔格·冯·洛里。①于是，在完成了莱茵河之行的所有计划之后——拜访过了曼海姆的歌剧院，和芭蕾舞女们也见过面了，查理·西奥多尔很开心能离开他的这片新领地。毕竟，他在这里有过太多的失败，经历了太多的落魄，也品尝了太多不得人心的滋味。

---

① 《政府文件——国外部分，外国档案》，第45卷，拉尔夫·希思科特致威廉·弗雷泽，1779年9月19日。在慕尼黑，科学院的成立有约翰·格奥尔格·冯·洛里很大一份功劳。流放的日子里，巴伐利亚公国政府曾要求约翰·格奥尔格·冯·洛里为一本关于硬币的书写一篇历史背景方面的序言。约翰·格奥尔格·冯·洛里回复说，只有参考了保存在慕尼黑的各种档案，他才能写出这篇序言。但约翰·格奥尔格·冯·洛里还是没能再次见到他深爱的城市，并在1787年死于诺伊堡。——原注

离开慕尼黑前往曼海姆时，查理·西奥多尔很有可能已经预料到，他在巴伐利亚公国的臣民对他的举动是不会感到乐意的。那三个被他囚禁和流放的罪犯恰恰是最受巴伐利亚公国民众拥戴的人。在保护巴伐利亚公国的行动上，包括拆穿维也纳的计谋、阻止瓜分计划，以及将分给奥地利大公国的领土面积从三分之一减到六分之一，这三个人的贡献都是最大的。然而，在完成这些工作后，他们得到的"报酬"却是监禁、流放及罢免，而发放这些"报酬"的，正是一个为了他的私生子们的利益而牺牲巴伐利亚公国的利益的人。事情发展到这一步，软弱无能的小国统治者和行事不公的列强都难辞其咎。大不列颠王国的大使们以古希腊戏剧唱词的形式对当时的情形做了一番相当中肯的评论："国家到了生死存亡的关头，一群正直的公民奋力拯救国家，谁知到头来却收获了悲惨的'报酬'。这实在是咄咄怪事。"

"这些逮捕密令在慕尼黑民众中引发了巨大的惊愕和不满。突然之间，谁都不知道自己会不会被抓起来。在错综复杂的形势下，人们都不由自主开始担心起他们的安危来，并且越是那些恪尽职守和对上级忠心耿耿的人越是担心他们这回会遭遇不测。"

人们熟知的那些身居高位却反对查理·西奥多尔的人都赢得了巴伐利亚公国民众的青睐。玛丽亚·安娜成了一名女英雄。她的名字在每个巴伐利亚公国民众的口中传颂。而她从前的顾问们则成了巴伐利亚公国民众眼中的殉道者。马克西米利安一世·约瑟夫因其坚定的立场获得了人们的赞扬，每次来慕尼黑，他都能受到人们的鼓掌欢迎。腓特烈大帝甚至在这片一直被他称为由恶魔和讨厌鬼居住的土地上获得了"圣人"的名号。有一次，一名士兵在一扇橱窗前停下来，向玻璃后面的腓特烈大帝画像持枪致敬。到了腓特烈大帝的诞辰，整个慕尼黑张灯结彩，人们纷纷举办晚宴和舞会，只为庆祝这个特殊的日子。至于那句著名的祷告语"耶稣，玛丽亚，约瑟夫"，农民们将最后一个名字去掉并将腓特烈大帝的名字替换了上去。人们在腓特烈大帝的画像前祈祷的架势跟他们在圣母玛丽亚画像前祈祷时一样。热血沸腾的民族情感通过这些奇异而狂热的举动得到释放。这些人对他们那位来自异国的国王①实在无法做到尊敬。这位国王推行的那套阳春白雪的东西和他们这些下里巴人不管怎样都无法融合。而他实行的那些政策对国家的未来也没有什么好处。事实上，将所有过错都推到查理·西奥多尔身上，显然并不公平。这位人人唾弃的统治者为慕尼黑修建了美轮美奂的园林，改良了政府的财政系统，还为巴伐利亚公国构建了一支军队的雏形。可惜这些东西并不能消除巴伐利亚公国民众的疑虑，并且事实摆在那里，查理·西奥多尔确实不在乎这些巴伐利亚公国人。如果时机合适，那他一定会用巴伐利亚公国去换荷兰共和国，甚至不会多皱一下眉头。因此，巴伐利亚公国民众一边让查理·西奥多尔背负着骂名，一边缅怀着不怎么称职的马克西米利安三世。他们认为，后者是一位伟大的统治者，玛丽亚·安娜是圣女贞德②转世，约瑟夫二世则是又一位巴巴罗萨③。

二十年后，倒霉的查理·西奥多尔躺在临终前的卧榻上苟延残喘。巴伐利亚公国的各个教堂却空空荡荡。他驾崩的消息传出后，巴伐利亚公国普天同庆。接着，一位来自茨维布吕肯的天之骄子④成为新的巴伐利亚公国选帝侯。在未来的某一天，他将成为巴伐利亚王国第一位真正意义上的国王，同时也是有史以来最受巴伐利亚公国民众爱戴的君主。

---

① 即来自巴拉丁领地的查理·西奥多尔。
② 圣女贞德（Joan of Arc，1412—1431），绰号"奥尔良的少女"，法兰西民族英雄。
③ 巴巴罗萨，即腓特烈一世（Frederick I，1122—1190），神圣罗马帝国皇帝，被视为中世纪最伟大的神圣罗马帝国统治者。
④ 指马克西米利安一世·约瑟夫。

第 7 章

《泰申和约》签订及俄罗斯帝国干涉神圣罗马帝国内政

威严的统治者们……高居王座,他们缔结条约,征战杀伐……积累财富……更有大大小小的数不清的公爵顶着传了一代又一代的头衔,沿袭着令人眼花缭乱的繁文缛节。天哪,伴随着一声刺耳的尖叫,这一切都永远地消失不见了。

——托马斯·卡莱尔

战争结束了,巴伐利亚的王位继承问题仍然没有解决。然而,从战后签订的条约来看,欧洲马上就要发生巨变了。早在战争爆发前,虽然在女性身上常见的忧虑心理支配下,玛丽亚·特蕾莎和对手开始了第一次谈判,但结果并不理想。这些平日里叱咤风云的女性君主,无论在和平时期如何足智多谋、手段如何高超,一碰到战争问题,就都展现不出优势了。比如,英格兰女王伊丽莎白一世[①]派了不止一名一无是处的情人去指挥军队,而俄罗斯女沙皇叶卡捷琳娜大帝派得更多。至于玛丽亚·特蕾莎,论功名,她和其他两位难分高下,但在战争这种大事上,她的能力同样没有多么出众。将军队的指挥权交到她亲爱的儿子手中后,玛丽亚·特蕾莎首先建议儿子不要打仗,以免危及他的生命安全。然后,她瞒着儿子和对手进行了秘密谈判。因为这件事情,包括其他各种小事,人们可能会质疑玛丽亚·特蕾莎缺少政治家应该具备的风度。然而,不需要别人指责,她就已经

---

① 伊丽莎白一世(Elizabeth I,1533—1603),英格兰和爱尔兰女王。

是对自己最严厉的审判官了。在这段时间，痛苦不堪的玛丽亚·特蕾莎在写给玛丽·安托瓦内特的信中一遍又一遍地忏悔。她说，一到面对那个"恶毒的男人"和"我们残忍的敌人"①，她的母爱和她精神上的巨大痛苦，以及她对约瑟夫二世和他的两名兄弟恐遭厄运的不祥预感融合在一起时，她就无暇再以一名政治家的身份思考问题。玛丽亚·特蕾莎只关心亲爱的儿子们能否安全地走下战场，为此牺牲了她的一切。"我背上了胆小怕事的名声——我已经晕头转向，我对此并不否认，我已经心力交瘁。"②战争爆发十天后，她在约瑟夫二世不知情的情况下给腓特烈大帝写了一封信。在信中，玛丽亚·特蕾莎主动提出和谈条件，并以个人名义请求对方不要做不义之事。她写这封信的时间是1778年7月16日。也就是说，在这一天，她向一个就在两个月前——1778年5月17日还被她说成"全欧洲没有一位王公贵族不曾遭受过他的背叛"的人发出请求，并呼吁对方不要做出不守信誉的事情。

  腓特烈大帝并非不愿意通过谈判解决问题，只不过他心里还在打小算盘。面对同时由三人执政的奥地利大公国和各种秘密谈判，以及一位护犊情深的母亲跟她那无知的儿子③，腓特烈大帝必须从中为他谋取一点利益。然而，就在谈判正式开始前，亨利亲王在托伦斯坦取得大捷。听说了玛丽亚·特蕾莎的秘密外交，约瑟夫二世感到既愤怒又诧异，同时也很绝望。奉命和腓特烈大帝商讨具体事宜的谈判代表是约翰·阿玛迪斯·冯·图古特④，他是玛丽亚·特丽莎的一名宠臣，也是未来的奥地利大公国国务大臣。"坦诚，不做作，沉稳可靠"，罗伯特·默里·基斯这样评价他。但要应对这种微妙的谈判，他显然还不够圆滑和老练。1778年8月13日到1778年8月15日，在布劳瑙召开的大会上，约翰·阿玛迪斯·冯·图古特提出的最终条件如下：奥地利大公国保证不再对腓特烈大帝继承安斯巴赫侯爵领地和拜罗伊特侯爵领地一事提出异议。作为交换，奥地利

---

① 此处指腓特烈大帝。
② 阿尼斯：《玛丽亚·特蕾莎和玛丽·安托瓦内特》，巴黎，1865，第254页。——原注
③ 指玛丽亚·特蕾莎和约瑟夫二世。
④ 约翰·阿玛迪斯·冯·图古特（Johann Amadeus von Thugut，1736—1818），奥地利大公国外交家。

大公国将在巴伐利亚公国保留一部分年税收额约一百万弗罗林的领地①。奥地利大公国如果再对巴伐利亚公国其他区域的土地提出主张，那就必须按照土地自身的价值用金钱来赔偿土地所有者。一切相关事宜都将交由宫廷议会安排解决。这些提议并不能让腓特烈大帝满意，因为他一直想绕过奥地利大公国来解决安斯巴赫的继承问题。他这样计划的原因在于，首先，和奥地利大公国商讨这件事情会让普鲁士王国很为难；其次，普鲁士王国一旦这么做就相当于承认，解决巴伐利亚公国的王位继承问题仍然需要用生意场上讨价还价和等价交换的办法，神圣的法律原则并不能发挥任何作用。因此，无论是作为普鲁士王国国王，还是作为神圣罗马帝国境内权力和自由的守护者，腓特烈大帝都不能接受这项提议。在腓特烈大帝看来，奥地利大公国目前对巴伐利亚公国提出的主张并无什么变化。奥地利大公国仍然渴望从战略上控制一大部分巴伐利亚公国的土地。最终，已经身处战场的腓特烈大帝做出了抉择——他认为自己完全有理由坚持最早提出的条件。即使要改，也必须提出更多条件。因此，1778年8月16日，腓特烈大帝终止了谈判，约翰·阿玛迪斯·冯·图古特只好返回维也纳。腓特烈大帝是否做了一个明智的举动，现在还不能确定。因为从目前情况来看，如果他将谈判拖延下去，那么与普鲁士王国相比，奥地利大公国蒙受的实际损失会更大。另一边，约瑟夫二世被激怒了，直接和母亲闹僵。在玛丽·安托瓦内特面前，玛丽亚·特蕾莎委婉地称她与儿子之间的矛盾为"一点小情绪"。整个谈判完全失败。在私下里，玛丽亚·特蕾莎向善解人意的女儿诉苦，她感叹道，用书信的方式和"我们残忍的敌人"进行交涉，着实让她付出了无比惨痛的代价。②

虽然时机选得不对，并且行动也显得过于草率，但在布劳瑙的谈判实际上标志着奥地利大公国的外交工作到达一个非常重要的阶段。1772年瓜分波兰-立陶宛王国后，行事肆无忌惮的考尼茨·里特贝格公爵文策尔·安东和实行独裁统治的约瑟夫二世一直是维也纳外交政策的主要制定者。1776年的议会和1778年1月3日就《巴伐利亚公国瓜分条约》展开的谈判，以及随之跟进并一直延续到

---

① 这里指从库夫施泰因沿因河经过朗克福特、米尔登及雷茨，直到瓦尔德米因琴这部分地区。这片土地能够使奥地利大公国分别和蒂罗尔和意大利连在一起。——原注
② 阿尼斯：《玛丽亚·特蕾莎和玛丽·安托瓦内特》，第258页。——原注

1778年6月月底的外交策略，都带有考尼茨·里特贝格公爵文策尔·安东的那种残酷无情的处事风格和约瑟夫二世那种贸然行事的痕迹。再后来，玛丽亚·特蕾莎打破了这个局面。这是自1772年以来第一次有君主用一种新的外交风格来和别国交往——在玛丽亚·特蕾莎的努力下，国与国之间开始采用更加温和的手段来开展外交活动。道德舆论开始发挥作用，人们开始感受到条约背后信守承诺的重要性。而与之前让查理·西奥多尔倍受惊吓的那些政治手腕相比，这样的情景确实非常新鲜。事实上，当时的国际形势也在一定程度上帮助了玛丽亚·特蕾莎。如果法兰西王国曾流露出一丝援助普鲁士王国的意愿，或者约瑟夫二世曾在战场上赢得一次决定性的胜利，那么约瑟夫二世和考尼茨·里特贝格公爵文策尔·安东或许能够牢牢掌握行政大权，并重新采取他们在巴伐利亚公国遗产继承问题上所采取的那些极端措施，继续将《巴伐利亚公国瓜分条约》贯彻到底。对于奥地利大公国而言，虽然这场战役的结果算不上不光彩，但奥地利大公国的政治家们确实不如之前有底气了。武力政策已经失效，《巴伐利亚公国瓜分条约》也随之作废。由于一场议会上的争执，1778年7月到1778年9月，奥地利大公国和普鲁士王国的关系进一步恶化。战争期间，雷根斯堡的议会一直没有终止谈判。双方关于阿尔伯特五世的《放弃继承下巴伐利亚的声明》的争论也一直没有停止。奥地利大公国代表们怒气冲冲地宣称这个声明是伪造的，普鲁士王国代表则不无理由地坚持说这份声明是真的。在终止布劳瑙的谈判、打了一场徒劳无功的战役后，奥地利大公国的国家政策进入一个新阶段。首先，奥地利大公国秘密请求法兰西王国担任调停者。1778年8月20日，法兰西王国致信普鲁士王国公使M.豪森，在信中提出一个大致的调停方案，并表示法兰西王国愿意担任该方案的执行者。对此，腓特烈大帝的回复态度并不积极。一个月后，奥地利大公国披露了谈判进程，并向整个神圣罗马帝国重申了它的意愿。1778年9月23日，议会收到了奥地利大公国的《请求和解陈述书》。奥地利大公国宫廷方面陈述了布劳瑙谈判的情况，并表示奥地利大公国希望开创一个各方都满意的和平局面。为了这一局面，奥地利大公国宫廷方面愿意将奥地利大公国对巴伐利亚公国的主张交由议会决断。最后，奥地利大公国解释了它的最新计划——关于计划内容，奥地利大公国之前已经通过作为调停国的法兰西王国向普鲁士王国转达。为了避免时局再次动荡，在神圣罗马帝国议会上，奥地利大公国宣布了一个决定，那就是奥地利大公国已经做好准备，计划从巴伐利亚公国撤军，并交还所有巴伐利亚公国的领土，同时废止《巴伐利亚公国瓜分条约》，但前提是腓特烈大帝要宣布放弃继承安斯巴赫与拜罗伊特。最终，奥地利大公国请求神圣罗马帝国议会用它自身的影响力介入此事，说服腓特烈大帝接受奥地利大公国提出的这些条款。

约瑟夫二世的横行霸道和肆意践踏主权与正义的武力政策被玛丽亚·特蕾莎旨在调停和沿袭传统的和平政策替代了。至少，这是议员们产生的第一印象。众多小国自然渴望和平。因为不管哪里爆发战争，这些小国的生存都会受到威胁。这些小国虽然并非大国攻打的目标，但能不能保持中立且不受其他国家的胁迫同样也是个问题。此时，奥地利大公国在《请求和解陈述书》里向神圣罗马帝国议会暗示，妨碍和平进程的人不是约瑟夫二世，而是腓特烈大帝。神圣罗马帝国议会视此举为"神来之笔"。结合当时的情况和神圣罗马帝国议会的反应来看，这个评价是比较恰当的。而腓特烈大帝呢？为了顾全大局，他冒了那么多风险，却因为拒绝谈判，反而像是成了与大家作对的人了。事实上，评价腓特烈大帝拒绝谈判的行为并非易事。因为腓特烈大帝对安斯巴赫的继承权和巴伐利亚公国遗产继承问题并无直接联系，只能说奥地利大公国对整件事情的设计和操作实在太巧妙，结果还是强行将腓特烈大帝对安斯巴赫的继承问题摆上了讨论桌。奥地利大公国的这份提议并不简单，背后潜藏着精密的计划。之所以这么说，是因为奥地利大公国在利用道德向腓特烈大帝施压，从而迫使他放弃对安斯巴赫的继承权。为了整个神圣罗马帝国的利益，腓特烈大帝虽然做出了不小的牺牲，但如果不放弃安斯巴赫，那么腓特烈大帝就有可能引发公愤，所有人都会指责他蓄意延长战争是在自取灭亡。"在宣布他成为神圣罗马帝国这个大集体的保护人之后，腓特烈大帝很有可能发现，除了已经付出的代价，他还成了别人指责、抛弃和攻击的对象。这些人当中甚至还有他的朋友。他成了众人眼里的反面人物，成了和平的破坏者。从此，腓特烈大帝守护者的形象与约瑟夫二世侵略者的形象竟发生了互换。

奥地利大公国借助一个巧妙的外交手段将腓特烈大帝置于危险的境地，但腓特烈大帝并非孤立无援，他的盟友们已经采取行动。很快，那个曾经在战争初期抛弃了腓特烈大帝的盟国反而要来救他脱离困境。此外，对腓特烈大帝而言，法兰西王国的军队不足为惧。因此，对于法兰西王国在1778年8月提出的调解方案，他自然可以不予考虑。目前，全欧洲只有一个国家能够有效干涉巴伐利亚公国王位继承事件了——这是一个积蓄已久并且影响力持续增长的国家。这个国家的领导者正是那个时代最擅于异想天开、最暴虐同时也最聪明的女人。俄罗斯帝国的叶卡捷琳娜大帝本就是神圣罗马帝国的公主，而她和腓特烈大帝的友谊再加上普鲁士王国与俄罗斯帝国的联盟关系，都使她对神圣罗马帝国政治事务兴趣倍增。1778年的前几个月，她每天都在惴惴不安中等待奥斯曼帝国方面的最后通牒，因此她既没有精力也没有欲望去干涉神圣罗马帝国的事情。到了1778年年中，这个危机已经过去，她也能抽出时间开始仔细研究西方的时局。目前，法兰西王国正在和大不列颠王国交战，无法有效地干涉神圣罗马帝国的事务，这就为叶卡捷琳娜大帝提供了一个好机会。无论是打仗还是谈判，都没能让奥地利大公国和普鲁士王国之间的权力平衡发生真正的变化。然而，如果叶卡捷琳娜大帝介入此事，并用她的影响力去争取和平，那么她说不定能成为神圣罗马帝国政治事务的调停人和西方事务的仲裁者。六年前，当她想要控制波兰-立陶宛王国时，奥地利大公国和普鲁士王国干涉了她的行动。如今，这两个国家正在试图解决神圣罗马帝国的内部问题。她前去干预一番，也算是个不错的回敬。她准备扮演的角色自带无上的荣光，换作别人也都想去尝试一下。此外，她心里清楚，她的国家现在确实有实力去扮演这个角色。这两种因素与她那日益强大的军队、她的名望，以及她的谄媚者们的那些花言巧语融合在一起，更加刺激了她求取声名的欲望，也增加了她取胜的自信。

战争爆发前，外交家们已经有让俄罗斯帝国担任调停者的想法。说来也怪，这个想法的出现能成为现实靠的正是腓特烈大帝使的一个外交诡计。叶卡捷琳娜大帝和大臣们表示，虽然普鲁士王国和奥地利大公国的这场冲突并未满足俄罗斯帝国与普鲁士王国联盟关系中的援助条件，但他们还是公开表达了俄罗斯帝国对腓特烈大帝在巴伐利亚公国问题上的同情。出乎人们意料的是，腓特烈大帝对俄罗斯帝国的干涉表现出了厌恶，甚至未像以往那样将外交计划透露给俄罗斯帝国——尤其是有关巴伐利亚公国谈判方面的计划。腓特烈大帝这一明显的疏忽和冒犯之举，伤害了叶卡捷琳娜大帝及其大臣尼基塔·伊万诺维奇·帕宁①的虚荣心。这次，精明的腓特烈大帝使出一个高招。他的这一行为显

尼基塔·伊万诺维奇·帕宁

---

① 尼基塔·伊万诺维奇·帕宁（Nikita Ivanovich Panin，1718—1783），俄罗斯帝国政治家。

库尔兰和瑟米加利亚公国徽章

然是深思熟虑的结果,背后隐藏着精密的计划。腓特烈大帝表面上漫不经心,实则已经做好周密的计划。他令俄罗斯帝国方面骚动起来,并将注意力集中到神圣罗马帝国。与此同时,腓特烈大帝做出许多承诺,并用库尔兰和瑟米加利亚公国[1]作为诱饵,将叶卡捷琳娜大帝那位聪明又能力突出的宠臣格里戈里·亚历山德罗维奇·波将金[2]争取到他这边。腓特烈大帝还有一个盟友保罗一世[3],此人是叶卡捷琳娜大帝的儿子,一直非常崇拜腓特烈大帝。于是,保罗一世夫人的眼

---

[1] 库尔兰和瑟米加利亚公国,位于波罗的海沿岸,1561年到1569年是立陶宛大公国的属国,1569年并入波兰-立陶宛联邦,1795年在第三次瓜分波兰过程中被俄罗斯帝国占领。

[2] 格里戈里·亚历山德罗维奇·波将金(Grigory Potemkin, 1739—1791),俄罗斯帝国军事领袖、政治家。

[3] 保罗一世(Paul I, 1754—1801),叶卡捷琳娜大帝之子,俄罗斯帝国皇帝。

保罗一世

泪再加上格里戈里·亚历山德罗维奇·波将金的劝说,所有这些因素加在一起,终于坚定了叶卡捷琳娜大帝和尼基塔·伊万诺维奇·帕宁出手干涉神圣罗马帝国内部事务的决心。腓特烈大帝的这些计策很快有了成效。考尼茨·里特贝格公爵文策尔·安东周围没有一个能看清局势的人。因此,虽然战争从开始到现在这么长时间过去了,但他还是坚信奥地利大公国和普鲁士王国在有关巴伐利亚公国问题上发生的争执并没有满足俄罗斯帝国对普鲁士王国的援助条件。带着这个想法,考尼茨·里特贝格公爵文策尔·安东也给彼得格勒寄去了一份《请求和解陈述书》,请求俄罗斯帝国和法兰西王国一起为奥地利大公国提供援助。考尼茨·里特贝格公爵文策尔·安东所做的计划与俄罗斯帝国已经制定好的计划极其相似,或者不如说前者实际上影响了后者。尼基塔·伊万诺维奇·帕宁对此恼怒不已,很无礼地回复了奥地利大公国的提议。尼基塔·伊万诺维奇·帕宁强烈地暗示道,在特定情况下,并不排除俄罗斯帝国将在战争中自成一派的可能。不久,一支三万人的俄罗斯帝国军队开始朝着奥地利大公国的方向前进,并随后进入波兰立-陶宛王国的西部。早在考尼茨·里特贝格公爵文策尔·安东对俄罗斯帝国的这一举动感到疑惑前,腓特烈大帝就已经施妙计,不仅充分利用了他的盟友,还顺便将奥地利大公国的盟友为己所用,开始为普鲁士王国走出困境做准备了。"既不满足于仅仅赢得俄罗斯帝国的援助,又担心战争还会爆发,腓特烈大帝尝试迈出了更加危险的一步。这一步他走得可谓同样成功。他在法兰西王国和奥地利大公国之间制造误会,并使法兰西王国和俄罗斯帝国的关系恢复到原先持续已久的冷淡状态。为了达到这个目的,腓特烈大帝顺着凡尔赛宫廷在1778年8月向他表达的意思回复道,他已经准备好接受调停。此外,如果叶卡捷琳娜大帝觉得合适,那么他也愿意为俄罗斯帝国充当调停者。一方面,法兰西王国对腓特烈大帝行为的正当性深信不疑;另一方面,因为种种原因,法兰西王国实在是太想要接近普鲁士王国了。因此,法兰西王国方面没有犹豫,立即制定了和俄罗斯帝国的联合调解方案。为回应腓特烈大帝的提议,彼得格勒方面也往巴黎寄去一份相似的提议——两个信使实际上还在途中相遇。彼得格勒方面的提议一到,就立即被采纳了。与此同时,相关情况也即刻传到了维也纳宫廷。"除

格里戈里·亚历山德罗维奇·波将金

詹姆斯·哈里斯

了最后一句话，詹姆斯·哈里斯对腓特烈大帝这一壮举的记述应该都是非常准确的。我们从詹姆斯·哈里斯的记述中可以看到，这位陷入战争僵局、难以脱身的老国王，是怎样用他的聪明才智借助外交手段来解围的。然而，与詹姆斯·哈里斯的描述不同的是，安排联合调解确实不可避免地耽误了一些时间。跟彼得格勒方面联系时，糊涂而愤怒的考尼茨·里特贝格公爵文策尔·安东言辞刻薄。叶卡捷琳娜大帝和大臣尼基塔·伊万诺维奇·帕宁与凡尔赛方面的关系也变得不如从前了。根据尼基塔·伊万诺维奇·帕宁和腓特烈大帝那位热心的朋友格里戈里·亚历山德罗维奇·波将金的说法,叶卡捷琳娜大帝的女性特质表现得非常突出。她变得既善变又急切,同时还很犹豫。然而,叶卡捷琳娜大帝还是很有见识的,她不会看不出万一大不列颠王国和法兰西王国开战,法兰西王国在神圣罗马帝国这边就指望不上了。如果想真正扭转局面,那么到最后仍然需要依靠俄罗斯帝国。1778年11月第一个星期,法兰西王国向俄罗斯帝国表态,法兰西王国愿意担任联合调停者的角色。唯一的条件是所有调停国在调停过程中必须暂时抛开和其他国家的盟友身份,扮演一个不偏不倚的仲裁人的角色。后来,法兰西王国严格遵守了这一规定,俄罗斯帝国则没有。在法兰西王国和俄罗斯帝国之间,一个将成为软弱的法官,另一个则会成为强势的辩护人。

除了规范调停者们的行为,法兰西王国还要专门为这次调停活动设置规则。这个举动其实非常具有时代特色,因而值得我们注意。从神圣罗马帝国目前的局面来看,当两支力量冲突时,任何有关原先谁对谁错的讨论都将失去意义,纠结这个问题只会继续延长战争。"谈判的最终目的是维护利益方的既得利益,而不是维护"利益"这个概念本身的公平性。这是《威斯特伐利亚和约》的总担保人设定的一个最奇特的规则。"休·艾利奥特恰当地评论道。

奥地利大公国似乎很乐意采纳这一观点,也确实这样做了——在之前的谈判中,奥地利大公国就提到安斯巴赫的问题;而普鲁士王国代表虽然表现得有些犹豫,但似乎也已经认同这一谈判规则。这种规则的运作原理是,不考虑领土本身的所有权,将分割后的领土全部进行重新分配,以便各国之间达到一个实力相当的状态。幸好这个规则并没有得到所有人的拥护。对于法兰西王国而言,神圣罗马帝国的瓦解并非什么坏事,这本就是法兰西王国之前一直努力想要促成的结果。然而,对于大不列颠王国和萨克森选帝侯国而言,神圣罗马帝国的瓦解是最不幸的灾难,因为一旦神圣罗马帝国瓦解,大不列颠王国的安全就会受到威胁,而萨克森选帝侯国则将直接面临存亡问题。因此,在巴伐利亚公国王位继承事件上,大不列颠王国采取的立场非常符合国际道德的标准。必须承认的是,大不列颠王国在18世纪实行的外交政策并不总是这么高尚。而大不列颠王国这次之所以采取如此公正的立场,究其根源,其实也是在为本国利益着想。

勃兰登堡家族的纹章

就这样,雷根斯堡议会上的大不列颠王国代表们义正词严地发声了[①]:"人们从某种权力平衡的观点出发做出了许多论证。在帝国法庭上,各党派不断要求限制勃兰登堡家族[②]的扩张。普鲁士王国内各党派呼吁控制奥地利大公国扩张领土的声音也丝毫没有减弱。双方对这种论证方式都甚是自得,他们认为与浪费时间证明各自的主张更符合法律规定和道义精神相比,这种说法见效更快,也

---

① 《政府文件——国外部分,档案,巴伐利亚公国》,第45卷,雷根斯堡,拉尔夫·希斯科特致威廉·弗雷泽,1778年11月15日、1778年11月22日。——原注
② 勃兰登堡家族,即霍亨索伦家族(House of Hohenzollern)。该家族在神圣罗马帝国历史上长期统治勃兰登堡公国。17世纪,勃兰登堡公国和普鲁士公国合并成为勃兰登堡-普鲁士,这便是普鲁士王国的前身。

更能左右民意。这话听起来太自满了。他们忘了神圣罗马帝国是一个完整的政治体系，这个体系是建立在各种法律和条约的基础上的。这里的法律和条约指普世认可的法律，以及由欧洲一些主要国家做担保的条约。因此，一切有关神圣罗马帝国这个政治体系的推理论证都需要并且只能以这些法律和条约作为立足点进行延伸。此外，神圣罗马帝国这个体系中产生的一切争议也都只能依照这些法律和条约进行处理。这些国家巧妙地绕开了上述这个公正的、唯一正确的理念，却忘了绕开这一理念会产生怎样的后果。从他们思考和行动的方式来看，他们的唯一目的或者他们唯一应该持有的目的，似乎就是让柏林方面和维也纳方面实现权力平衡。然而，这些国家所秉承的这一信条，显然不符合神圣罗马帝国这个大集体的精神和利益。因为，按照这种指导思想行事会引发两个后果。首先，集体里的成员会不分青红皂白地去支持或者反对各种主张，而不管这些主张正义与否。其次，这种思想对德意志范围内的任何约束力和行为准则都具有颠覆性的破坏作用，而这些行为准则和约束力正是神圣罗马帝国的政治尊严，甚至会决定神圣罗马帝国的存亡。不幸的是，这种思想在当时特别流行。因此，当玛丽亚·特蕾莎在最后一次谈判中向腓特烈大帝提议奥地利大公国保留这块年税收额一百万弗罗林的土地，并以此抵消安斯巴赫和拜罗伊特即将带给普鲁士王国的利益时，很多人都不假思索地表示这个提议非常合理。"于是，大不列颠王国的外交大臣纷纷表现得义愤填膺。大不列颠王国政府抓住一切机会，试图强调法律和道义的重要性。不幸的是，这种机会并不多。这种现象在18世纪非常罕见。

  是认同大不列颠方面表现出的这种道德情操还是不以为然，这似乎要由法兰西王国和俄罗斯帝国这两个联合调停国决定。然而，在整起事件中真正起决定性作用的其实是俄罗斯帝国。法兰西王国虽然是《威斯特伐利亚条约》的担保人，但目前正在和大不列颠王国交战。这是俄罗斯帝国第一次介入神圣罗马帝国的内部事务。俄罗斯帝国的谈判代表有一支俄罗斯帝国大军做后盾。现在，法兰西王国无法抽身来帮助奥地利大公国，而俄罗斯帝国可以轻而易举地向普鲁士王国伸出援手。法兰西王国的谈判代表路易·德·布勒特伊是一位精明强干的外交家，可惜现在只剩下道德优势可以利用。反观俄罗斯帝国的尼古拉·瓦西里耶维奇·列普宁，此人不仅是俄罗斯帝国全权大使，还掌握着一支三万人的军队。这就是法兰西王国和俄罗斯帝国两个调停国之间最根本的区别。作为世界上最出色的外交家之一，叶卡捷琳娜大帝对局势了解得非常透彻。为了帮助俄罗斯帝国取得胜利，她开始设法提升俄罗斯帝国的影响力。叶卡捷琳娜大帝挑选尼古拉·瓦西里耶维奇·列普宁在即将召开的大会上担任俄罗斯帝国全权大使。从她1778年10月22日托人给尼古拉·瓦西里耶维奇·列普宁带去的大篇幅指示中，我们可以看到她对整起事件的态度。在很大程度上，叶卡捷琳娜大帝倒向普鲁士王国一边。她痛斥奥地利大公国，责备对方违背了法律和正义，并且对约瑟夫二世对巴伐利亚公国的暴力侵略行为提出了批评。她认为，约瑟夫二世的侵略行径已经对所有小国造成恐慌。与此同时，叶卡捷琳娜大帝还赞扬了腓特烈大帝努力维护神圣罗马帝国正义和自由的举动。很久以前，尼基塔·伊万诺维奇·帕宁就曾指出："无论是从地理位置还是从整体实力上来讲，神圣罗马帝国都是所有欧洲事务和利益的中心。"神圣罗马帝国发生的任何变故，都会迅速影响欧洲其他国家。对于这个看法，叶卡捷琳娜大帝在她的指示中已经阐述得很清楚了。叶卡捷琳娜大帝还补充道，维护神圣罗马帝国的完整就是维护俄罗斯帝国的利益。因此，她必须告知奥地利大公国，俄罗斯帝国不会继续扮演旁观者的角色了。叶卡捷琳娜大帝虽然并不准备在司法问题上展开多么深入的讨论，但仍然期望得到神圣罗马帝国众邦国的支持和奉承。于是，局势发展到这一步后，正在交战的大不列颠王国和法兰西王国都无法再阻止俄罗斯帝国成为领导者。"这样一来，我们有幸在神圣罗马帝国全体邦国的注视下提出了必要的谴责，甚至可以说，我们将许多君主团结在了同一个体系中。这一结果将会给俄罗斯帝国带来期盼已久的优势，俄罗斯帝国会一跃成为能够决定神圣罗马帝国命运的国家。从一定程度上来讲，神圣罗马帝国的未来就掌握在俄罗斯帝国手里。这是俄罗斯帝国一直以来都渴望扮演的角色，也是法兰西王国之前一直扮演的角色。"俄罗斯帝国意识到，让战争再这样持续下去无疑是件很危险的事情。但按照目前的情况来看，空谈是无法阻挡战争的脚步的，而道义的力量也已经无法发挥任何作用。因此，为了有效干预局面，俄罗斯帝国准备随时向腓特烈大帝提供切实援助，并准备于第二年春天派遣一支军队前去支援普鲁士王国。但叶卡婕林娜大帝仍然不准备在俄罗斯帝国能力范围之外冒险，因为她依旧担心奥斯曼帝国会侵略俄罗斯帝国。俄罗斯帝国军队不会参与普鲁士王国在西里西亚的作战行动，只会在加利西亚和洛多梅里亚①一带活动，以造成声东击西的效果。叶卡捷琳娜大帝下达的指令非常高明，我们可以从中看到她敏锐的洞察力，以及指令背后潜藏着的冷酷无情的谋划。这位曾几何时还让别人瞧不起的微不足道的神圣罗马帝国的公主，很快就要以俄罗斯帝国女皇的身份在神圣罗马帝国两名最有权势的君主之间充当调停者了。估计这个念头给叶卡捷琳娜大帝带去了极强的快感。

在给尼古拉·瓦西里耶维奇·列普宁的一封秘密照会中，尼基塔·伊万诺维奇·帕宁说得很清楚，俄罗斯帝国是一定要为它提供的援助索取报酬的。尼基塔·伊万诺维奇·帕宁说道，腓特烈大帝对考尼茨·里特贝格公爵文策尔·安东的提议的拒绝太过唐突，这样做的结果是奥地利大公国突然意识到腓特烈大帝是非要继承安斯巴赫和拜罗伊特不可了。因此，奥地利大公国跟巴伐利亚公国缔结的《巴伐利亚公国瓜分条约》只好作废。对奥地利大公国来说，这是个很大的打击。于是，俄罗斯帝国不得不采取措施，来安抚一下奥地利大公国。尼古拉·瓦西里耶维奇·列普宁计划从"互惠原则"着手——要求不算高。然而，如果对方会意，那么这个恩惠给出去以后，腓特烈大帝的继承权也就不成问题了。那种体现国际道德精神和正义色彩的政策都被抛弃了，各种权宜之计和等价交换的概念终于还是占了上风。与从前的那些会议相比，这次大会在本质上并没有什么不同：

> 天气一片晴好，外交家们摆出宴席，
> 手上拿着刀叉，分割了欧洲的土地。

---

① 洛多梅里亚，该地名由拉丁文转化而来，指华林尼亚地区。该地区横跨现代波兰、乌克兰和白俄罗斯的边界，是历史上罗塞尼亚公国的所在地。

布雷斯劳

事实上,整场谈判都取决于一个问题。那就是,约瑟夫二世究竟想分多少巴伐利亚公国的土地给自己。

1778年11月9日,叶卡捷琳娜大帝的代表尼古拉·瓦西里耶维奇·列普宁离开彼得格勒。1778年12月,他抵达布雷斯劳,并拜会了腓特烈大帝。1778年12月19日,带着叶卡捷琳娜大帝的指示,尼古拉·瓦西里耶维奇·列普宁开始和普鲁士王国代表谈判。尼古拉·瓦西里耶维奇·列普宁向腓特烈大帝保证,在下一场战役中,俄罗斯帝国会为普鲁士王国提供一支辅助军队。尼古拉·瓦西里耶维奇·列普宁手下有一支三万人的军队。1778年11月时,这支军队已经开始朝着卢布林①的方向前进了。卢布林旁边就是奥地利大公国的边境。虽然尼古拉·瓦西里耶维奇·列普宁此时并没有和这支军队在一起,但军队所有的政策方针还和之前一样,因为他的性格"可是一点都不温柔"。腓特烈大帝很留心,对尼古拉·瓦西里耶维奇·列普宁多有奉承。然而,对于尼古拉·瓦西里耶维奇·列普宁传达的指令,腓特烈大帝不可能全部赞成,即使腓特烈大帝确实认为尼古拉·瓦

---

① 卢布林,距离华沙东南约一百七十公里,是波兰第九大城市,也是卢布林省的首府。

西里耶维奇·列普宁对于奥地利大公国一事的看法和他的看法不谋而合。尼古拉·瓦西里耶维奇·列普宁曾经表示，奥地利大公国要求得到三分之一巴伐利亚公国的理由是没有根据的。如果说普鲁士王国的盟友让腓特烈大帝有点不痛快，那么与奥地利大公国对法兰西王国的愤恨相比，腓特烈大帝的这种不痛快则是小巫见大巫了。从战争开始到结束，奥地利大公国一直都对法兰西王国的政策心存怀疑。这种怀疑并非没有根据。因为就像我们此时看到的一样，法兰西王国的安抚计划对奥地利大公国来说无疑非常不利。1778年1月21日，经俄罗斯帝国赞成的《请求和解陈述书》实际上提出了这样的说法，即奥地利大公国应当将它计划得到的领土范围限定在由因河与多瑙河交界处形成的三角形区域内。这块三角形区域中有诺伊堡、布劳瑙和布格豪森，但不包括赖兴哈尔的盐矿。除了这块三角形区域，奥地利大公国应当承认查理·西奥多尔对整个巴伐利亚公国和明德尔海姆的所有权，同时还应该要求查理·西奥多尔为腓特烈·奥古斯特一世提供一笔金钱作为补偿，因为腓特烈·奥古斯特一世是巴伐利亚公国财产的全权继承人。与此同时，奥地利大公国还应该承认腓特烈大帝对安斯巴赫和拜罗伊特的最终继承权。这些即将交由神圣罗马帝国议会审核批准的条款组合在一起，构成了正式签约之前的《草案》。正式和约将交由泰申的委托人和调停人会议起草。

　　《草案》内容并不符合维也纳方面的要求。1779年新年，玛丽亚·特蕾莎和以往每年一样焦虑和抑郁。考尼茨·里特贝格公爵文策尔·安东的眉头则显出"小心和不满"的神色。虽然罗伯特·默里·基斯并未注意到约瑟夫二世的神情，但可以肯定的是，整场谈判已经让约瑟夫二世颜面尽失。对手施加的压力太大，作为盟友的法兰西王国已经不再可靠，而俄罗斯帝国则一心一意地倒向普鲁士王国一边。在这种情况下，"维也纳三杰"①实在显得力不从心。敏锐的罗伯特·默里·基斯注意到，奥地利大公国在军事准备工作上有所放松，预示着政治局面的变化。1779年2月16日，继俄罗斯帝国和法兰西王国这两个调停国之后，维也纳方面也宣布接受这份《草案》。和平已经遥遥在望。虽然查理·西奥多尔和

---

① 指约瑟夫二世、玛丽亚·特蕾莎和考尼茨·里特贝格公爵文策尔·安东。

马克西米利安一世·约瑟夫都尚未正式对《草案》表示同意，但从二者一直以来的表现来看，他们是不会接受这份《草案》的。查理·西奥多尔反对俄罗斯帝国用赔偿腓特烈·奥古斯特一世的方式解决问题。虽然在短时间内，查理·西奥多尔的反对声引起了国际上的重视，但总体而言，查理·西奥多尔和马克西米利安一世·约瑟夫的抱怨和反对并没有对局势造成重大影响。

对于一些小国在泰申和会上的表现，我们没有必要细谈。但列强们的动机非常值得分析。参会的缔约国如此之多，又有那么多有争议的问题需要解决，在这种情况下，会议进程不可能一帆风顺。奥地利大公国的态度已经不需要过多强调。维也纳方面虽然很不情愿，但还是从根本上做出了让步，同意废除《巴伐利亚公国瓜分条约》并接受布格豪森作为补偿。对于俄罗斯帝国表现出的不友好态度，考尼茨·里特贝格公爵文策尔·安东和约瑟夫二世尚未产生怀疑，只是觉得奥地利大公国是在调停国的逼迫下才不得已做出让步的。在接下来的谈判中，奥地利大公国代表也表现得不是很配合，并且不容易交流。

《草案》制定之后，腓特烈大帝的目标和为达成目标所制定的政策都变得简单明了起来。奥地利大公国在1778年9月提出的赔偿政策一度将腓特烈大帝衬托得像一个侵略者。好在腓特烈大帝施展妙计，很快寻求到俄罗斯帝国和法兰西王国的援助，从而再次挫败了奥地利大公国。腓特烈大帝下定决心，一定要将奥地利大公国对巴伐利亚公国的胃口限制在因河与多瑙河之间的那个无足轻重的三角形区域内。同时，腓特烈大帝坚持他对安斯巴赫的继承权不放松。奥地利大公国威胁要否认他的这一继承权，或试图和他谈条件，都无法让他动摇。与此同时，腓特烈大帝也很精明，他将谈判的主场让给俄罗斯帝国和法兰西王国这两个调停国，又小心翼翼不让这两个国家走得太近。他不时干预一番，说句赞扬的话，摆出一副威胁的架势，针对某一问题要求维也纳给出明确答复，甚至命令他的军队进入战备状态。但在绝大多数情况下，就像之前在阿尔瑙时一样，他并没有去攻击对手，而是双臂交叉抱在胸前，一动不动地欣赏各路高手过招。这种按兵不动的手法在战场上有多没用，在外交上就能有多成功。

作为两个调停国之一，法兰西王国陷入了有史以来最尴尬的境地。对于法兰西王国驻巴黎公使查尔斯·格拉维尔和泰申和会上的法兰西王国全权大使路易·德·布勒特伊来说，无论在哪种场合，他们两个人都很难做到言行一致和表里相符。法兰西王国是奥地利大公国的盟友，但与此同时，法兰西王国又几乎公开对马克西米利安一世·约瑟夫的立场持赞成态度。而面对意欲诉诸武力的腓特烈大帝，法兰西王国也并没有提出任何异议。这么做的理由是，在另一边的美洲新世界，法兰西王国正在和大不列颠王国进行殊死战斗。在这种情况下，法兰西王国根本没有办法抽身去有效地干预欧洲旧世界的事务。因此，为了最大限度保证自身利益不受损害，法兰西王国要做的就是尽可能不去破坏神圣罗马帝国的现状。这就是查尔斯·格拉维尔和路易·德·布勒特伊的观点。这两个人也确实是依据这个观点行事的。查尔斯·格拉维尔奥斯曼帝国方面，为俄罗斯帝国和君士坦丁堡方面开展外交活动做好了准备工作。与此同时，查尔斯·格拉维尔给彼得格勒方面寄去了法兰西王国对神圣罗马帝国的安抚计划，字里行间充满了最微妙也最讨人欢心的奉承之辞。查尔斯·格拉维尔的这个政策大获成功。面对甜言蜜语，尼基塔·伊万诺维奇·帕宁陶醉其中。在给大不列颠王国驻彼得格勒大使的信中，尼基塔·伊万诺维奇·帕宁对法兰西王国的政策和法兰西王国公使展现出的那副彬彬有礼的姿态大加赞美。信中的话让詹姆斯·哈里斯感到非常厌恶。在回信中，詹姆斯·哈里斯暗示尼基塔·伊万诺维奇·帕宁，法兰西王国公使表现出的诚意值得怀疑。尼基塔·伊万诺维奇·帕宁则一再引用腓特烈大帝来信中的内容加以反驳，让詹姆斯·哈里斯无可奈何。法兰西王国的这份计划实际上包含了腓特烈大帝最感兴趣的想法，也就是在法兰西王国、俄罗斯帝国和普鲁士王国之间组建一个联盟。这个联盟的特殊性在于，普鲁士王国虽是联盟中的一员，但只站在辩论席以外的地方，不参与任何争执。"奥地利大公国的扩张总要触犯到法兰西王国的利益。然而，俄罗斯帝国可以帮助法兰西王国将维也纳宫廷的规模控制在可以接受的范围内，这样一来就万事大吉了。尼基塔·伊万诺维奇·帕宁说话的语气就好像他已经完全不记得法兰西王国现在正在和大不列颠王国打仗了。他现在完全是一个认准了某个目标就不顾一切的人。"詹姆斯·哈里斯如是说。

1778 年的叶卡捷琳娜大帝

詹姆斯·哈里斯的话正是目前俄罗斯帝国外交政策的真实写照。叶卡捷琳娜大帝和尼基塔·伊万诺维奇·帕宁深深陶醉在他们所扮演的角色当中。腓特烈大帝和查尔斯·格拉维尔的轮番奉承是那么让人受用。而奥地利大公国忍气吞声的模样又是那么让人痛快。面对此情此景，二人不禁开始做起美梦来。在梦里，神圣罗马帝国统治者低下了头，并从东方女皇[①]手中接过和平的桂冠。一开始，人们都在好奇俄罗斯帝国的利益关系。"尼基塔·伊万诺维奇·帕宁将全部时间花在了调停工作上。"至于叶卡捷琳娜大帝，她四处留心，逢场作戏，怀着

---

① 东方女皇指叶卡捷琳娜大帝。

"异常的满足"关注着和谈进展,认为整个和平的进程都是她一手推动的。她这样做的结果就是,旁观者纷纷怀疑俄罗斯帝国是不是滥用了它作为调停者的权力。就连腓特烈大帝也认为,和之前的法兰西王国外交家相比,俄罗斯帝国外交家要逊色不少。"法兰西王国的人虽然文弱,但至少办事敏捷并且态度直率……俄罗斯帝国的人做这些事情时则显得很愚笨,就好像他们之前从来没和别人谈判过一样。我需要时刻提点着他们,别让他们给我惹出什么乱子来。"①腓特烈大帝过于自命不凡了。叶卡捷琳娜大帝来自俄罗斯帝国,既非一直按照西方人的风格行事,也不总是以外交家的手法出牌。尼基塔·伊万诺维奇·帕宁这种人确实难免有自吹自擂的时候,而尼古拉·瓦西里耶维奇·列普宁的外交手段也并非总是面面俱到。然而,虽然他们在战术上有失误的地方,但总体而言,这两个人仍然以游刃有余的姿态牢牢主导着俄罗斯帝国政策的方向。尼基塔·伊万诺维奇·帕宁的身后有叶卡捷琳娜大帝。而尼古拉·瓦西里耶维奇·列普宁身后则站着一支三万人的大军。这支大军在日后的战火中顽强厮杀,最终迎来了胜利的曙光。

即便已经签署《草案》,也不能指望维也纳方面会乖乖就范。被迫放弃原先夺取下巴伐利亚公国的计划后,考尼茨·里特贝格公爵文策尔·安东和约瑟夫二世准备继续想办法在腓特烈大帝对安斯巴赫的继承问题上做文章。这两个人没有一点要配合调停的想法。在接下来的谈判中,他们想方设法挑普鲁士王国的毛病。罗伯特·默里·基斯密切注意着二人的一举一动。奥地利大公国扩军备战的阵势大小成了欧洲局势的政治晴雨表。1779年2月20日,也就是维也纳接受《草案》的第四天,罗伯特·默里·基斯非常满意地注意到,"威尼斯那些顽固的军队、匈牙利王国那些造反的军队、特兰西瓦尼亚②和其他偏远省份的军队都撤回原来的地方了。"大局似乎已定,但到1779年3月3日,谣言使罗伯特·默里·基斯再次警觉起来:"这场谈判和战争同时进行,其罕见程度史无前

---

① 舒宁:《巴伐利亚公国王位继承战争》,第226页,腓特烈大帝致亨利亲王,1779年1月10日。对比詹姆斯·哈里斯致韦茅斯,1779年6月3日。——原注
② 特兰西瓦尼亚,历史地名,位于罗马尼亚中部,其东部和南部以喀尔巴阡山脉作为自然边界,西部延伸至阿普塞尼山脉。

例。"1779年2月28日,边境线一带发生了一起小规模冲突。到1779年3月7日,仍然没有任何一方宣布停战。泰申和会直到1779年3月第二个星期才在泰申召开。腓特烈大帝是这样描述的:"泰申不是一个好待的地方。在这里逗留的这段糟糕的日子中,一名七十岁的老维纳斯便是所有的乐趣所在了。路易·德·布勒特伊将他暴露在这名维纳斯面前,由这位女神主持了所有的会议。"①这些不算出彩的小插曲是由几股外交上的风潮引起的。虽然维也纳宫廷方面确实已经终止和查理·西奥多尔的合作,但奥地利大公国又一直对查理·西奥多尔持一种赞成态度。奥地利大公国将这种态度把握得恰到好处,既没有往前多迈一步,给予查理·西奥多尔足够的支持,使他能够取得实质性的成果,又引起其他国家怀疑查理·西奥多尔是不是还在和奥地利大公国有所密谋。在大会对遗产问题做出最终裁决前,仍然有许多无关紧要的申请人急着提出他们索要这份遗产的主张。对于这些人,奥地利大公国也表示了些许赞成。无论如何,这些主张都不会得到承认。因为早在之前,《草案》就已经限定遗产分配的范围。然而,查理·尤金②、谢洛尼莫斯·冯·克罗雷多③和克莱门斯·温切斯劳斯④依然提出了他们各自的主张。无论是从法律的角度还是从事实的角度来讲,三人的主张都没有什么依据。拉尔夫·希斯科特讥讽道,与奥格斯堡主教⑤相比,如果换作乔治·斯宾塞⑥对明德尔海姆提出主张,他的胜算一定会更大。其他人对这份遗产提出的主张也都相差不多。这些人的举动都被视为"维也纳宫廷方面采用的诸多秘密手段,目的是让巴伐利亚公国遗产继承问题变得更加复杂"。然而,和平的风势渐起,这股风带着强大的力量将这些无足轻重的小人物及其反对声统统扫向了一边。最终,罗伯特·默里·基斯开心地看到,克罗地亚王国的军队穿过维也纳回

---

① 舒宁:《巴伐利亚公国王位继承战争》,第268页。——原则
② 查理·尤金(Charles Eugene, 1728—1793),符腾堡公爵,查理·亚历山大之子。
③ 谢洛尼莫斯·冯·克罗雷多(Hieronymus von Colloredo, 1732—1812),1761年至1772年任古尔克亲王主教,1772年到1803年任萨尔茨堡亲王主教。作为亲王主教,他在担任神职人员的同时也负责管理世俗事务。
④ 克莱门斯·温切斯劳斯(Clemens Wenceslaus, 1739—1812),来自韦廷家族,是萨克森选帝侯奥古斯特三世的第九个孩子,曾任弗莱辛亲王主教、雷根斯堡亲王主教、奥格斯堡亲王主教。
⑤ 此处指克莱门斯·温切斯劳斯。
⑥ 乔治·斯宾塞(George Spencer, 1739—1817),第四代马尔博罗公爵。

到了家乡。局势终于稳定了下来。1779年5月13日，和平协议签署完毕。维也纳一片欢庆，人们唱起了赞美诗。作为两个调停国的代表，尼古拉·瓦西里耶维奇·列普宁和路易·德·布勒特伊分别从玛丽亚·特蕾莎手中接过了她"镶着华丽钻石"的画像。①

奥地利大公国的强烈反对和查理·西奥多尔的愤愤不平，以及没能如愿的小人物们愤怒的嗡嗡声都未能改变谈判的最终结果，最后确定的安排跟《草案》的内容并没有实质上的差别。奥地利大公国接受了布格豪森，并宣布不再对巴伐利亚公国做任何进一步的索取。作为全权继承人，腓特烈·奥古斯特一世得到明德尔海姆和四万弗罗林作为赔偿。剩下的巴伐利亚公国领土都归巴拉丁选帝侯查理·西奥多尔。按照第八项条款，查理·西奥多尔得到的这部分领土将完好无损地传给他的继承人马克西米利安一世·约瑟夫。腓特烈大帝则赢得了安斯巴赫的继承权。作为交换，如果萨克森选帝侯国家族灭亡，那么奥地利大公国将对卢萨蒂亚享有部分复归权。这些安排均得到奥地利大公国和普鲁士王国的认可，双方会将协议递交神圣罗马帝国议会批准。法兰西王国和俄罗斯帝国将为协议做担保。四个国家都在《泰申和约》中发挥了各自的作用。普鲁士王国和奥地利大公国像两根主心骨一样支撑着摇摇欲坠的神圣罗马帝国，以确保其内部在整体上处于稳定状态。俄罗斯帝国和法兰西王国则像两道扶壁，从外部提供支持，以确保这个帝国不会散架。

从外交角度来看，在和约达成的那一刻，被约瑟夫二世称作"和俄罗斯帝国一起与奥地利大公国对着干"的腓特烈大帝算是取得了最终胜利。然而，腓特烈大帝这次并未为他赢得什么好名声。争端刚开始，腓特烈大帝便做出声明，称他不会以损害神圣罗马帝国的利益为代价来夺取领土。这种声明从他这样一位侵略过西里西亚又新近参与瓜分了一个国家的人嘴里说出来，着实会让人感到非常吃惊。之前，他无视神圣罗马帝国的法律，在未经议会允许的情况下使用

---

① 腓特烈大帝送给尼古拉·瓦西里耶维奇·列普宁的礼物是一枚胸针。胸针上镶嵌着腓特烈大帝的画像，据说"工艺非常繁复"，"估价为两万美元"。腓特烈大帝给了路易·德·布勒特伊"一个盒子，非常精美，但没有画像的价值高"。《詹姆斯·哈里斯的书信》(1870)，第1卷，第407页。——原注

查理·尤金

乔治·斯宾塞

谢洛尼莫斯·冯·克罗雷多

克莱门斯·温切斯劳斯

武力，进而摆出一副准备战斗的姿态，表面上是在保卫神圣罗马帝国的领土，实际上只是在确保权力平衡不被打破。然而，到头来，在这两件事情上，腓特烈大帝也确实信守了诺言，并实现了他的目标。他没有通过武力就使问题得到解决——他的士兵们除了偷李子什么也没干。在他的操纵下，奥地利大公国也没能得到一直想要的土地。除了萨克森选帝侯国，腓特烈大帝孤立无援。但正是在这种情况下，他先成功维护了神圣罗马帝国的权益，并限制了奥地利大公国的主张，接着又引来其他国家对局面进行干预。并且这几个国家都成了他坚定的支持者，也都郑重地对他的行为表示了认可。在私下里，他估计抛弃普鲁士王国在神圣罗马帝国唯一的盟友实在不算明智的选择。因此，他在公众面前打出拥护帝国法律的旗号，坚持要求萨克森选帝侯国获得全额赔偿。确实，腓特烈大帝对神圣罗马帝国法律的尊敬在很大程度上都是流于表面而非出于真情实感。腓特烈大帝真正关心的是《泰申和约》能否顺利签订。神圣罗马帝国议会只是他用来达成目的的工具。也正是这个缘故，此时的腓特烈大帝表现得比以往都要更加尊重神圣罗马帝国议会的裁决。众小国则非常感激腓特烈大帝维护了它们的权益，感谢腓特烈大帝站出来为它们发声。对于腓特烈大帝而言，来自这些小国的道德上的支持也有着无可替代的潜在价值。大不列颠王国外交部的托马斯·泰恩[①]就曾经说："腓特烈大帝所表现出的行为是那么高尚和庄严，同时又大公无私。"在巴伐利亚公国农民的棚屋里，腓特烈大帝的肖像和圣母玛丽亚的肖像挂在一起。两幅肖像前各有一支燃烧的蜡烛。上自宫廷大臣，下至乡野村夫，人们争相庆贺腓特烈大帝取得成功。

未来的日子里，腓特烈大帝还会向世人证明约瑟夫二世是一名暴君，只想扰乱神圣罗马帝国的古老秩序，而他则是这些秩序的守护者。从《泰申和约》和腓特烈大帝在整起事件中的态度来看，晚年的腓特烈大帝仍然不减当年之勇。带着这股强大的力量，他一次又一次地挫败了约瑟夫二世在德意志范围内扩张领土的计划。1785年，腓特烈大帝组建了对抗约瑟夫二世的君主联盟。1778年到1779年，腓特烈大帝开始着手展开一项新的外交活动。凭借这项外交活动，

---

① 托马斯·泰恩（Thomas Thynne，1734—1796），第一代巴斯侯爵，大不列颠王国政治家。

他也将取得人生中最后一项外交方面的成就。腓特烈大帝并非只在德意志范围内实现了对约瑟夫二世的孤立——能在神圣罗马帝国范围内做到这一点就很了不起了。事实上,他已经将奥地利大公国隔离在整个欧洲之外。而在不久的将来,腓特烈大帝的一举一动都将成为所有人注目的焦点,全欧洲的政治活动都要围绕他展开。

《泰申和约》整体呈现出的特点及和约内容所带有的道德色彩,大概就是这份和约最有趣的地方了。《泰申和约》的诞生意味着瓜分巴伐利亚公国的计划彻底失败。要知道,即便是在18世纪,这种瓜分计划也是非常少见的。对波兰-立陶宛王国的瓜分可谓18世纪一个最典型的案例。这一案例向我们展示了外交家们的不择手段究竟能达到何种程度。然而,那些外交家至少能拿出瓜分波兰-立陶宛王国的借口,例如波兰立-陶宛王国正处于无政府状态,波兰立陶宛王国的民族意识已经消亡,以及瓜分行为只是违背了维护神圣罗马帝国完整性的义务。然而,这些借口中的任何一个都不能用来解释约瑟夫二世瓜分巴伐利亚公国的行为。巴伐利亚公国并非处于无政府状态;巴伐利亚人民也并不欢迎侵略者的到来;瓜分巴伐利亚公国的行为并不存在什么违反国际义务的情况。约瑟夫二世的行为确实违背了神圣罗马帝国明确设立的法律和章程。身为神圣罗马帝国的首脑和法律的代言人,这位皇帝蓄意违反了这些法律和章程,而唯一的理由就是一套有关继承权的可疑说法。为此,约瑟夫二世有意破坏了一大堆法律,同时又违背了一系列协议,并且命令士兵们前去侵略一块宁静的土地。很难想象还有何时何地,法律发挥作用的空间变得如此之小,而结果是军事力量强大的国家可以肆无忌惮地使用武力来为自己争夺利益。这位皇帝操控神圣罗马帝国中一个小国国王的性质,和一个近代欧洲国家摆布一位印第安部落首领的性质别无二致。在这种情况下,一个小国只有两种选择:要么被对方通过战争手段将自己的领土抢过去,要么自己主动将对方想要的领土割过去。和对方签订一份协议,你的领土从此就属于对方了。这正是约瑟夫二世使用的手段。唯一不同的是,他从中世纪的文献里翻出一份声明作为他对别国发起侵略的托词。这些托词并没有骗过几个人,更骗不过他自己。在欧洲,虽然类似的瓜分行为确实有先例,但这种行为都是道义和法律无法容许的。

一直以来，人们都在担心波兰-立陶宛王国的历史将会重演，神圣罗马帝国也会像波兰-立陶宛王国一样遭到瓜分，对巴伐利亚公国的瓜分显然就是一个前兆。此外，在阻止瓜分巴伐利亚公国行动的各大势力中，有两个国家曾经参与瓜分波兰-立陶宛王国。在阻止瓜分行动和维护国际道义的事情上，虽然叶卡捷琳娜大帝和腓特烈大帝不算手段最高明的君主，但问题的关键在于这两个人为了维护各自的观点不惜采取威胁和武力的手段。这其中的深意就非常值得揣摩了。不管是出于什么样的私人原因，反正为了同一个目标，叶卡捷琳娜大帝吃了点苦头，腓特烈大帝则付出了重大牺牲。与此同时，这两个人又竭力表现出事不关己的样子。和这场瓜分风波关联不大的大不列颠王国对叶卡捷琳娜大帝和腓特烈大帝在维护神圣罗马帝国的权利和法律方面做出的努力不吝赞美。这确实不假，因为二人整体上就是奔着一个目标去的，那就是要证明奥地利大公国的侵略行为太过分。在这一点上，约瑟夫二世的表现着实有趣，他做出的各种极端行为无一不带有他这个年龄阶段的人的性格特征。对于1778年1月3日的《巴伐利亚公国瓜分条约》和接下来的事情进展，约瑟夫二世表现出一副强烈的愤世嫉俗的模样、一种特别好斗的情绪和一种赤裸裸的对领土的渴求。抱着这种心态，约瑟夫二世为他的计划添上了最后一笔。也正是这最后一笔导致了他最后的失败。约瑟夫二世高估了自己，将弓拉得过满，结果拉断了弓。即使是封建君主制下手握重权的统治者，也不能为了国家的私利胡作非为。约瑟夫二世的失败实属咎由自取。

从根本上说，针对约瑟夫二世的声讨更多集中在他谋取自身权力的行为上，而非他践踏国际权利的行为上。腓特烈大帝和法兰西王国为各自谋权是因为面临权力失衡的危险。大不列颠王国同意普鲁士王国和法兰西王国的做法也是出于同样的原因。俄罗斯帝国这样做则是为了维护国家权益和国家尊严。然而，现实情况是，虽然开会时人人都将国际道义和公平交易挂在嘴边，但真正落实到行为上时，结果并不总是那么理想。《泰申和约》的规定并非完全公平。仅凭一些没有依据的理由，奥地利大公国就得到了部分存在争议的领土。但至少这份和约迫使各方停止了武力示威，有效遏制了列强肆意欺凌弱国的行为。无助的巴伐利亚公国讨回了一些公道，而强势的奥地利大公国则受到了一定程度的谴责。这份和约能取得这样一个积极的结果，靠的恰恰是强国的作用。然而，对于神圣罗马帝国而言，强大的普鲁士王国也未能阻止奥地利大公国扩张领土的脚步。这的确是一个不祥的征兆。到战争后期，腓特烈大帝着实感到为难，虽然后来运用外交手段成功取胜，但仍然为此付出了巨大的代价。和俄罗斯帝国一起处理神圣罗马帝国的内部事务，起初是腓特烈大帝玩弄的一个外交手腕，但也正因如此，腓特烈大帝为神圣罗马帝国带来了一支可怕的未知力量。此后，这支力量就留了下来，并且长期威胁着条顿人①的存在。"一名大不列颠王国军官曾经向赫尔穆特·卡尔·贝恩哈特·格拉夫·冯·毛奇表示祝贺，祝贺他创建并领导了一支出色的军队。这位元帅却摇了摇头，表示虽然他的这支军队对于国家来说是一个沉重的负担，但俄罗斯帝国那漫长的边境线又决定了这支军队存在的必要性。"②《泰申和约》的签订第一次将神圣罗马帝国暴露在这种危险中。而招来这种危险的，正是赫尔穆特·卡尔·贝恩哈特·格拉夫·冯·毛奇那位伟大的前辈——腓特烈大帝。

撇开其缺点不谈，《泰申和约》确实是那个年代甚至是任何时代都少有的一类和约。从结果来看，它要求人们归还领土，而非分割领土。订立和约的初衷也是使土地物归原主，而不是让某个国家吞并另一个国家的领土。暂且不谈其他方面，这项成就本身就赋予了《泰申和约》重大意义，并使《泰申和约》具有了纪念意义。

在围绕巴伐利亚公国遗产继承问题展开的故事中，我们可以看到各种旧体制下的政治手腕，也可以看到腓特烈大帝、约瑟夫二世和叶卡捷琳娜大帝用自己的人格力量去影响他们的人民。一位君主③伪造了一批文件，又拉来军队作为后盾，企图实现自己无耻的主张；另一位君主④则站出来反对这个主张，并宣称要

---

① 条顿人这个词最早由罗马人创造，后来通常用以代指凯尔特人和日耳曼人。此处指日耳曼人中的德意志人。
② 阿克顿：《现代史》，第195页。——原注
③ 指约瑟夫二世。
④ 指腓特烈大帝。

捍卫神圣罗马帝国的整体性——这位捍卫者曾使神圣罗马帝国四分五裂。为了一件并不了解的和自身也没有关系的事情，波希米亚的农民饱受战火，最终得来的和平竟使由一半东方身份的俄罗斯帝国成了神圣罗马帝国各种内部条约的守护者。最后是巴伐利亚公国悲惨的处境，这个国家由一个随时准备叛变的人[1]统治着。而这位统治者又身陷外交政策的漩涡中，被凶猛的急流冲得晕头转向，在自身命悬一线的情况下，更加不能也不敢亮剑来保护他的国家。正如我们所见，旧体制下的耻辱和光荣、辉煌与衰败都是由类似这种事件和类似这样的统治者们一手造就的。

  旧体制在这片土地上存活的时日已经屈指可数。很快，大革命的复仇浪潮就要席卷而来。这股浪潮是这些专制君主无法阻挡的。而在《马赛曲》的旋律中，在法兰西王国的那群衣衫褴褛的义勇军面前，腓特烈大帝和约瑟夫二世各自培养的军队也将彻底覆灭。与此同时，在科西嘉岛的岩石间，一名小男孩正在玩耍。在不远的将来，这名小男孩将告诉世界，战争不只是专制君主的拿手好戏。此外，一群发誓要为人民的权利而战斗的武装者将做出比瓜分波兰-立陶宛王国更加无耻的事情，犯下比征服巴伐利亚公国还要严重的恶行。

---

[1] 指查理·西奥多尔。

附录 1

詹姆斯·哈里斯对腓特烈大帝及其继任者的性格描写

1776年3月18日，星期一，柏林

詹姆斯·哈里斯致亨利·霍华德

自即位以来，一个基本原则似乎一直在左右着腓特烈大帝的行为，即人类尤其是注定要归他统治的那些人，只是用来向他臣服和满足他意愿的生物。他可以利用这些生物来做各种事情，以达到他扩大权力和扩张领土的目的。带着这种原则，他从来不会和任何一位大臣商讨任何问题。相反，腓特烈大帝只依靠他的判断行事。与其说他认为这些大臣的能力不行，不如说他一直怀有很强的戒备心，那就是如果他不再将这些大臣当作简单的工具来使用，那么这些人迟早就会生出他们的想法。到那时，这些大臣就不会仅仅满足于当他的附庸，而会开始想成为能够做决策的那个人了。为保证独裁统治不受威胁，腓特烈大帝必须做到不为任何怜悯和懊悔的情绪所困，同时确保不能有任何宗教方面的想法和道德上的顾忌。因此，在精神领域，腓特烈大帝用迷信代替了宗教，并用法语中一种叫"感情"的东西来弥补他在道德上的缺失。因此，在某种程度上，这或许可以解释为什么他既有野蛮的一面又有人道的一面，而这种混杂的人格特质正是他性格的一个标志性特征。我曾看见腓特烈大帝在读悲剧作品时潸然泪

奥古斯特·威廉

下。我还知道他曾对一只患病的灰色猎犬关怀备至，就好似一位慈母在照顾她最心爱的孩子。然而，照顾完猎犬后的第二天，他就命令军队摧毁了一个省。他也曾反复无常地变更税收的数目，将某地的百姓折磨得苦不堪言。甚至即便在弟弟奥古斯特·威廉[1]病重期间，腓特烈大帝也仍然在表达对他的不满。他一直在精神上折磨这位病人，最终加速了他的死亡。然而，腓特烈大帝又绝对不是嗜血成性的人，除非罪大恶极，他很少判处罪犯死刑。然而，在上一场战役[2]中，他又向军医们秘密下令，称宁愿让伤员承受死亡的风险，也尽量不要为他们截肢。

---

[1] 奥古斯特·威廉（Augustus William，1722—1758），腓特烈大帝的弟弟，普鲁士王国上将，腓特烈·威廉二世之父。

[2] 关于腓特烈大帝反对为伤员截肢一事，缺少详细的资料。这场战役可能指第三次西里西亚战争中的博克施道夫战役。

为此，军中伤残人员的数目增加了不少。腓特烈大帝非常清楚他需要什么。一到需要的时候，他就会将所有情感放在一边。于己，他常常表现出善良、仁慈和友好的品质，这也确实是他真实的一面。然而，一旦披上帝王的外衣，他就纷纷弃这些品质而去。他独自前行，为所到之处带去不幸和灾难。同样，他还将这套有误的准则运用到国家和政府中。因此，我们很容易理解为什么他无论如何都不相信将一大笔财宝闲置在金库中正是导致他的王国陷入贫困的缘由。没有互惠原则作为保障，贸易活动就不可能长久进行下去。垄断和特权会阻碍良性竞争，并使工业发展陷入停滞。简而言之，对于一位君主而言，国民生活富足安逸才是真正的财富。然而，腓特烈大帝的这些错误犯得越严重，人民受的苦就越深。他的显赫地位基本不会动摇。他虽然在一些方面做得确实不好，但总能在需要的时候坚定意志并设下巧妙的计策，再加上有非凡的天资相助，结果就是，凡是他尝试过的重大举措几乎都取得了成功。我们曾目睹他结束了一场几乎囊括欧洲所有列强的战争，并成功在和约中获利。从此，普鲁士王国在欧洲占据了支配地位。他的主要对手也被他当作棋子，并帮他实现了一个又一个野心勃勃的计划。大幅攀升的税额和庞大的普鲁士王国军队，以及他在欧洲占据的绝佳优势地位，具备这些条件的普鲁士王国势必在未来爆发出惊人的力量。从父亲腓特烈·威廉一世那里，他继承了一千三百万克朗的财政税收和价值一千六百万克朗的财富，以及一支五万人——实际有将近十万人的军队。与此同时，父亲没给他留下任何债务。这在当时算是一项非常突出的经济上的成就了。如今，他又新增了两千一百万克朗的收入。腓特烈大帝金库中的数目至少是父亲腓特烈·威廉一世在位时的三倍多。他还拥有约二十万人的兵力。毫无疑问，在很大程度上，能拥有这种数量的财富要归功于他卓越的才华。但我认为，从他的子民身上，我们或许还可以找到另一番解释。总的来说，他的这些子民贫穷、虚荣、无知又没有原则。看到君主是那样伟大，他们就感到自己也是伟大的了。愚昧无知的心灵孕育不出一点有关自由和反抗的意识。他们缺乏原则意识，随时能被当作工具来执行上面颁布的任何命令，并且根本不考虑这些命令本身是否存在问题。腓特烈大帝很清楚该怎样利用这一点。他和他的子民保持着极远的距离，结果就是他对这些人说一句话或者露出一个微笑,这些人就感觉得到了莫大的恩惠。此外,他从不奖赏这些人,他要让这些子民相信他们不值得任何奖赏。腓特烈大帝与生俱来的优越天资和他长久以来的卓越功绩,都已经使他成为子民眼中神一般的存在。因此,虽然受着铁腕统治的压迫,但很少有人表达不满,更没有人敢抱怨。即便当他褪掉君主的外衣,沉浸在他人难以想象的声色犬马之中时,他也依然保持着极其清醒的头脑,决不容许自己沦为这些放纵行为的奴隶,并避免让陪他享乐的人在日后影响到他。对于陪他享乐的那些人,他奖励了其中的个别人,命令少数人卷铺盖走人,剩下的大多数人则原封未动。之前什么样,后来也是什么样。说了这么多,这个看似不可思议的事实或许也就变得好理解了一些,即为什么统治着这样一批人的一位统治者竟能取得如此巨大的荣耀——事实上,无论是从地理位置,或者气候,还是从土壤条件来讲,普鲁士王国在欧洲都只能排到第二等的位置。但不难预见的是,随着君主的新旧更替,这个国家的实力也会大大削减。鉴于这一天的到来已经不远,请允许我再耽搁诸位一些时间,来谈论一番这个国家的未来。

此前,我已经向诸位分析过普鲁士王国王储——未来的国王腓特烈·威廉二世的性格,因此我对接下来要做的判断很自信。我要说的是,腓特烈·威廉二世作为王储时所秉持的生活作风在他成为真正的国王以后也不会有任何改变。此外,腓特烈·威廉二世既不会是一个活跃的专制君主,也不会是一个思想虔诚的人。他的本职工作在他眼中只是一项必须完成的差事。差事以外,他会热衷追求享乐。人们已经意识到,国家到了一个转折点。自从腓特烈大帝的病情显露出愈发严重的迹象,人们就开始变得骚动起来。无足轻重的小议员们无不盼望在新君主上台后能谋取一个好职位。然而,这些小议员并不擅于开动脑筋,也没养成做决策的习惯。因此,他们在策划宫廷阴谋和组建各种小集团等方面显得非常笨拙。这些小议员既想向王储献殷勤,又唯恐国王不悦。但都到这个地步了,如果还事事以国王为重,那对王储来说又是一种冒犯。种种顾虑让这些人不知如何是好。

整体而言,这些期望成为并且也确实有可能成为新一届大臣的人,大致可以分成三大类。为首的是亨利亲王和鲁赫家族的人,以及腓特烈大帝的几名宠臣。这些宠臣除了肤色白皙和善良老实,一无是处。其次是埃瓦尔德·弗里德里希·冯·赫茨伯格先生,他现在是一名工作勤勉并且头脑理智的外交部大臣。然后是舒伦伯勒先生,此人掌管着银行方面的事务,是个多面手。第三类就是埃瓦尔德·弗里德里希·冯·赫茨伯格先生和舒伦伯勒先生的家属们了。最有可能上任的人其实是那些自认为是腓特烈·威廉二世所看重的人,虽然他们无论如何也归不到这一范畴里面。在这些人当中,为首的是亚历山大·格奥尔格·冯·洪堡①。他之前当过盟军代表,后来当过伊丽莎白公主②的管家,目前在

伊丽莎白公主

---

① 亚历山大·格奥尔格·冯·洪堡(Alexander Georg von Humboldt, 1720—1779),普鲁士王国军官、内务大臣。
② 伊丽莎白公主(Elisabeth, 1764—1794),又称伊丽莎白夫人,路易十六最小的妹妹。

什切青

什切青工作。此人通情达理,并且性格很好。腓特烈·威廉二世对他非常友善,因为他曾经协助腓特烈·威廉二世处理过财政方面的事务。不久前被腓特烈大帝免去了贸易部大臣职务的朱利叶斯·奥古斯特·冯·德·霍斯特①是个敢于创新的人,虽然平常一副朝气蓬勃的模样,但毫无远见卓识。此外,还有一众年轻官员。这些人平常的工作就是陪着腓特烈大帝享乐,他们对宫廷大臣这个职务并无多大兴趣,头脑中想的只是这个职务能给他们带来的名号、勋章和养老金。

可以预见的是,普鲁士王国要么即将拥有一批由上述人员组成的领导班子,要么即将由腓特烈·威廉二世统治。这两种情况的本质区别就在于,在第一种情况下,普鲁士王国政府将由新一批大臣接管。这些大臣必然带有各自的见解,身后还牵扯到各种亲戚关系。这就会导致行政决策不可避免地朝各种方向倾斜。在第二种情况下,普鲁士王国政府将交由一位年轻的国王管理。这位国王没有经受过任何风吹浪打,谁都不知道他能否成为一个称职的君主。在欧洲,他没有任何声望,只以那些娱乐消遣的事迹闻名。之前,伟大的普鲁士王国令所有

---

① 朱利叶斯·奥古斯特·冯·德·霍斯特(Julius August von der Horst, 1723—1791),普鲁士王国牧师。

邻国为之胆寒，其盟友几乎是所有国家争相讨好的对象。然而，一旦上述两种情况发生，这些荣耀就将成为过往。未来几年中，这个国家的势头会渐渐变弱，直至失去欧洲列强的地位，成为欧洲所有国家中的一个普通成员。

腓特烈大帝在文学方面的兴趣

1780年5月13日，柏林
休·艾利奥特致大卫·默里

腓特烈大帝一直兢兢业业地管理着普鲁士王国的所有国家部门。与此同时，他还会抽时间结交各种有才之士。腓特烈大帝一直很留心搜集人才，发现别人身上展现出可能对他有利的或能对他的宫廷起到帮助作用的优点，他就会想办法将这些优点为己所用。他会在私下里接待陌生人的来访。统治期间，他还数次挑选那些顶级名流作为他闲暇时间的伴侣。譬如，他最近就挑选了托斯卡纳的吉罗拉莫·卢凯西尼[①]作为他在波茨坦的随从。这位绅士学识广博，为人机敏，据说非常像已故的弗朗西斯科·阿尔加罗蒂[②]。又据说他正是因此才吸引了腓特烈大帝的注意。上个星期，他成为腓特烈大帝的侍从之一，并在波茨坦定居，每年享有两千克朗的津贴。

自然没有人敢公然质疑腓特烈大帝的选择，但在私下里，人们都将这些行为看作他一时心血来潮的任性之举。吉罗拉莫·卢凯西尼虽然是一个对事物有着敏锐的理解能力并且记忆力也不错的年轻人，但还算不上是一位出众的天才，也没有多少有趣的特长。此外，正如我们所知道的，腓特烈大帝身边还有很多类似吉罗拉莫·卢凯西尼这样的人。这些人和吉罗拉莫·卢凯西尼的才能不相上下，却没有像吉罗拉莫·卢凯西尼一样受到重用。看到腓特烈大帝如此偏爱一个外人，这些人心中难免会有不快。

---
① 吉罗拉莫·卢凯西尼（Girolamo Lucchesini, 1751—1825），意大利人，普鲁士王国外交官。
② 弗朗西斯科·阿尔加罗蒂（Francesco Algarotti, 1712—1764），意大利哲学家、诗人、作家、艺术评论家、艺术收藏家。

吉罗拉莫·卢凯西尼

弗朗西斯科·阿尔加罗蒂

在我到来之前，罗伯特·利斯顿①就一直和吉罗拉莫·卢凯西尼保持着密切联系，我或许可以从这层关系中获得些许利益。

文人墨客的陪伴之于腓特烈大帝就好像血缘关系之于法定继承人一样，都是必不可少的东西。照这样说，宫廷中不像以往一样全是法兰西王国的人，或许也不是什么坏事。亨利亲王最近就找了一个威尼斯情妇。纵观之前的种种先例，如果问我能依此做出什么推测，那就是无论是亨利亲王的情妇还是吉罗拉莫·卢凯西尼，都不会一直春风得意下去。毕竟，面对那群博学多识的朋友时，腓特烈大帝的态度一直都非常善变。而亨利亲王在他的女性朋友们面前的感情，也一直都是很不专一的。

我很荣幸地告诉诸位大人，我获知了一条有价值的信息。那就是亨利亲王有意于十月份进行一次彼得堡之旅。

詹姆斯·哈里斯记保罗一世访问柏林

1776年8月13日，柏林
詹姆斯·哈里斯致莫顿·伊登

我们总算结束了奔波忙碌，为此我真是感到由衷的高兴。现在，我终于能有空闲给你写信了，要写的东西可真是不少。这封信读起来应该会比我通常写的那些都要有意思。我在官方信函中很克制，用惯常的口吻叙述了我们的光荣功绩，因为我一来觉得将这种庆典活动付诸文字后，纸上呈现出的喜庆效果总要减弱几分；二来觉得无论是在风格上还是在准确度上，我的文笔都比《莱茵河信使》②的文章或是其他大陆新闻作者写的文章要略逊一筹。我的确要为这些人说句公道话。对于这种场合，这些作者一直都非常严谨。涉及对仪式的描述

---

① 罗伯特·利斯顿（Robert Liston, 1742—1836），苏格兰外交家，曾作为大使出访多个国家。
② 《莱茵河信使》，18世纪末和启蒙运动时期欧洲重要的法语报纸之一。

时，他们的文字很少偏离事实半步。因此，我就不越俎代庖了，只选那些不是最主要的和这些人有可能没有注意到的部分说说看吧。

你们可能以为保罗一世的名字是以"保罗·彼德罗维奇"的形式刻在那些凯旋门上的，但你们错了。保罗一世是一位贵族，因此刻在凯旋门上的名字是"保罗·冯·彼德罗维奇"。这是波美拉尼亚①一名镇长的话。

俄罗斯帝国皇室成员的所有家佣都拥有军衔。一天晚上，保罗一世的马车夫和一名普鲁士王国军官一起出去喝酒。二人就谁的级别更高的问题发生了争论。"你是哪一级的？"普鲁士王国军官问。"陆军中校。"马车夫答。"啊！可我是上校。"普鲁士王国军官说完，第一个走进了啤酒店。此事传到了腓特烈大帝的耳朵里。随后，这位上校被关了三天监狱并挨了五十下杖笞。

保罗一世离开柏林时，天上既打雷又下雨，大炮在不停地开火。一个普鲁士王国的诗人还为此写了一首诗，他在诗中发挥了比法兰西王国人更加大胆的想象力，说天使也下凡来和地上的人们一起为保罗一世的离别而悲泣，而朱庇特与腓特烈大帝则用雷霆为保罗一世送行。

保罗一世从梅默尔②前往柏林，一路上共有七万匹马和三万名农民随行。亨利亲王曾问其中一个农民："你肯定不觉得有什么值得开心的吧，你应该是恨透了走这么一遭。这样一来，你没法收庄稼了，也不能干手头上其他要紧事了。""怎么会呢"，这个粗人一脸谄媚，"我们大家都很高兴能在这种场合派上用场，因为我们知道，这样一来，我们和我们的马以后就不会为了搬运大炮或运送各种打仗要用的东西去受罪了。"

普鲁士皇家科学院③终身干事约翰·海因里希·塞缪尔·福雷米④在动员保罗一世时就用上了这段话："比起他'亲王'的身份，他这个人本身更加值得我

---

① 波美拉尼亚，历史地名，处于中欧波罗的海南岸，位于德国和波兰之间。
② 梅默尔，立陶宛城市，是波罗的海沿岸国家唯一的港口，也是连接立陶宛与瑞典、丹麦和德国的码头城市。
③ 普鲁士皇家科学院，成立于柏林的学术机构，在18世纪时使用法语进行学术科研活动。
④ 约翰·海因里希·塞缪尔·福雷米（Johann Heinrich Samuel Formey，1711—1797），用法语写作的德裔作家、记者、编辑。

们仰慕。他通往我们心中的大门比这座城市的大门还要宽广——科学院的入口是一道门廊。"我将这番虎头蛇尾的演讲原稿附在信中了。撒丁岛国王驾崩后，同样也是这位约翰·海因里希·塞缪尔·福雷米在他的一篇学术论文中写道，"让我们怀着至诚的心回望这位君主的统治时光并为这位驾崩的君主祈祷吧……死神就这样将他带走了。"这些话虽然本是好意，但读起来仍然让人感到很滑稽。

附录 2

约翰·伯戈因关于普鲁士王国军事情况和奥地利大公国军事情况的报告（1766—1767）

其他国家不了解的是，普鲁士王国军队在很多方面其实都处于劣势地位。队伍中恐怕有超过三分之一的士兵都是外邦人、逃亡者或罪犯。这些士兵来自不同的国家，说着不同的语言，信仰不同的宗教。因此，常常被用来团结人心和鼓舞士气的那些普通办法，对这些士兵都不适用。这些士兵既没有民族精神，对他们的君主也没有拥护之情。他们对未来不抱任何激情和希望，甚至懒得展望一下将来退役后安享晚年的情景。

面对这样一支军队，减弱人们的智力活动和尽可能地将人塑造成纯粹的机器，才是统治者应该采取的上策。从当今腓特烈大帝的子民所展现出的天性来看，这个政策实行起来应该不难……腓特烈大帝的很多追随者也都认为实行这项政策是个非常明智的选择……普鲁士王国军队拥有世界上最出色的中尉和士兵，他们构成了军队的中坚力量。军衔越往上，任职人员就越少，因为对高层人员而言，除了具备单纯执行命令的能力，还需要具备更多其他优秀的素质，而符合这种条件的人并不多。

从军队中目前的这批人来看，绝大多数上将都没有接受过什么教育。这些人的优点在于他们在阅兵场上都表现得非常勤奋。

普鲁士步兵

　　随着时间的推移和经验的增加，普鲁士王国的军官们变得愈发擅长进行程序化的操练，以确保普鲁士王国的军队便于国王差遣。他们操练军队的样子就像是在精心打造一件武器。打造完之后，他们再将这款制作精良的"武器"送给他们的主人。做这件事时，他们秩序井然，心中怀着自豪的情感。然而，一旦受命去亲自使用这个武器，他们就会变得笨手笨脚，完全不知道该怎么办才好了。

　　如果以上概述还算公正，那么我们就能推导出一个结论……普鲁士王国军队中最令人生畏的力量其实是腓特烈大帝，或是腓特烈大帝的弟弟亨利亲王。这两个人行动力极强,并且各种计策层出不穷。如果他们倒下了,或者假设说这台机器的操纵杆①落入了某位资质平庸的统治者手中,那么这台了不起的机器就会以迅雷不及掩耳之势破败下去,最后成为一个外表光鲜亮丽但内里衰败不堪的花架子。

普鲁士王国军队用在防备内部人员上面的时间比用在抗击外敌上面的时间还要多。

普鲁士骑兵

---

① 作者在这里将普鲁士王国的军队比作一台机器,操控这台机器的人是腓特烈大帝和亨利亲王。

逃兵数量加起来估计有士兵总数的五分之一。"失踪人口数量常常是死亡人数和俘虏人数加在一起的三倍多"①。

与普鲁士王国军队相比，另一边的奥地利大公国军队则具备前者不具备的所有天然优势：人力资源丰厚，资金充裕，军官们拥有开放包容的头脑，士兵们具有爱国主义精神。奥地利大公国军队基础资源完备，人员状态良好，唯一有瑕疵的地方就是军队的上层结构了。②

---

① 普鲁士王国军队中的逃兵现象一直很严重，主要原因有三：一是普鲁士王国军队大多为雇佣兵，士兵军心不稳；二是普鲁士王国军官为维持军中秩序而实行野蛮的惩罚制度。贵族军官要求属下盲目服从军令，甚至可以任意鞭笞士卒，造成官兵之间的严重对立；三是不合理的军官晋升制度。普鲁士王国军官按出身和服役期限晋升而不按战绩，腐朽的军官晋升制堵塞了优秀的平民士兵的擢升之路。
② 在信的结尾，约翰·伯戈因举荐了弗朗茨·莫里茨·冯·拉西，并夸奖了恩斯特·吉迪恩·冯·劳东。——原注

附录 3

约瑟夫二世对叶卡捷琳娜大帝的印象

拜访完叶卡捷琳娜大帝的第二年,约瑟夫二世对叶卡捷琳娜大帝的性格做了一番描述。"1782年8月19日,我们二人独自走在维也纳的奥花园"①。约瑟夫二世向大不列颠王国大使罗伯特·默里·基斯吐露了他对叶卡捷琳娜大帝及俄罗斯帝国的印象②。约瑟夫二世向我询问接下来是否会有人去接替詹姆斯·哈里斯在圣彼得堡的职位,我告诉他我认为詹姆斯·哈里斯会一直在他的这个职位上干下去。

约瑟夫二世:您的判断没错。詹姆斯·哈里斯集才能、活力和机敏于一身。他现在的工作很适合他。我猜他最近在圣彼得堡应该干得越来越得心应手了。

罗伯特·默里·基斯:我希望是这样,先生。但圣彼得堡内阁里的各种政治动作一直没有间断。在那种环境下,外国大使的工作并不好干。

约瑟夫二世:这话既对也不对。大使工作的技巧就在于你需要透彻地掌握叶卡捷琳娜大帝的脾性,然后去迁就她。她虽然是一位天才公主,但并非无所

---

① 奥花园位于奥地利维也纳的一个占地五十二点二公顷的公园。这个公园只在白天开放,园内有维也纳最古老的巴洛克式园林。自2000年起,园内的部分建筑成为对外开放的历史博物馆。
② 《外交部,奥地利大公国》,第5卷,维也纳,1782年10月19日,罗伯特·默里·基斯致格兰瑟姆,绝密。罗伯特·默里·基斯用的是第一人称,他说,报道里记载的对话"忠实地摘录了我笔记里的内容。"——原注

不能。和她打交道的人，不管是谁，都需要牢记她是一位女性，而女性看待事物的方法和做事的方式跟我们都是不一样的。根据我的经验，和她唯一的相处之道就是不要伤害她的感情，也不要和她发生正面冲突。凡是不重要的小事都按照她的意思来，如果一定要拒绝她，那就尽可能地让你的拒绝变得更容易接受一些。要让她意识到她身边的人无一不希望她能一直开开心心的。但同时又要让她明白，在一些重要的原则问题上，她身边的人是不可以向她妥协的。你要让叶卡捷琳娜大帝对她的权力有一个正确的认识。如果她想做的事情实施起来不会和重大原则问题产生冲突，那就姑且纵容她去做。对于那种女士们都渴望享受的殷勤，我们满足她就好。然而，如果她执意要做不该做的事，那么为了让这位领导者冷静下来，我们就必须让她暂居一旁，先由其他人代做决策。从这个角度来讲，她身边的人和她是平起平坐的。这些人不仅能防止她头脑发热做出一些过激行为，而且能使她清醒地意识到，作为一名统治者，她需要制定一套行为准则并将这套准则严格地执行下去。

叶卡捷琳娜大帝的不幸就在于，当她的激情之泉开始喷涌而出时，她身边没有人敢上前去阻断这股激流，甚至连敢站出来控制水势的人都没有。伊万·安德列耶维奇·奥斯特曼[1]并无实权，什么事都不做，也毫无影响力。亚历山大·安德列耶维奇·贝斯博罗科[2]则是一个暴发户，曾当过慢吞吞的抄写员，之前是M.罗曼佐的传声筒，带有典型的他那个阶级的人的一套思维。凭借一些小本事，亚历山大·安德列耶维奇·贝斯博罗科做着他的工作。但他学识很浅，既对政治上的东西一窍不通，也毫不了解古往今来统治者们都有的那些心思。每当叶卡捷琳娜大帝让他拿起笔开始表达她当时那种最强烈并且往往是最不加顾忌的情感时，亚历山大·安德列耶维奇·贝斯博罗科就会原封不动地将她的各种未经加工的想法都搬到纸上。对于叶卡捷琳娜大帝的这种过剩的感情，他并没有力量去加以控制，也有可能是他本来就没想过要加以控制。亚历山大·安德列

---

[1] 伊万·安德列耶维奇·奥斯特曼（Ivan Andreyevich Osterman，1725—1811），俄罗斯帝国政治家、副国务大臣。

[2] 亚历山大·安德列耶维奇·贝斯博罗科（Alexander Andreyevich Bezborodko，1747—1799），叶卡捷琳娜大帝的第一秘书。——原注

亚历山大·安德列耶维奇·贝斯博罗科

耶维奇·贝斯博罗科可能是这样骗自己的:"我的任务只是将君主的说法记录下来,至于权衡这些说法是否恰当,这就不是我的责任了。"这就是叶卡捷琳娜大帝那边的情况。因为重大事务需要和她打交道的人务必要谨记这些细节。

罗伯特·默里·基斯:有件让人很无奈的事情是,君主们往往只能与比他们出身低微和教育水平没有他们高,并且没有他们有原则的人吐露心事。那么,叶卡捷琳娜大帝信任身为机要顾问的格里高利·亚历山德罗维奇·波将金吗?

约瑟夫二世:是的,她信任他。但格里高利·亚历山德罗维奇·波将金是一个非常不称职的顾问。他没有什么文化,现在变得越来越懒散了,但叶卡捷琳娜大帝假装他是政治上的专家,或者至少她嘴上是这么说的。事实上,比起给别人当顾问,我看他反而更需要一个顾问。叶卡捷琳娜大帝有句口头禅:"他是我的徒弟,他的一切都是我教的。"你很容易就可以想象,当她用这种语气说话时,这个徒弟心中想的可能是:"是的,夫人,我是您的徒弟,但我真没有多少可值得您骄傲的地方。"

罗伯特·默里·基斯:这是否意味着格里高利·亚历山德罗维奇·波将金的个人影响力减弱了呢?

约瑟夫二世:一点儿也没有。然而,在政治活动方面,他们二人根本就不是外界猜测的那样。叶卡捷琳娜大帝不希望和他分开。此外,出于很多原因和各种各样的关系,即便她真有摆脱他的想法,那也不是很容易就能办到的。你必须要在俄罗斯帝国待过,才能了解到各种细节,然后就能知道叶卡捷琳娜大帝那边的情况到底是怎么一回事了。[①]

[①] 对比约瑟夫二世和维拉克的谈话,见科尔伯龙:《日报》,巴黎,1901,第257页注释。——原注

附录 4

一个捷克农民的诗：感谢约瑟夫二世

万国啊，与我一同欢庆，看这盛世实景，将感恩祷告聆听。我要赞美那份智慧，它为我国带来福乐，让苦难远离生灵。

自从我们伟大的君主约瑟夫二世登基，成为我们国家的皇帝，他就受到智慧、爱和正义的指引。他是全世界的明君，尤爱他的子民。

鹰有天性，振翅高飞，搏击长空。他有愿景，伸张正义，除恶务尽。他的心因这份愿景而更加坚定。

他升起印有老鹰的旗帜，亲访每一个政府部门，贬黜那些不称职的人。

心中燃烧正义的火焰，黑暗中是他锐利的双眼。他令许多浪子回头，仁人义士得到他的奖勉。

他走在他的子民中间，将一颗爱心怀揣。他有无边的仁慈，迷醉了多少人的心怀。人们只要说出需求和心愿，他伟大灵魂迸发出的善念就会将一切付诸实现。[①]

许多可怜的商人本可以在别处发家致富，却不得不在某个地方留驻，只因他们归属于某一片领主。我们国家的商人，相比之下是多么的幸福，到哪里去都可以，哪里都是安身立命之处。[②]

[①] 维也纳的皇宫里，约瑟夫二世一视同仁地接待所有来访者。——原注
[②] 指奥地利大公国解放农奴、废除行会制度。——原注

贤明的君主仔细考量税收的数目，希望能等贵贱，均贫富。瞒报地产者挨罚，缺报收入者受惩，欺压同胞者一概责处。

哦，谁不愿臣服？臣服于这样的人，臣服于他执政为民的治国方针。上帝也感到满意，满意他有一双明察秋毫的眼睛，满意他办事公平和他求知的热情，以及他思想上的开明。

他建的学校数也数不清。这位慈父多么渴望将他的子民唤醒，提高这些子民的道德水平。他认为教育事业应当向前推进，小孩子们尤其应该来将课听。

古人花很长时间学习，却仍然不知来世一遭应该抱有什么目的。并且即便他们能够识字，却依然读不懂书上的东西，因而还像以前一样，停留在无尽的黑暗中。①

世界各地的王公贵族，前来敬拜我们的君主。我们的君主将他们接见，地点就在他辉煌的宫殿。

感谢您，哦，非凡的统治者。您珍爱我平淡的言辞胜过精巧的艺术品。我祈求主的祝福和保佑，保佑我们亲爱的皇帝约瑟夫二世！

---

① 抨击耶稣会的教育体系，约瑟夫二世废除了这一体系。——原注

附录5

伏尔泰对18世纪战争缘由的阐释①
（见《哲学辞典》②中的"战争"词条）

"一位君主③从一名宗谱学家那里得知他是一名伯爵的后裔。在三四百年以前，这名伯爵的双亲和另一个家族缔结了一份家族盟约。这'另一个家族'究竟是谁，如今已经无法考证。只知道这个无法考证的家族对某个省份的土地拥有继承权，因为最后一名对这个省份拥有管辖权的统治者和这个无法考证的家族之间存在远亲关系。管辖这个省份的统治者不久前死于中风，于是这名君主和大臣们坚持称是上天将这个省份的继承权赋予了他们。这个省份的人或许会提出抗议，表示他们中间没人认识这个自称对他们的土地有继承权的君主，因此他们并不想臣服于这个君主。此外，对于他们的家园，谁能来当统治者，应该由他们说了算。这些反对声传到了这名君主的耳朵里。这名君主当然是不愿意

---

① 这篇杰出的智慧成果最初写于1764年，是伏尔泰对腓特烈大帝在第一次西里西亚战争中的行为的思考。此文严重地惹恼了腓特烈大帝。鉴于文中内容涉及巴伐利亚公国王位继承战争，对读者来说可能会有借鉴意义，因此我将它选进了附录。——原注

② 《哲学词典》：伏尔泰于1764年出版的百科全书式辞典。书中的文章按字母顺序排列，多数是批评罗马天主教会、犹太教、伊斯兰教等宗教及宗教机构的文章。第一版于1764年6月出版，共73篇文章。后来的版本扩大为两卷，包括120篇文章。对伏尔泰来说，编纂这部词典是一项毕生的事业，它涵盖了伏尔泰对基督教、上帝、道德等问题的各种精华观点。

③ 此处指腓特烈大帝。

的。因为作为一名至高无上的君主，他的决定理应受到所有人的遵从。于是，这名君主立刻找来一大群无所事事并且一无所有的人，给他们穿上厚厚的蓝色呢绒大衣，并戴上白线封边的帽子，再将他们编成队伍操练一番，然后便将他们送上了战场。其他君主听闻消息也都赶来加入了这名君主的行动。这些君主凭借他们的军队各自占领了一小块地盘。在这些地盘上活动的雇佣兵们比成吉思汗、帖木儿大帝[1]和巴耶济德一世[2]手下的军队还要凶残。"

作者在描述腓特烈大帝对于巴伐利亚公国的土地所提出的主张时所用到的讽刺并无不当之处。接下来的一段话以同样中肯的笔触讽刺了约瑟夫二世，和伏尔泰对腓特烈大帝的讽刺有异曲同工之妙。"来自各方的意见都一直在给出各种暗示并点明各种细节，意在指明皇帝——约瑟夫二世正在酝酿野心勃勃的计划。帝国的平静迟早要被打破。我们从维也纳方面得知约瑟夫二世最近通过了考尼茨·里特贝格公爵文策尔·安东的方案。考尼茨·里特贝格公爵文策尔·安东已经考虑这个方案很久了。这个方案计划往南扩张奥地利大公国的领土。为此，他们已经开始查阅档案，努力编造他们对威尼斯共和国不同地区的所有权。"[3]

---

[1] 帖木儿大帝（Tamerlan，1336—1405），帖木儿王朝的第一位统治者，建立了波斯和中亚地区的帖木儿帝国。
[2] 巴耶济德一世（Bayezid I，1360—1403），奥斯曼帝国苏丹，1389年到1402年在位，创建了当时世界上规模最庞大的军队。
[3] 《政府文件——国外部分，普鲁士王国》，第103卷，罗伯特·利斯顿致威廉·弗雷泽，柏林，1779年11月30日。——原注

备注 1
18 世纪大不列颠王国外交家名单

首席国务大臣[①]

1775年到1782年　北方事务部：

托马斯·锡恩，第三代韦茅斯子爵[②]，即后来的巴斯侯爵[③]。

1771年到1779年　南方事务部：

亨利·霍华德，第十二代萨福克伯爵兼第十二代伯克希尔伯爵[④]。

1779年到1782年　南方事务部：

大卫·默里，即后来的曼斯菲尔德伯爵。

1779年到1782年　南方事务部：

威廉·弗雷泽[⑤]，副国务大臣。

---

① 在英国，每个首席国务大臣负责领导一个政府部门。但并非所有部门都由国务大臣领导，例如英国财政部就由财政大臣领导。首席国务大臣的正式头衔是"女王陛下的首席国务大臣"。
② 韦茅斯子爵，1789年以第一代韦茅斯子爵托马斯·锡恩（Thomas Thynne, 1st Marquess of Bath）为名创建的贵族头衔。
③ 巴斯侯爵，第一代韦茅斯子爵托马斯·锡恩去世后，其长子托马斯·锡恩（Thomas Thynne, 2nd Marquess of Bath）继承他的爵位成为第三代韦茅斯子爵。1789年，第三代韦茅斯子爵被任命为巴斯侯爵。
④ 萨福克伯爵是创立于1069年左右的英国贵族头衔。伯克希尔伯爵是创立于1621年的英国贵族头衔。
⑤ 威廉·弗雷泽（William Fraser），大不列颠王国政治家、御玺文书。

大 使

奥地利大公国

1763年到1772年 大卫·默里。

1772年到1792年 罗伯特·默里·基斯,此人还是高级巴斯勋爵士①。

法兰西王国

1772年到1778年 大卫·默里。

其他大臣和公使

俄罗斯帝国

1771年到1776年 罗伯特·冈宁爵士②,即后来的R爵士,特命全权公使。

1776年到1783年 詹姆斯·哈里斯,即后来的R爵士和马姆斯伯里伯爵③,特命全权公使。

普鲁士王国

1772年到1776年 詹姆斯·哈里斯,即后来的R爵士兼马姆斯伯里伯爵,特命全权公使。

1776年到1782年 休·艾利奥特,特命全权公使。

萨克森选帝侯国

1775年到1783年 约翰·斯特普尼爵士④,特命全权公使。

---

① 巴斯勋爵士,乔治一世于1725年5月18日创立的骑士头衔。这个名字源于中世纪的骑士任命仪式。骑士在该仪式中需要进行沐浴。通过这种方式成为骑士的人就叫做"巴斯骑士"。这个称号后来演变成爵士勋位,一般只授予高级政府官员和高级军官。

② 罗伯特·冈宁爵士(Robert Gunning, 1731—1816),大不列颠王国外交家,第一代埃尔特姆男爵,曾经在丹麦王国、普鲁士王国和俄罗斯帝国担任大不列颠王国外交大臣。

③ 马姆斯伯里伯爵,1800年由英国外交官詹姆斯·哈里斯创立的贵族头衔。詹姆斯·哈里斯曾经担任大不列颠王国驻西班牙王国、普鲁士王国、俄罗斯帝国和法兰西王国的大使,还曾经在下议院任职。

④ 约翰·斯特普尼爵士(John Stepney, 1743—1811),威尔士政治家,1767年至1788年在下议院任职。

休·艾利奥特

巴伐利亚公国

1773年到1778年　休·艾利奥特，即后来的H爵士，驻巴伐利亚公国特命全权公使和雷根斯堡议会公使。

1779年　理查德·奥克斯，雷根斯堡议会公使。

1780年　J.特雷弗，大不列颠王国驻巴拉丁全权公使兼雷根斯堡议会公使。

1781年到1783年　拉尔夫·希斯科特，大不列颠王国驻科隆全权公使。

1773年到1776年　罗伯特·利斯顿，即后来的R爵士，大不列颠王国驻慕尼黑大使。

1776年到1779年　罗伯特·利斯顿，大不列颠王国驻柏林大使

备注 2
18 世纪大不列颠王国外交家的出版物

《休·艾利奥特回忆录》，明托夫人①，伦敦，1853。

《罗伯特·默里·基斯的回忆录及书信》，吉莱斯皮·史密斯夫人编辑，共两卷，伦敦，1849。

《詹姆斯·哈里斯写给家人和朋友的信》，詹姆斯·哈里斯编辑，共两卷，伦敦，1870。

《詹姆斯·哈里斯的政治记事簿》，詹姆斯·哈里斯编辑，共四卷，伦敦，1844。

《柏林宫廷、德累斯顿宫廷、华沙宫廷以及维也纳宫廷回忆录》，纳撒尼尔·拉克索尔②，伦敦，1799。

《路易十六的出逃》，奥斯卡·布朗宁③。

上述作品中的前三部都非常富有个人特色。詹姆斯·哈里斯的《詹姆斯·哈里斯的政治记事簿》涉及一些政治上的信息，还混杂着一些更加私人的八卦和丑闻。其中有一幅叶卡捷琳娜大帝和她的宫廷的图片，画得虽然很夸张，但非

---

① 明托夫人（Lady Minto），即安娜·玛丽亚·阿米安（Anna Maria Amyan，1752—1829）。她的丈夫吉尔伯特·埃利奥特·默里·基宁蒙德是休·艾利奥特的哥哥。
② 纳撒尼尔·拉克索尔（Nathaniel Wraxall，1751—1831），英国作家。他曾经积极参与外交事务，出版的回忆录具有较高的历史价值。
③ 奥斯卡·布朗宁（Oscar Browning，1837—1923），英国教育家、历史学家、剑桥大学学者，维多利亚时代晚期的杰出人物。他也是一位多产的历史类书籍作者。

常生动有趣。纳撒尼尔·拉克索尔和罗伯特·默里·基斯、休·艾利奥特及詹姆斯·哈里斯三个人都非常熟悉。他的这部作品虽然也有前面提到的这种特点,但和其他几位的作品比起来并不算是最出彩的。然而,和他出版过的其他历史回忆录相比,他的这部作品可以说是质量很高了。

备注 3
关于大不列颠王国外交家书信的批判性评论

我国历史上鲜有像罗伯特·默里·基斯、休·艾利奥特和詹姆斯·哈里斯三位精明强干的大使同台登场并在外交舞台上大放异彩的例子。对如此出色的一个三人组合和一系列事件进行叙述并发表评论,这在英国外交史上还是第一次。而我们围绕巴伐利亚公国王位继承事件和俄罗斯帝国方面的行动展开的讨论主要就是以三名大使的书信内容为基础的。

早在1778年之前,这三位大使就都已经各自凭借一项惊人的外交成就名扬天下。当悲剧的阴云开始笼罩乔治三世的妹妹卡罗琳·玛蒂尔达①的命运时,罗伯特·默里·基斯刚好就在丹麦–挪威联合王国。1772年,如果不是他利用自身强大的影响力扭转了充满戏剧色彩的时局,那么卡罗琳·玛蒂尔达恐怕就要落得终身监禁甚至更悲惨的命运了。为奖励罗伯特·默里·基斯的这一功劳,乔治三世授予罗伯特·默里·基斯高级巴斯勋爵士的头衔,罗伯特·默里·基斯也因此赢得了大不列颠王国人民的赞美。1770年,詹姆斯·哈里斯因一次重大外交事件而闻名。在马德里,他成功避免了大不列颠王国和西班牙王国的一场战争。1777年,休·艾利奥特从柏林来的一位美国特工威廉·李那里窃取了一份文件。他拷贝了这些文件,又在黑夜的掩护下将这些文件放了回去,并因此震惊了全世界。然而,这三个人的故事并没有就此结束。在未来,他们还将创下更多

---

① 卡罗琳·玛蒂尔达(Caroline Matilda,1751—1775),大不列颠王国公主,1766年到1772年的丹麦–挪威联合王国王后。

的英勇功绩。1791年,《西斯托伐条约》①的签订将使罗伯特·默里·基斯和他的国家的名望达到巅峰。由此,罗伯特·默里·基斯将迈过他亲手画下的一条漂亮的起点,踏上他外交生涯的漫长旅程。休·艾利奥特将会做出一个大胆而疯狂的举动——他将和库普豪森决斗,然后不顾那不勒斯和西西里王国②王后玛丽亚·卡罗莱纳③的反对,将那不勒斯和西西里王国宫廷里的那些人驱逐到西

玛丽亚·卡罗莱纳

---

① 1787年到1791年最后一场奥土战争结束后,在普鲁士王国和大不列颠王国的斡旋下,奥斯曼帝国和奥地利大公国在今天的保加利亚的西斯托伐签署了《西斯托伐条约》。
② 1282年到1816年,那不勒斯王国位于罗马教皇统治下的意大利半岛。该王国大部分时间一直处于法兰西王国和西班牙王国之间的争夺之中。
③ 玛丽亚·卡罗莱纳(**Maria Carolina**,1752—1814),那不勒斯和西西里王国王后。

古斯塔夫三世

西里岛。休·艾利奥特将成为古斯塔夫三世①所说的瑞典君主制唯一的救星。同样也是在未来,詹姆斯·哈里斯将为小威廉·皮特贡献绝妙的灵感,他会帮小威廉·皮特制定出一项外交政策,从而构建起1787年的三国联盟。他将成为大不列颠王国外交领域涅斯托尔②一般的存在,然后带着这一光环告别职业生涯。他的继任者是乔治·坎宁③。乔治·坎宁将成为大不列颠王国有史以来最伟大的外

---

① 古斯塔夫三世（Gustav III, 1746—1792）,瑞典王国国王,1771年到1792年在位。
② 涅斯托尔《荷马史诗》中《奥德赛》里面的皮罗斯国王,在古希腊罗马神话中是一个富有智慧且受人敬重的长者。
③ 乔治·坎宁（George Canning, 1770—1827）,大不列颠王国政治家。

小威廉·皮特

乔治·坎宁

交大臣。谈这么多就是为了证明无论选择哪件事来看，这三人都是功劳巨大并且名声斐然的。因此，对1777年到1780年发生的外交事件和他们三人所发表的评论，也应该是趣味十足和值得研究的。

他们三位的叙述难免会出现有失偏颇的地方。为了对他们的失误范围有一个大致的把握，我们首先需要仔细地研究一下他们每个人的性格特点。1777年到1780年，詹姆斯·哈里斯和休·艾利奥特论年龄仍是两位年轻人，前者三十多岁，而后者事实上只有二十多岁。因此，二人的行文都带有一种那个年龄阶段的人的激情，字里行间也不乏趣味。这在外交家中间是很少见的。在私人书信中，他们二人嬉笑怒骂，纵情挥洒笔墨。有时，他们会将这种姿态带到公务上来，因为下笔时未加克制，所以写出的东西也就少了几分外交通信惯有的那种严肃意味。詹姆斯·哈里斯身上更见文学气质，休·艾利奥特则更擅长一针见血式的冷嘲热讽。一个擅吐隽语，另一个则满腹经纶。二人都是玩弄外交阴谋的好手，也都知道怎样通过一笔贿赂或是一个秘密来交换另一个秘密，但休·艾利奥特比詹姆斯·哈里斯更加无所顾忌。因为匹夫之勇和一张容易得罪人的嘴，休·艾利奥特有时也难免陷入尴尬的境地。休·艾利奥特从不担心他的行为会引起轩然大波，甚至会做出超出他职责范围的事。只要他认为有必要，他就会采用不同寻常的手段来达到目的。这样的休·艾利奥特有时也会招来他的国家的批评。因为拷贝威廉·李的文件的事情，他受到了大不列颠王国政府的公开谴责——虽然在私下里得到了表扬并获得了五百英镑的奖金。此外，他在腓特烈大帝面前玩弄的那些计谋也不见得就能为他的国家带来多少好处。至于詹姆斯·哈里斯，他的过失和休·艾利奥特恰恰相反。在私下里，他无拘无束地表达意见，但一到公众或政府官员面前，他就变得前所未有的拘束，讲话时总是万分谨慎，并且言辞润色得恰到好处。不可否认，詹姆斯·哈里斯是一个意志坚强的人，但与大胆而莽撞的休·艾利奥特相比，他更相信巧言令色的力量，也更愿依靠机敏的手腕来解决问题。因此，在处理问题的结果上，休·艾利奥特要么满载而归，要么将事情弄得一团糟，而聪明的詹姆斯·哈里斯绝不会是这两种结果。举个例子，虽然能在彼得格勒的宫廷里应付自如，但詹姆斯·哈里斯还是没能完成他的伟大目标，在这几年①为大不列颠王国争取到俄罗斯帝国的结盟。事实上，在外交活动方面，讲究策略也好，手腕圆滑也罢，这些表现都是说得通的，也是作为一名外交家需要具备的本领。然而，在某些情况下，干脆利落甚至稍显生硬的做派确实要比和气温柔的行为更能帮人达到目的。詹姆斯·哈里斯和休·艾利奥特不同的行事风格造成了这样一个结果，詹姆斯·哈里斯识破阴谋诡计的绝佳才能鲜有对手，而休·艾利奥特评估外交局势的准确程度无人能比。二人都具备深刻的政治洞察力，只不过一个更擅于识别政治手腕，而另一个更擅于把握政治局势的变动。因此，他们分别被派往柏林和彼得格勒履行职责，这真是再好不过的安排了。休·艾利奥特可以对腓特烈大帝那倔强倨傲的脾性，以及他坚如磐石的国家政策做一番深入的研究；詹姆斯·哈里斯则可以分析叶卡捷琳娜大帝每一个反复无常的动作，并从错综复杂的宫廷矛盾中辟出蹊径，最终发现那些阴谋诡计的全貌。休·艾利奥特用最精准独到的眼光分析了巴伐利亚公国王位继承事件的概况，以及腓特烈大帝的种种行为背后的深意。詹姆斯·哈里斯则比其他人看得都要清楚，奥地利大公国的主张也好，巴伐利亚公国的要求也罢，归根结底不是谁对谁错的问题，而是谁的武力更强大的问题。他先知先觉地意识到腓特烈大帝是不会向周围势力屈服的。相反，腓特烈大帝会向这些势力开战。总体而言，休·艾利奥特对于战时情势的判断和对《泰申和约》签订后国际形势走向的预估都具有非常高的价值。此外，詹姆斯·哈里斯比任何人都更了解那些幕后的交易和各方势力之间的秘密会谈。因此，在对一个阴谋的前前后后进行叙述时，譬如法尔肯施泰因伯爵②的出访和某位亲王③对俄罗斯帝国进行的拜访，詹姆斯·哈里斯就显得比休·艾利奥特更加得心应手一些，也更能对整起事件做出全面而深刻的评估。这两个人，一个以评估时局见长，一个则以描述时事见长。与其他书信相比，詹姆斯·哈里斯对于1778年神圣罗马帝国重大时事的评论和休·艾利奥特对于1780年俄罗斯帝国重大时事的评论显得更有价值。这并非事

---

① 指1778年到1780年。
② 法尔肯施泰因伯爵指约瑟夫二世。
③ 指亨利亲王。

出偶然，而是两个人不同的性情和天赋各自作用的结果。然而，这些区别都只是相对的。总体来看，二人都具备许多作为外交家所需要具备的最优秀的品质。

　　至于谁的语言相对更精确一些，这个问题并不好回答。为了最终的语言表达效果，也为了营造一种妙语连珠的感觉，詹姆斯·哈里斯和休·艾利奥特时不时都会用一些夸张的措辞。然而，就算再怎么样，叶卡婕林娜大帝也不会有他们写的那么愚蠢，腓特烈大帝也并非如他们笔下那样残暴。此外，这两名君主身边的侍从和大臣们也不可能像他们两个时不时描绘的那样，一个个都是无可救药的榆木疙瘩。不过，读者大可放心的是，这两个人的文字所传递的信息在总体上还是很准确的。詹姆斯·哈里斯无疑是手头资源最丰富的那个，他虽然能从各种渠道获得大量信息，但并不总是能将流言和事实区分开来。[①]他更擅长对事物进行综合描述而不是处理细节方面的信息。

　　对同时代的人和事件进行描述和评判，同时还要力求语言精准，最后还需要得出结论，这对于外交家们来说是很不容易的。也正因如此，我们往往会感到外交家们的话虽然听起来很有趣味，但可信度不够高。确实，我们很难像接受历史学家们做的那些论断一样去接受外交家们提出的观点，毕竟历史学家得出的结论有经年累月积累起来的史实作为基础，而外交家们则不然。然而，虽然詹姆斯·哈里斯的信读起来趣味盎然，并且他的叙述语言的生动足以使其他外交家甘拜下风，但我还是要做一个提醒，希望读者们在阅读这位外交家笔下大胆而显得把握十足的文字时，心中时刻装着这个提醒，那就是詹姆斯·哈里斯坚定不移地要去发掘各种混乱的局面，展示人们的反复无常，以及揭示各种腐败的乱象，因此，他写的东西和其他外交家写的东西相比，读起来确实存在差别。但话又说回来，他毕竟掌握着那么多获取情报的渠道，再加上他是那样一个正直而具有荣誉感的人，认定什么东西是事实就绝不会在他的叙述上做任何的歪曲。因此，我们即使想对他的话提出质疑也会显得露怯而且不占理。詹姆斯·哈里斯

---

① 这里有个例子可以说明他掌握的情报并不够精确。见《詹姆斯·哈里斯日记》，第1卷，第2页，1767年，他说腓特烈大帝将普鲁士王国军队的人数从七万人增加到十五万人。到了第143页，他给出的人数则是"五万到将近二十万"。第一卷也是最重要的一卷相对还好一些，第四卷给出的信息则多有不精确之处。——原注

带有明显的偏见。他对俄罗斯帝国怀有厌恶和鄙夷之情，认为俄罗斯帝国人身上无不带有斯拉夫人的那种野蛮，而俄罗斯帝国宫廷还散发着一股法式的轻佻习气。詹姆斯·哈里斯震惊于宫廷中道德败坏的行为，对俄罗斯帝国人认知中的那种政治家形象嗤之以鼻，再加上他本人善于舞文弄墨，就更倾向于将这些瑕疵放大去看，并以最强烈的对比将这些问题呈现于纸端。同时，他还极度讨厌普鲁士王国，非常看不惯普鲁士王国代表在法庭上得意扬扬的样子，但对另一边的奥地利大公国又特别宽容。如果我们搁置这些偏见不谈，并且不去讨论细节上有时出现的粗糙之处和一些稍显偏激的表达，那么我们就可以通过詹姆斯·哈里斯的信拼凑出一幅俄罗斯帝国宫廷及其政治策略的图景。这时我们就会发现，这幅图景上的细节其实很饱满，画面传递的信息也很准确，而能在外交通信中做到这一步的外交家实属少见。

休·艾利奥特在柏林的消息渠道远不如詹姆斯·哈里斯在彼得格勒的消息渠道广泛。休·艾利奥特从没有过溜出舞会在更衣室中和腓特烈大帝讨论政治的经历，也没有在晚上去拜访已经就寝的卡尔·威廉·芬克·冯·芬肯施泰因①或埃瓦尔德·弗里德里希·冯·赫茨伯格的习惯。普鲁士王国的平民和政界要人一方面出于对大不列颠王国的憎恶，另一方面出于对休·艾利奥特拷贝威廉·李的文件这一著名事件的顾忌，都对他抱有理所当然的怀疑。然而，休·艾利奥特还是设法克服了诸多困难。亲自和腓特烈大帝建立友好关系是不可能的，更别说这二人除了在公共和正式场合根本就不怎么会碰见对方。然而，即便是在这两个场合面对彼此时，二人的交流也主要局限于互相打趣，而腓特烈大帝在这方面又并不总是占优势。②18世纪，通过和统治者建立良好的个人关系进而从对方身上直接获取所需的信息，这对于外交家来说是必不可少的一个工作环节。罗伯特·默里·基斯和詹姆斯·哈里斯就是靠着这种方法完成了职业生涯中的

---

① 卡尔·威廉·芬克·冯·芬肯施泰因（Count Karl-Wilhelm Finck von Finckenstein, 1714—1800），普鲁士王国外交家。
② 举例来说，腓特烈大帝问休·艾利奥特："你觉得我往大不列颠王国新派的大使怎么样？——此人非常不讨人喜欢，可以说是一个臭名昭著的人物。"休·艾利奥特答道："此人代表您再合适不过了。"等等。——原注

重大突破并取得了突出成就。相比其他外交家,休·埃利奥特更需要尽可能地接近腓特烈大帝,以便更好地开展自己的工作。因为腓特烈大帝是一位非常有主见的人,很少受其他人意见的影响,也一直在有意地和身边的大臣保持距离。然而,休·艾利奥特确实没有办法接近腓特烈大帝,这就为刚开始执行任务的他增加了一个重大的不利因素。为尽可能减少这一不利因素带来的影响,他通过其他途径也做了很多工作。他贿赂了腓特烈大帝的一些贴身佣人,从而得到了珍贵的情报。他的随员罗伯特·利斯顿和一位内部人员有交集。对方是一名专家,同时还是国王的心腹。休·艾利奥特和马歇尔伯爵乔治·基斯①关系很好。马歇

马歇尔伯爵乔治·基斯

① 乔治·基斯(George Keith, 1692—1778),苏格兰和普鲁士王国军官、外交家,第十代马歇尔伯爵。

不伦瑞克-卢恩堡公爵斐迪南

尔伯爵乔治·基斯是移居柏林的詹姆斯二世党人①，和腓特烈大帝的关系比谁都近。面对普鲁士王国王储腓特烈·威廉二世和亨利亲王，休·艾利奥特尽可能地按照和亲王打交道时所需要的那套友好礼节去对待二人。然而，他对前者的态度比对后者要冷淡一些。他还和不伦瑞克-卢恩堡公爵斐迪南②关系很好。此人

---

① 詹姆斯二世党人，1688年光荣革命之后，詹姆斯二世流亡海外。大不列颠王国和爱尔兰王国随后掀起政治运动，旨在帮助斯图尔特家族重新登上王位。斯图尔特家族詹姆斯二世的支持者被称为"詹姆斯二世党人"。
② 不伦瑞克-卢恩堡公爵斐迪南（Duke Ferdinand of Brunswick-Wolfenbüttel, 1721—1792），普鲁士王国陆军元帅。

"受到腓特烈大帝的喜爱和信任"①。休·艾利奥特和罗伯特·利斯顿都和埃瓦尔德·弗里德里希·冯·赫茨伯格关系密切。罗伯特·利斯顿曾经去埃瓦尔德·弗里德里希·冯·赫茨伯格的领地拜访过。在那里,罗伯特·利斯顿见识到了一个真正的普鲁士王国容克②——埃瓦尔德·弗里德里希·冯·赫茨伯格就像一个"乡野间的辛辛那提斯"③一样,戴着一顶圆帽,头发没有扑粉,忙着将家里产的牛奶卖给农民们,同时还取来他酿的高浓度啤酒招待客人。④八面玲珑的休·艾利奥特掌握了大量资源,甚至结交了军队里的朋友,因而能从这些军官身上获得很有价值的军事情报。然而,在一个军国大事全凭专制统治者一人做主的国家里,当统治者不仅不给别人亲近他的机会而且有意堵塞别人从他那里获取信息的渠道时,即便是最高明的外交家也难免会面临不利的处境。因此,休·艾利奥特揭露的那些事情总的来看都没有詹姆斯·哈里斯的那些报道更加吸引眼球——除了偷窃威廉·李的文件那一次可谓是惊人之举。1780年9月13日,休·艾利奥特也曾经坦白:"我不能骗大家说我直接能够联系到波茨坦内阁并知道其中都有什么秘密。"1780年,约瑟夫二世前往俄罗斯帝国,休·艾利奥特对此却没有任何察觉。消息传到了詹姆斯·哈里斯耳朵里之后又过了很久,休·艾利奥特才明白过来是怎么一回事。1778年,巴伐利亚公国出事,他拿到的情报也不如罗伯特·默里·基斯拿到的有价值。但休·艾利奥特对神圣罗马帝国各大宫廷的外交手腕都了如指掌。他钻研了各种宪章和编年史,并全面阐释了约瑟夫二世对于巴伐利亚公国的主张。凭借深厚的知识储备,休·艾利奥特完全洞悉了雷根斯堡帝国议会的运作机制。于是,学识上的优势和精准的判断力结合在一起就弥补了休·艾利奥特情报不足的遗憾。不妨举一两个例子,1778年2月3日,休·艾利奥

---

① 特别见《政府档案——国外部分,普鲁士王国》,第102卷,柏林,1780年2月22日,"保密"以及另一处"保密"。和亨利亲王的关系见休·艾利奥特致亨利·霍华德的信,出处同上,1780年5月30日、1780年6月2日。和腓特烈·威廉二世的关系出处同上,见第104页,休·艾利奥特致大卫·默里,1780。——原注
② 容克(Junker),一种尊称。源于中古高地德语,意思是"年轻的贵族"或"少爷"。
③ 辛辛那提斯,即卢修斯·昆克修斯(Lucius Quinctius,公元前519—前430),罗马共和国贵族政治家、军事领袖。卢修斯·昆克修斯虽是贵族,却喜欢过朴素的田园生活,经常像农民一样在乡间干农活。
④ 细节见明托夫人:《休·艾利奥特回忆录》,第191页。——原注

特断定腓特烈大帝将要和约瑟夫二世开战。果不其然，腓特烈大帝随后就做出了这一重要决定。此外，对于整起巴伐利亚公国王位继承事件，休·艾利奥特给出了一个概括性的结论。那就是，在他们所处的那个时代，谁拥有强大的武力，谁就拥有了公道。他看透了那个时代的生存法则，并将人们在那种法则下为求生存而互相斗争的模样刻画了出来。对于一个外交家来说，这是一项了不起的成就。因为在这种事情上，休·艾利奥特看问题的眼光是非常深远的。他比心怀偏见的詹姆斯·哈里斯看得更全面，也比总是倾向于依靠一般常识做判断的罗伯特·默里·基斯看得更透彻。因此，1776年涌现出了许出多篇针对巴伐利亚公国和神圣罗马帝国体制情况的优秀报告——显然是休·艾利奥特撰写的。这些手笔精湛的报告体现出休·艾利奥特深刻的洞察力和过人的智慧，其中对于腓特烈大帝治理内政方面的批评更是非常精妙。

　　休·艾利奥特的偏见虽然没有詹姆斯·哈里斯那么严重，但同样表现得很明显。后者将俄罗斯帝国贵族描述成"一群长着猴子的脑袋和熊的身体的家伙"。前者则说，在普鲁士王国，"自由的灵魂一头栽进了沙子里，国民都处在奴役之中"。休·艾利奥特发现大多数普鲁士王国人都很粗鲁，女人们一个个也都和掷弹兵一样。休·艾利奥特的性格里带有18世纪人那种对于文雅和精致生活的向往。因此，对于周围的人和事所呈现出的粗鄙面貌，他带有一种本能的抵触情绪。与此同时，作为一名大不列颠王国的公民，他非常信任他的国家的政体。因此，无论专制统治在普鲁士王国运行得多好，人们在这种体制下享有多大的自由，他都无法打消心中对这种统治形式的排斥感。此外，休·艾利奥特坚信，因为之前大不列颠王国办事时一直不怎么照顾腓特烈大帝的感受，又未将腓特烈大帝种种不怀好意的举动当回事，导致大不列颠王国的利益蒙受了很大的损失。这些感受都在他的信中得到了体现。他不由自主地在描写腓特烈大帝时加重了笔墨，使他在纸上的形象变得更加黑暗，以期待对大不列颠王国政府造成刺激，从而促使自己国家的政府在有关普鲁士王国的问题上采取一些更加有力的措施，并希望能因此获得政府的准许，使他能够采用更加强硬的手段来从事他的工作。休·艾利奥特没有詹姆斯·哈里斯那么一丝不苟，也不如詹姆斯·哈里斯诚实，所以他写出来的东西偶尔可能带有过度夸张的成分。休·艾利奥特愤怒地声讨腓特烈大帝那"不知餍足的野心"，并说对方对大不列颠王国怀揣着"根深蒂固的敌意"和"最强烈的厌恶"，以及"无缘无故且难以平息的愤恨"。与此同时，休·艾利奥特还批评腓特烈大帝"行事鲁莽"，"处理政事时总是不按常理出牌"。腓特烈大帝"对法兰西王国明显的偏爱"也总是让休·艾利奥特火冒三丈。[1]上述因素都使休·艾利奥特很难用一双欣赏的眼睛来审视腓特烈大帝。然而，很多时候，休·艾利奥特也不得不承认腓特烈大帝确实是在为人民的福祉夜以继日地工作。休·艾利奥特曾经亲口证实腓特烈大帝是一位意志坚定又独出心裁，并且极其足智多谋的统治者。休·艾利奥特虽然不断在不同时期将各种不良动机归到腓特烈大帝的身上，但又并不总能证实他的这些怀疑。囿于个人掌握的信息，休·艾利奥特的记述通常不够全面。再加上个人偏见的影响，他对腓特烈大帝的评价并不总是公正的。然而，作为对18世纪政治时局和外交大事件的总结和评判之作，休·艾利奥特的这些信确实具有罕见的价值。这一点是无论如何都不能否认的。

作为休·艾利奥特的朋友兼向导，罗伯特·利斯顿的信也有着和前者的信相似的优点和毛病，但罗伯特·利斯顿的文笔不如休·艾利奥特细致有趣，在对问题的把握能力上也比休·艾利奥特要略逊一筹。圣詹姆斯宫[2]的国务大臣对二人的信做过一些有趣的回复。大卫·默里是一位有真才实学的大臣。和那个时代的其他大臣不同，他对其他国家惯使的外交手腕颇有了解。因此，他做出的判断往往是最有价值也最具分量的。但大卫·默里的看法所显示出的情感倾向在整体上也与休·艾利奥特和詹姆斯·哈里斯的态度相一致。作为外交界的"佩克斯列夫"[3]，亨利·霍华德的观点或许更加值得玩味。他对外界信息似乎了解得并不多，因此并未受到先入之见的影响，对问题的认识也就更加有趣。在阅

---

[1] 《国家档案——国外部分，普鲁士王国》，卷102，柏林，1778年1月10日、1778年2月22日、1778年11月7日；第104卷，1778年5月13日，1778年6月4日。——原注
[2] 圣詹姆斯宫是亨利八世建造的宫殿，位于现在的威斯敏斯特市，在18世纪以前一直是君主居住和办公的主要场所。
[3] 佩克斯列夫（Pecksniff），英国作家狄更斯小说中的人物，是一名道貌岸然的伪君子。

圣詹姆斯宫

读亨利·霍华德的文字时,你会感到他是一个很能干的人,但相对来说并不是很了解大陆这边的事务,在说某些话时刻意采用了一种虚情假意的语调,而给出的看法往往格外公正。有关奥地利大公国对于巴伐利亚公国王位继承事宜的主张,亨利·霍华德给出的评价带有一种严肃的和半刻意的讽刺意味,可谓是反语的典范——"无论是帝国宗谱上的问题还是关于神圣罗马帝国的法律,我都不甚精通。因此,对于维也纳宫廷方面究竟是如何搜集证据又再将这些证据整合到一起作为理由来为他们求取巴伐利亚公国的行为进行辩白,我都无法给出合理的解释",他还补充道,"奥地利大公国对此事所做的声明同样也无法解释这一问题,他们说要收回本属于他们的土地,可不久前他们就已经把该拿的拿回去了。"①

---

① 《政府档案——国外部分,巴伐利亚公国》,第113卷,圣詹姆斯宫,亨利·霍华德致莫顿·伊登,1778年2月3日。莫顿·伊登的信很有价值,其中的描述很精确。对巴伐利亚公国的概述见各处。——原注

亨利·霍华德

无论是知识储备还是外交才能，对于罗伯特·默里·基斯而言，拿他和亨利·霍华德做对比都是非常不公平的。然而，论起理解事物的能力，罗伯特·默里·基斯确实和亨利·霍华德处在相似的水平线上。在写作方面，罗伯特·默里·基斯不及詹姆斯·哈里斯头脑灵活，也不会像休·艾利奥特那样插科打诨。罗伯特·默里·基斯虽然确实不具备另外两人的那种才华和天赋，但他很刻苦，又非常有恒心，并且具有极其丰富的外交经验——他曾经在维也纳待过二十年，再加上坚定的意志和良好的判断力，罗伯特·默里·基斯最终也和另外两人一样取得了出色的成绩。罗伯特·默里·基斯面临的困难不比休·艾利奥特的小。考尼茨·里特贝格公爵文策尔·安东对大不列颠王国的恐惧和憎恶几乎要赶得上腓特烈大帝，但要想尽可能探究奥地利大公国政策的秘密，罗伯特·默里·基斯还就只能设法接近考尼茨·里特贝格公爵文策尔·安东和约瑟夫二世,以及玛丽亚·特蕾莎。当时,这三人是全欧洲最难接近的人物,所到之处无不戒备森严。腓特烈大帝和叶卡捷琳娜大帝都有不小心说漏嘴的时候。每当这种情况发生,休·艾利奥特和詹姆斯·哈里斯就能从中得到不少信息。但到了维也纳这边,罗伯特·默里·基斯只能靠揣摩约瑟夫二世和玛丽亚·特蕾莎的一颦一笑来猜测下一步会发生什么。罗伯特·默里·基斯在维也纳宫廷中似乎也没有特别熟悉的人。普鲁士王国和法兰西王国的大使们自然处处躲着他,而俄罗斯帝国大使也提供不了太多有用的信息。因此,他主要依靠一些像萨克森选帝侯国大使这样的小国公使与间谍,以及各种时事通讯和报纸杂志来获取情报。在这种情况下,和詹姆斯·哈里斯或是休·艾利奥特写的那些信相比,罗伯特·默里·基斯在1778年到1780年写的信自然就少了一些亮点。还有一个原因就是,此时的罗伯特·默里·基斯已经不再年轻,他的人和他的笔调都没有了青春的激情——要知道,休·艾利奥特和詹姆斯·哈里斯之所以能够把握外交大局和摸透身边王室人员的脾气,并将这一切精彩地记录下来,靠的正是年轻人那种指点江山、激扬文字的热情。然而,罗伯特·默里·基斯实际能够获取的信息确实比较少。处在他这个位置的人按理来说本可以更容易地接触到各类情报,但罗伯特·默里·基斯遇到的实际情况并非如此。这也成了罗伯特·默里·基斯工作上的绊脚石。正因为如此,我们可以看到,在有关巴伐利亚公国遗产继承问题的相关谈判刚刚开始和进行到后期时,詹姆斯·哈里斯和休·艾利奥特笔下的记述都比罗伯特·默里·基斯要更全面也更细致一些。但罗伯特·默里·基斯属于那种"一鸣惊人"式的外交家,也就是说他发表的意见通常都是很有分量的。此外,虽然不容易像同僚一样能随时获取和时事有关的第一手情报,但不排除有些时候,罗伯特·默里·基斯得到的情报远比另外二人掌握的情报更有价值,约瑟夫二世在1780年的那次著名的俄罗斯帝国之行就是一个很好的例子。詹姆斯·哈里斯对此事做了全面的记录。休·艾利奥特的叙述也远比罗伯特·默里·基斯的叙述详尽。但要论信息的含金量,这二人提供的信息和罗伯特·默里·基斯取得的成果相比就是小巫见大巫了——罗伯特·默里·基斯给外交部送去了一份约瑟夫二世对整起事件的口头叙述①。虽然罗伯特·默里·基斯是在事情已经过去两年后才拿到了这份资料，但这份口头叙述仍然具有无可比拟的重大意义，它能让我们看到叶卡捷琳娜大帝和约瑟夫二世所制定的政策的来龙去脉，也为我们进一步预测二人接下来的行动提供了根据，这一点是另外两名外交家所未曾做到的。凭着水滴石穿的耐力，罗伯特·默里·基斯在工作上取得了巨大进展，并最终争取到了和约瑟夫二世和玛丽亚·特蕾莎进行私人面谈的机会。这样的机会并不多，却常常能够对罗伯特·默里·基斯的工作起到至关重要的助推作用。

我提到的这些外交家都曾经对普鲁士王国的政策发表过正面和合理的评价。这就表明，在这一历史阶段，保持一定的中立态度才是大不列颠王国的利益所在。这样做的结果就是，在1776年到1780年，自1763年就开始仇视普鲁士王国并且同样遭到对方仇视的大不列颠王国外交家们竟写出了许多态度中肯的评论和报告。纵观腓特烈大帝在位期间所得到的来自大不列颠王国方面的评价，大不列颠王国外交家们在这几年里对他做的评判相对而言恐怕已经算是最公正的了。此外，对比各大列强留下的史料档案，大不列颠王国外交家们对于巴伐利亚公国遗产继承问题所做的判断也是最公正的。而纵观这些外交家写的信，在判断上最可靠也最有力的作者则非罗伯特·默里·基斯莫属。

---

① 见附录二。

专有名词英汉对照

Record Office	伦敦档案局
Kingdom of Great Britain	大不列颠王国
Holy Roman Empire	神圣罗马帝国
Bavarian Succession	巴伐利亚公国王位继承事件
Carl von Calusewitz	卡尔·冯·克劳塞维茨
Thomas Carlyle	托马斯·卡莱尔
Frederick the Great	腓特烈大帝
Leopold von Ranke	利奥波德·冯·兰克
Robert Murray Keith	罗伯特·默里·基斯
James Harris	詹姆斯·哈里斯
Hugh Elliot	休·艾利奥特
Catherine the Great	叶卡捷琳娜大帝
Joseph II	约瑟夫二世
Royal Library	皇家图书馆
Prussian Government	德国政府
Henry Petty-Fitzmaurice	亨利·佩蒂·菲茨莫里斯
John Burgoyne	约翰·伯戈因
Lansdowne House	兰斯顿府
Caslar	卡斯拉
National Czechish Museum	捷克国家博物馆
Felix Kalm	菲利克斯·卡姆
Henrik Marczali	亨瑞克·马克扎里
University of Budapest	布达佩斯大学
University of Petrograd	彼得格勒大学

University of Berlin	柏林大学
Delbrück	德尔布吕克
Harvard University	哈佛大学
Girton College	格顿学院
Kate Hotblack	凯特·霍特布莱克
William Fiddian Reddaway	威廉·菲迪恩·雷德韦
New Zealand Expeditionary Force	新西兰远征军
Frederician stragtegy	腓特烈式策略
Harold Temperley	哈罗德·坦珀利
Fesntanton	芬斯坦顿
Jonathan Swift	乔纳森·斯威夫特
Central Europe	中欧
French Revolution	法兰西大革命
Southern Netherlands	南尼德兰
Lorrain	洛林
Tuscany	托斯卡纳
Venetian ambassador	威尼斯总督
Philip V	腓力五世
Louis XV	路易十五
George II	乔治二世
House of Bourbon	波旁家族
rights of nationality	民族权利
College of Heralds	纹章院
Sans-Souci	无忧宫
Mysticism	神秘主义
Universal Morality	普遍道德
Louis XIV	路易十六
Leopold I	利奥波德一世
Louis-Joseph de Montcalm	路易-约瑟夫·德·蒙特卡姆
Mississippi	密西西比河
Zips	泽普斯
North America	北美
Danube	多瑙河

Rhine	莱茵河
Baltic	波罗的海
North Sea	北海
Adriatic	亚得里亚海
Habsburg	哈布斯堡
Silesian Province	西里西亚省
Maximilian III Joseph	马克西米利安三世·约瑟夫
Potsdam	波茨坦
Grenadiers	掷弹兵
Charles Theodore	查理·西奥多尔
War of Spanish Succession	西班牙王位继承战争
War of the Polish	波兰王位继承战争
War of the Austrian Succession	奥地利王位继承战争
Elector of Palatine	巴拉丁选帝侯
First Silesia War	第一次西里西亚战争
Seven Year's War	七年战争
Battle of Rossbach	罗斯巴赫战役
Battle of Leuthen	洛伊滕战役
Charles V	查理五世
Old Fritz	老弗里茨
Charlottenburg	夏洛滕堡
Edmund Burke	埃德蒙·伯克
Philosophic Despot	哲学家式暴君
Georg Wihelm Friedrich Hegel	格奥尔格·威廉·弗里德里希·黑格尔
Spartan	斯巴达人
Athenian	雅典人
Frederick William I	腓特烈·威廉一世
Absolutism	绝对主义
Friedrich Wilhelm von Seydlitz	弗雷德里希·威廉·冯·塞德里茨
Maria Theresa	玛丽亚·特蕾莎
Transylvania	特兰西瓦尼亚
Styria	施蒂里亚
Carinthia	卡林西亚

Tyrol	蒂罗尔
Bohemia	波希米亚
Moravia	摩拉维亚
Czechs	捷克人
Illyria	伊利里亚
Hereditary Provinces	世袭省
Magyar	马扎尔
Dolman	多曼
council of state	国务委员会
executive boards	执行委员会
Committees	临时委员会
Councils	政务会
Aurea Liberta	贵族民主制
Charles VI	查理六世
Grand Vizier	大维齐尔
Kaunitz-Rietberg	考尼茨·里特贝格
Golden Age	黄金时代
Francis I	弗朗茨一世
Rudolph	鲁道夫
Haroun-al-Raschid	哈伦·拉希德
Count Falkenstein	法尔肯施泰因伯爵
Kolin	科林
Brünn	布尔诺
Peasants' Kaiser	农民的恺撒
Holy Roman Emperor	神圣罗马帝国皇帝
King of the Romans	罗马人民的国王
Reichs-Hofrath	宫廷议会
Hofgericht	最高法院
Reichskammergericht	帝国枢密法院
Duchy of Teschen	泰申公国
Peter III	彼得三世
Augustus III	奥古斯特三世
La Marseillaise	马赛曲

Elective Monarchy	选举君主制
Stanislas II	斯坦尼斯拉斯二世
Constantinople	君士坦丁堡
Seven Towers	耶迪库勒要塞
Sultan	苏丹
Moldavia	摩尔多瓦
Neisse	尼斯河
meeting of Nessie	尼斯河会面
Neustadt	诺伊施塔特
Moldo-Wallachia	摩尔达维亚公国
Polyphemus	波吕斐摩斯
Sigismund	西吉斯蒙德
Sandez	新松奇
Neumarkt	诺伊马克特
Csorsztym	科索尔津
Polish West Prussia	西普鲁士省
West Prussia	西普鲁士
White Russia	白罗塞尼亚
Wieliscka	维利奇卡
Little Wallachia	小瓦拉几亚
Treaty of Kustchuk Kainardji	《库楚克和凯纳吉条约》
Bukowina	布科维纳
Prussian Poland	普鲁士分区
Galicia	加利西亚
Dresden	德累斯顿
Chancery	大法院
English Foreign Office	大不列颠王国外交部
A Parliament of Three Estates	三级会议
Cabinet Council	内阁议会
Standing army	常备军
Wiguläus von Kreittmayr	维古拉斯·冯·赖特梅尔
Osterhoven	奥斯特罗芬
Baillif	执达吏

Franz Joseph von Berchem	弗朗茨·约瑟夫·冯·贝切姆
Nymphenburg	宁芬堡宫
Jean-Antoine Watteau	让-安东尼·华多
Gondola	凤尾船
Wittelsbach	维特尔斯巴赫家族
Charles VII	查理七世
Bavarian Justinian	巴伐利亚查士丁尼
Codex Fridericianus	《腓特烈法典》
Codex Maximileanus	《马克西米利安法典》
Jesuit	耶稣会
Electoral Academy of Sciences	选帝侯科学院
Regensburg	雷根斯堡
Imperial Diet	旁观国会
Germanic Diet	联邦议会
Inn	因河
Passau	帕绍
Janiculum	雅尼库鲁姆山
Bohemia	波希米亚
Tyrol	蒂罗尔
Teutonic	条顿民族
David Murray	大卫·默里
Franz von Hartig	弗朗茨·冯·哈蒂格
Maria Josepha	玛丽亚·约瑟法
Archduke Maximilian	马克西米利安大公
Lent	大斋期
Deux-Ponts	茨韦布吕肯
Maximilian I Joseph	马克西米利安一世·约瑟夫
Frederick Augustus I	弗雷德里克·奥古斯特一世
Duke of Mecklenburg-Schwerin	梅克伦堡-什未林公爵
Lower Bavaria	下巴伐利亚公国
Albert V	阿尔伯特五世
Otto I	奥托一世
Otto II	奥托二世

Treaty of Pavia	《帕维亚条约》
Sulzbach	苏尔茨巴赫
Neuburg	诺伊堡
Peace of Westphalia	《威斯特伐利亚和约》
Maria Antonia	玛丽亚·安东尼娅
Duke of Marlborough	马尔伯罗公爵
Mindelheim	明德尔海姆
Family Compact	家族契约
Franz Moritz von Lacy	弗朗茨·莫里茨·冯·拉西
Ernst Gideon von Laudon	恩斯特·吉迪恩·冯·劳东
Ligne Family	利涅家族
Charles Edward Stuart	查尔斯·爱德华·斯图亚特
Red Indians	红种印第安人
Eugene of Savoy	萨伏伊的尤金
Kunersdorf	库勒斯道夫
Leopold Joseph von Daun	利奥波德·约瑟夫·冯·道恩
Austrian School	奥地利学派
robber-barons	强盗贵族
Königstein-Lilienstein	科尼斯坦－里连斯坦
Tollenstein	托伦斯坦
Nachod	纳霍德
Elbe	易北河
Rumburg	伦布尔克
Glatz	格拉茨
Niemes	尼米斯
Jaromer	亚罗梅日
Zittau	齐陶
Jicin	伊钦
Karl Joseph Hadik von Futak	卡尔·约瑟夫·哈蒂克·冯·福塔克
Prague	布拉格
Hradec Kralove	赫拉德茨克拉洛韦
Arnau	阿尔瑙
Aussig	奥西希

Metaurus	梅陶罗河
Blenheim	布伦海姆
Hirschberg	希尔施贝格
Dippoldiswalde	迪波尔迪斯瓦尔德
Pirna	皮尔纳
Bleiswedel	布莱斯韦德尔
Löthosel	洛索尔
Chasserus	猎兵
Georgenthal	格奥尔根塔尔
Wilhelm Sebastian von Belling	威廉·塞巴斯蒂安·冯·贝林
Schönlinde	施翁林德
Tannenberg Hill	坦能堡山
Nixdorf	德利多富
Abattis	鹿砦
Dittersbach	迪特斯巴赫
Gabel	加贝尔
Iser	伊泽拉河
Kosmanos	科斯莫诺西
Turnau	图瑙
Semil	塞米利
Münchengrätz	慕尼黑城堡
Budin	布金
Frederick III	腓特烈三世
Olomouc	奥洛穆茨
Hohenelbe	霍亨尔贝
Königinhof	克奥尼金霍夫
Frederick William II	腓特烈·威廉二世
old Sourface	老臭脸
Schatzlar	沙茨拉
Eloge de Voltaire	《悼念伏尔泰》
Burkersdorf	博克施道夫
Sohr	索尔
Czaslau	恰斯拉夫

Oels	奥尔斯
Leitmeritz	利托梅日采
Königgrätz	科尼格拉茨
Ramillies	拉米伊
Duke of Villeroy	维勒鲁瓦公爵
Fontenoy	丰特努瓦
Charles Alexander	查理·亚历山大
War of Counter-manoeuvre	反运动战
Arthur Wellesley	阿瑟·韦尔斯利
Belgrade	贝尔格莱德
Chesterfield	切斯特菲尔德
Gotthold Ephraim Lessing	戈特霍尔德·埃夫莱姆·莱辛
Friedrich Schiller	弗里德里希·席勒
Mannheim	曼海姆
Acedemy of Science and Literature	科学与文学学院
Heidelberg	海德堡
Golden Fleece	金羊毛
Matthäus von Vieregg	马特乌斯·冯·菲尔艾格
Zweibrücken	茨维布吕肯
Madame du Barry	杜巴利夫人
Madame d'Esebeck	埃塞贝克夫人
Johann Eustace von Goertz	约翰·尤斯塔斯·冯·戈尔兹
Maria Anna	玛丽亚·安娜
André	安德烈
Obermayer	奥伯迈耶
Johann Georg von Lori	约翰·格奥尔格·冯·洛里
[]Ralph Heathcote	拉尔夫·希思科特
Henry Howard	亨利·霍华德
Wiguläus von Kreittmayr	维古拉斯·冯·赖特梅尔
Burghausen	布格豪森
Joan of Arc	圣女贞德
Barbarossa	巴巴罗萨
Teutones	条顿人

Thomas Carlyle	托马斯·卡莱尔
Elizabeth I	伊丽莎白一世
Johann Amadeus von Thugut	约翰·阿玛迪斯·冯·图古特
Representation and Request	《请求和解陈述书》
Nikita Ivanovich Panin	尼基塔·伊万诺维奇·帕宁
Duchy of Courland and Semigallia	库尔兰和瑟米加利亚公国
House of Brandenburg	勃兰登堡家族
Lodomeria	洛多梅里亚
Breslau	布雷斯劳
Lublin	卢布林
Preliminaries	《草案》
Transylvania	特兰西瓦尼亚
Charles Eugene	查理·尤金
Hieronymus von Colloredo	谢洛尼莫斯·冯·克罗雷多
Clemens Wenceslaus of Saxony	克莱门斯·温切斯劳斯
George Spencer	乔治·斯宾塞
Thomas Thynne	托马斯·泰恩